国家社科基金丛书
GUOJIA SHEKE JIJIN CONGSHU

回到马克思：

西方社会结构理论的比较与反思

Back to Marx：

Comparison and Reflection on Western Social Structure Theories

杜玉华　著

人民出版社

专 家 推 荐 语

　　该书以理论人物为线索，从历时性角度全面系统地比较分析了西方社会结构理论思潮，是近年来国内专门研究西方社会结构理论难得的一部力作。

中国人民大学社会学理论与方法研究中心主任、教授

刘少杰

　　杜玉华教授长期致力于马克思社会结构理论研究。该书立足于马克思主义基本立场、观点和方法，对西方社会结构理论进行了系统阐述和深入分析，是一部有深度的理论著作。

国务院学科评议组成员、上海交通大学讲席教授

陈锡喜

前　　言

社会结构不仅是马克思解开"历史之谜"、创立唯物史观的一个极为重要的理论建构,而且也一直是社会学的重要理论取向。西方社会结构理论派别林立,各种主张和观点纷繁复杂,难以辨识,但与马克思主义理论始终存在着千丝万缕的联系,甚至直接导致产生了结构主义的马克思主义流派。总的来看,西方社会结构理论时而同马克思主义"结合",以"阐释"和"补充"马克思社会结构理论,时而又向马克思主义发出冲击与挑战提出不同的解释,以企图取代马克思社会结构理论。系统研究西方社会结构理论,并在马克思视野下对其进行比较与反思具有十分重要的意义。

西方社会结构理论的流派及其发展脉络。西方有多少种关于社会结构的理解模式,就有多少个社会结构理论流派。根据对世界社会现象和社会结构是否具有显著的解释力和重大的启示意义,西方社会结构理论的研究流派主要有早期的社会有机体理论、结构功能主义、结构主义(包括宏观结构主义和微观结构主义)、文化结构主义、后结构主义、建构性结构主义等。西方社会结构理论的整个发展历程可以划分为古典社会结构理论、现代社会结构理论和当代社会结构理论三个大的阶段。对于这些理论流派的发展阶段演变,至少可以从"宏观—微观""客观—主观""型构—解构"三种视角来进行分析和总结。

马克思批判主义社会结构理论。马克思社会结构理论被片面理解为"生产力决定论""经济决定论""多元决定论""阶级斗争论""意识形态论"等，直到 20 世纪 60 年代后期开始，西方学术界才逐渐确立了马克思社会结构理论的古典地位。马克思主要是从实践、空间、时间三个维度出发对社会结构进行分析的，这三个维度分别对应于社会生产、社会要素和社会形态三个方面。马克思从"现实的人"出发研究社会结构，认为生产力与生产关系的矛盾以及经济基础与上层建筑之间的矛盾运动是社会结构发展的动力。马克思社会结构理论在方法论上具有整体性与个体性、系统性与层次性、稳定性与动态性、批判性与建构性相结合的基本特征。

西方古典社会结构理论的创立与形成。马克思、涂尔干和韦伯分别开创了批判主义、实证主义和人文主义三大社会结构理论研究范式。涂尔干从社会事实出发，认为只有通过"实证科学"的方法对社会结构展开理性分析。他主张通过功能分析来认识社会结构，以社会团结为纽带建构了机械团结和有机团结两种不同的理想社会结构类型。理解是韦伯社会结构理论的一个最为基本的概念，也是他研究社会结构的主要方法。他以"理想类型"为手段把社会结构划分为具体历史事件的、由社会现实的抽象因素组成的、具体行动的三种理想类型。韦伯把社会结构研究的起点和中心放在人类个体行动者上面，强调个体行动是以他人为目标和意旨的，认为理性化是世界历史，尤其是西方社会发展的内驱力。

现代西方社会结构理论的建构与发展。现代西方社会结构理论在帕森斯的结构功能主义基础上取得了短暂的理论统一。帕森斯把社会当作一个系统来分析，主张以社会行动为起点来分析社会结构，并把社会行动的基本单位进一步划分为个性、文化、社会和行为有机体四个分析要素，以此构建一个更一般的行动分析框架。帕森斯将社会系统看作具有满足基本功能的结构，提出了著名的 AGIL 功能模式，认为社会分化是社会结构变迁的基本形式。列维-斯特劳斯把"无意识"视作社会结构产生的深层根源，把由索绪尔发轫的同时态语言学中的结构主义方法论移植到人类学,尤其是作为社会结构研究起点的亲属关系的研究之中。列维-斯特劳斯认为,整个社会都是以交换为基础而建立起来的,交换是社会结构形成的重要途径。阿尔都塞以"过程的辩证法"和结构主义为方法研究社会结构,把社会历史看作是一个"无主体的过程",并提出社会结构是在矛盾的多元决定共同推动下得以发展的,意识形态是维系社会结构的纽带。

现代西方社会结构理论的反思与解构。现代西方社会结构理论在结构主义盛行的同时,几乎同步开始了对结构主义的反思与解构。德里达通过对结构主义的基本假设提出质问而"消解"结构主义,并以语言符号的"延异"作为社会结构分析的起点,实现了结构主义社会结构理论中的片面、静态、封闭、单一向全面、动态、开放、多元的转向。他认为,承认"他者"和"他者"的语言是进行社会结构研究的途径,主张社会朝着更激进的民主化方向发展。福柯比较重视知识与权力的关系,认为权力以各种规训的手段渗透到社会的各个领域和要素之中。他从处于社会边缘或被边缘化的个人出发,以考古学和谱系学为方法来展开社会结构分析。福柯社会结构理论发展的中心线索是主体,他认为人是权力对人奴役的产物,主张以局部斗争和生存美学为方案来实现对人的重构。

当代西方社会结构理论的整合与重构。当代西方社会结构理论以促进各个理论传统、各个研究领域之间的相互交流和实现社会结构理论的综合与重构为己任。吉登斯在广泛清理、吸收和批判以往社会结构理论的基础上提出了"结构化理论"。他从具有明确能动性意涵的行动和行动者出发来研究社会结构,认为结构具有二重性,即结构既是行动的结果,又是行动的条件,二者统一于社会实践。在吉登斯看来,社会是由规则和资源"结构起来的"模式化社会关系形式,规则和资源是社会结构最为基础的特质。布迪厄以关系主义为方法论来建构理论,不赞同涂尔干传统上对"社会事实"的片面关注,主张通过对关系及其维持和再生产模式的强调来进行社会结构研究,把社会结构研究从涂尔干传统上对"社会事实"的过分关注,转移到对关系及其维持和再生产模式的关注。布迪厄认为,实践不仅是社会结构产生和存在的基础,而且也是社会结构获得不断重建和更新的动力来源,他主张从实践出发,以语言与符号为媒介,以场域、惯习和资本为核心对社会结构展开分析。哈贝马斯则强调以哲学社会科学理论与社会生活实践相统一为原则来认识和研究社会结构。公共领域是他研究社会结构问题的起点和主线,而语言是公共领域展开的主要形式。哈贝马斯认为,私人只有恢复主体性从自己的狭隘境地中重新走入公共领域,开展有效的交往行为,才能在对话沟通和理解中结成社会关系,即在交往中形成社会结构。

马克思社会结构理论对西方社会结构理论的影响及其比较分析。马克思社会结构理论或多或少、或明或隐为西方各大流派的社会结构理论所吸收和运用。可以说,马克思社会结构理论一直是西方社会结构理论的重要参照系和思想元素。西方社会结构理论虽然有一定的合理性,但是,也具有其自身的局限性,并在本体论、认识论、方法论以及总体特征等不同层面与马克思社会结构理论存在显著差异。

杜玉华

目　　录

绪　　论

认识事物结构是认识事物的基础。只有以认识社会结构为基础,才能实现对人类社会的根本认识。关注社会结构的理论和分析,是社会学理论发展一直以来的重要传统。美国当代著名社会学家乔纳森·特纳(Jonathan H. Turner)就曾明确提出,"社会学是以'社会结构'或者'结构'的概念为中心的"。[①] 然而,西方社会结构理论不仅各种思潮迭起、流派繁多,而且相互之间错综复杂、难以辨识。[②] 系统研究西方社会结构理论的发展脉络和西方社会结构理论各大流派的主要内容及其基本立场观点的发展变化,并在马克思主义视野下对西方社会结构理论进行比较与反思,具有重要的意义。

一、 研究西方社会结构理论的目的与意义

自 19 世纪中叶以来,西方学术界对资本主义社会结构及其变迁的研究和争论贯穿整个 20 世纪,并延续至今。西方思想家们出版发表了许多有影响的有关社会结构的著述,形成了丰硕的社会结构理论成果。研究西方社会结构

---

① ［美］乔纳森·特纳:《社会学理论的结构》(下),邱泽奇等译,华夏出版社 2001 年版,第146 页。

② 文军主编:《西方社会学理论:经典传统与当代转向》,上海人民出版社 2006 年版,第49 页。

理论,与研究社会学、认识资本主义社会结构变迁和坚持马克思社会结构理论的指导地位等之间,有着紧密的关系。

(一)社会结构理论与社会学的关系

在西方学术界,社会结构理论不仅是社会学从社会哲学中得以首次分离出来并且合法化的重要方法和策略,而且自社会学创立以来,社会结构理论一直是社会学研究的重要理论取向。毋庸置疑,社会结构理论研究是社会学的应有之义。

1. 社会结构理论是社会学创立的方法与策略

西方社会结构理论发轫于 19 世纪初期的社会有机体论。把社会作为有机整体的社会结构的范畴、理论和方法不是现代社会学才提出来的,它们在社会学创立之时就已经存在,更为重要的是,社会结构理论是社会学得以创立的重要方法与策略。

法国实证主义哲学家奥古斯特·孔德(Auguste Comte,1798—1857)被公认为是社会学的创始人。孔德主张建立一门关于"社会的科学",于 1838 年第一次正式提出"社会学"这一名称并建立起社会学的基本框架和构想。此后他终生致力于社会学地位的合法化。尽管孔德将社会学从社会哲学中分离出来,但是,为了使社会学取得合法化的地位,他采取的最重要方法,就是从当时备受尊崇的生物科学中借用"结构""有机体"等术语和概念。可以说,社会学的合法地位来自对生物科学的借鉴,这也说明了社会结构理论是社会学的第一种并且延续至今的很重要的理论取向。孔德认为,社会学应当首先对社会有机体的统计分析和生物学中对个体有机体的统计分析之间建立真正的对应关系,使用生物学中的常用术语,将结构看成是一个由"要素""组织""器官"组成的有机整体。他把社会有机体的结构同生物学的术语进行类比,将社会有机体分解为家庭、阶级或种族、城市和社区,它们分别是构成社会的要素或细胞、组织和器官。虽然孔德的这种有机体结构类比,也就是早期的社会结构理论,比较粗糙,也未能将其贯彻于他本人研究的始终,但是,它提供了在备受尊崇的生物科学笼罩下为使社会学合法化的一种方法,并且提供了引导社会学科学研究的策略。①

继孔德之后的第一位社会学家,英国哲学家、早期进化论者斯宾塞(Herbert Spencer,1820—1903),在他主要的社会学著作《社会学原理》中,通过系统比较社会有机体和生物有机体,发展了有机体的类比。斯宾塞比孔德具有更浓的生物学色彩。他称社会为超有机体,认为社会有机体随着自身的演变,其结构日益变得比一切生物有机体更加复杂和分化。同生物有机体一样,社会超有机体中分化的结构和功能通过相互依赖而整合成为一个统一的整体。所有发达的社会都有三个机构系统:第一是支持系统,这在生物界是给有机体提供营养的各个部分的组织,又叫营养系统;第二是分配系统,它保证社会有机体的各个部分在分工基础上的联系(如商业);第三是以国家为首的调节系统,它保证各个组成部分服从于整体。社会的特殊部分——"器官"是机关设制。斯宾塞列举了六种设制,即:家庭设制、礼仪设制、政治设制、教会设制、职业设制和工业设制。②

在孔德、斯宾塞之后的涂尔干、马林诺夫斯基、布朗、韦伯等社会学家们也都持有社会有机体的观点。社会有机体论之所以能够帮助社会学独立和合法化,在于其对满足社会整体需求和必要条件的社会结构的分析。

2. 社会结构是社会学研究的主要对象

如何看待社会结构的地位和功能发挥,常常与一种社会理论到底采取何种态度有关。个人与社会结构之间如果出现明显的断裂,会导致社会生活出现严重的问题。这反映在社会理论中,就是通常所说的结构—能动、整体—个体、客体—主体等之争。有的学者认为个人的主观的行动决定作为整体的客

① 　[美]乔纳森·特纳:《社会学理论的结构》(上),邱泽奇等译,华夏出版社2001年版,第9页。

② 　谢平仄等:《社会结构论》,湖北人民出版社1993年版,第30页。

观的社会结构,有的学者则恰恰相反,认为整体的客观的社会结构决定个人的主观的行动。

社会学的研究对象问题一直是一个十分复杂、争论多端的问题。在《社会学原理》一书中,根据国外从 19 世纪中叶至 20 世纪 30 年代之间的各种社会学定义,孙本文曾经把社会学的主要研究对象概括为社会行为、社会现象、社会组织、社会形式、社会关系、人类文化、社会过程、社会进步和社会现象之间的关系。根据 1951—1971 年 20 年间美国出版的多个社会学教科书中的社会学定义,有的社会学家把社会学研究对象归纳和总结为社会中的人、社会行为、社会互动、社会关系、社会生活、群体结构、社会现象和社会过程。然而,在社会学研究实际中,历经 180 多年的发展,社会学积累的定义中所涉及的研究对象要远比上述十七种多得多。①

任何学科之所以成其为独立的一门学科,不可或缺的一个条件就是要有自己的研究对象,作为学科的社会学也是如此,它有着自己独特的研究对象。顾名思义,社会学是关于社会的一门学科。这种说法虽然并无错误,但由于过于简单,不够明确,所以它并没有从对象上把社会学与其他社会科学严格区别开来,显然不能满足界定一门学科研究对象的基本要求。

实际上,认识事物都是以认识事物的结构为起点的。由于结构是物质系统内部各个组成要素之间相互联系、相互作用的较为稳定的存在方式,它不仅标示着是哪些要素、部分共同构成了这个事物,而且还体现着由这些要素、部分依照一定方式形成的新的整体的性能。如果只是了解构成某一事物的要素、部分,即便这种了解非常全面,也是"只见树木未见林",不能从本质上认识这个事物的整体及其性能。只有进一步深入了解构成事物的所有要素和部分之间相对比较稳定的相互作用、相互联系的结合方式以后,才有可能达到认识事物的整体和揭示事物的奥秘的境界。

---

① 郑杭生主编:《社会学概论新修》第三版,中国人民大学出版社 2003 年版,第 10 页。

认识社会也是如此,只有认识了社会结构才能从根本上认识人类社会。研究社会,必须以社会结构为基础。社会虽然是宇宙万物中最为复杂、高级的,但它同样具有一定的结构。社会的面貌、性质和运动过程,是由它本身内在的结构所决定和体现的。所谓社会结构,是指社会系统中各个组成要素、部分以及这些要素、部分之间相对稳定的相互作用、相互联系的结合方式,包括各构成要素、部分之间的一定比例、一定规则和一定的联系形式等。对社会结构的认识,不仅意味着对构成人类社会的要素要获得全面的了解,而且也意味着对这些要素之间比较稳定的关系要有总体性的把握,即由对局部的认识上升到对整体的认识。不只如此,认识社会结构,还意味着对人类社会的了解,要由认识具体现象上升到认识其内在本质联系的高度。因为这种本质联系是存在于社会结构之中的。① 正因为如此,社会结构成为马克思解开人类"历史之谜"的钥匙和创立唯物史观的一个极为重要的理论建构。"功能主义"和"结构主义"作为社会学理论中最为显赫的知识传统,在某种程度上有着共同的起源和重要的共同特征。它们都可以追溯到涂尔干身上,都强调对社会共时性,即社会结构的分析。②

从本质上来说,作为社会学研究对象的社会是各种社会关系的总和,而在其存在方式上,又总是不可避免地呈现出静态的结构、动态的过程和与之相适应的调控体系。社会学对社会这一客体的具体研究,实际上总是离不开对社会的静态结构、动态过程和与之相适应的调控体系的研究。③ 陆学艺认为,社会学是一门以社会行动为研究对象来揭示社会结构和社会过程的规律的科学。这个界定包含着三个相互联系的方面:一是指出人们的个体行动是构成社会的基本要素,正因为如此,个体行动也是社会学分析的基本单位;二是作

---

① 谢平仄等:《社会结构论》,湖北人民出版社1993年版,第2—3页。

② [英]安东尼·吉登斯:《社会理论的核心问题:社会分析中的行动、结构与矛盾》,郭忠华、徐法寅译,上海译文出版社2015年版,第9页。

③ 刘金初、陈成文主编:《新编社会学教程》,湖南出版社1997年版,第5页。

为个体与个体、个体与社会互动形成的社会关系,是超越微观社会研究与宏观社会研究之间壁垒的不可或缺的研究对象;三是揭示社会整体结构和社会过程的规律性是社会学的最终研究目标。①

在《社会学理论的结构》一书中,乔纳森·特纳明确指出,社会学是以"社会结构"或者"结构"为研究中心的。② 日本社会学者富永健一在《社会结构与社会变迁》一书的序论中指出,社会结构在社会学中占有中枢性的地位,在以社会学概论为题的书里,通常也都会包含社会结构的章目。相对于社会学"总论"而言,尽管社会结构理论无疑是社会学的分论之一,但却是非常重要的一部分,即中枢性的部分。③

3. 社会结构分析是社会学研究的重要理论取向

人类社会自身的结构和人类社会的历史发展,是社会学研究的基本问题。自 1838 年孔德创立社会学以来,西方社会学理论探讨的重点始终都没有离开社会结构。绝大多数社会学家在自己的研究中,会自觉不自觉地把社会结构分析作为重要的研究方法和研究视角,在其整个思想体系中也都蕴含着社会结构理论。当代社会学研究与古典社会学研究虽然一样关心社会结构分析,但是它探讨社会结构的重点已经发生了很大的变化,不单是从静态的角度探讨社会结构的架构、原则,而且还从动态的角度研究导致产生社会结构的内在动力,即从不断变更,不断更新的角度去研究社会结构。④

《社会理论的核心问题:社会分析中的行动、结构与矛盾》是当代欧洲社会思想界中少有的大师级学者安东尼·吉登斯的一部重要著作,该著在社会学理论领域具有崇高的地位。它不仅是了解吉登斯本人社会学理论思想的重

---

① 陆学艺主编:《社会学》,知识出版社 1991 年版,第 24—25 页。

② [美]乔纳森·特纳:《社会学理论的结构》(下),邱泽奇等译,华夏出版社 2001 年版,第 146 页。

③ [日]富永健一:《社会结构与社会变迁》,董兴华译,云南人民出版社 1988 年版,第 1 页。

④ 高宣扬:《当代社会理论》(上),中国人民大学出版社 2005 年版,第 119、132 页。

要著作,而且也是理解 20 世纪中后期西方社会学理论发展的基本著作。吉登斯在这本著作里指出,"结构"和"系统"是社会学文献中极为突出的两个概念。① 吉登斯通过全面清理各种结构主义思想,系统地提出了他对于社会学研究方法的理解,把时间和空间引入社会研究的中心,其中"结构"和"能动"成为这本著作的两个支点。1984 年,吉登斯出版了《社会的构成:结构化理论大纲》一书,这是一部对他前期研究工作的总结性著作。这部著作不仅标志着吉登斯结构化理论"体系"的正式形成,而且也为他赢得了广泛的声誉,也是他迄今为止被引用最多的著作。这表明社会结构分析是吉登斯社会学研究的重要理论取向。

　　法国社会学家皮埃尔·布迪厄肯定人类学研究中结构主义思潮的独创性,在于它有助于"清除这门学科中各种自发性的理论赋予人类学知识的虚构的独创性"。② 也就是说,布迪厄认为结构主义思想可以帮助人类学和社会学清除数学和物理学早已拒弃的实体论思维模式。他将结构主义看作是对以涂尔干为代表的法国社会学传统的一种继承和发展。在他看来,"谈'结构'而不是'社会肌体',谈'无意识',而不是'集体意识',谈'野性的思维',而不是'原始思维'……就是在复兴涂尔干的思路"。③ 列维-斯特劳斯等人对涂尔干和莫斯满怀敬意的论证证明了布迪厄发现的这种思想关联。具有显著的社会结构理论取向的结构主义继续了涂尔干当年与哲学家的"系科之争",为社会学赢得了真正独立自主的天地。④

　　经验功能主义的主要代表罗伯特·K.默顿(Robert King Merton,1910—

---

　　① ［英］安东尼·吉登斯:《社会理论的核心问题:社会分析中的行动、结构与矛盾》,郭忠华、徐法寅译,上海译文出版社 2015 年版,第 3 页。

　　② Bourdieu,P.,"*Structuralism and theory of sociological knowledge*",Social Research,Vol.35,No.4,1968,p.681.

　　③ Bourdieu,P.,(with J.Passeron)"*Sociology and Philosophy in France since 1945:death and resurrection of a philosophy without a subject*",Social Research,Vol.34,No.1,1967,p.166.

　　④ 参见杨善华、谢立中主编:《西方社会学理论》(下),北京大学出版社 2006 年版,第 154 页。

2003)为了研究社会越轨行为的根源,在《社会理论和社会结构》一书中以一编八章的篇幅专门探讨社会结构的问题。默顿同意其他功能分析学家的理论取向,即社会结构理论取向,批判了与这种取向针锋相对的无政府主义学说荒谬的前提。无政府主义者认为,社会结构极大地限制了人类的自然冲动和自由宣泄的本性,因此,人类为了获得自由就必须同社会结构带来的这些束缚进行周期性的公开对抗。在无政府主义理论中,社会结构被看成是一种罪恶的必然之物,它既来源于人类的自然冲动和自由宣泄,但后来却又束缚了人类自然冲动和自由宣泄的本性。与这种理论相反,默顿认为,社会越轨行为是社会结构的产物,但是,社会结构本身是积极的,因为它在现实生活中产生了人类仅依靠自然冲动的认知所无法获得的新动因。社会结构在限制人的某些意愿付诸行动的同时,也诱发了人的另外一些意愿。因此,他主张舍弃各种个人主义理论所持的观点,即不同群体和社会阶层中的越轨行为的不同比率,是这些群体和阶层中发现的病态人格的不同比率的偶然结果。社会结构是如何使处于结构不同部位的人们产生越轨行为的压力,这是默顿研究的重点所在。①由此可以看出,社会结构分析也是默顿社会学研究的重要理论取向。

（二）社会结构理论与社会结构变迁的关系

一般来说,社会结构是个静态的概念,如果把它作为动态的概念则可以称为社会变迁。所谓社会变迁,从根本上来说,就是指社会的结构发生变化。也就是说,社会结构强调的是对社会的共时性分析,而对社会的历时性分析就是社会变迁。不存在永恒不变的一般的抽象的"社会",存在的只是一些暂时的、具体的"社会形态",历史就是各种社会形态在一定的规律下不断变迁的过程。

在社会学研究中,有的学者,如德国社会学家尼克拉斯·卢曼（Niklas Lu-

---

① ［美］罗伯特·K.默顿:《社会理论和社会结构》,唐少杰等译,译林出版社 2006 年版,第 247 页。

hmann,1927—1998），过分偏重于历时性的动态分析，认为必须排除社会结构这个概念，因为"一切结构都基于虚构"。就社会而言，的确存在"万物皆流"。在这个意义上说，结构确实成了虚构。但是，因此否定社会结构等概念本身，却不能不说违背了客观实际。为了分析社会变迁，就不能缺少社会结构分析这一基本前提。如果没有社会结构的明确概念，社会变迁的概念是不可能的。因为当谈论社会变迁是什么在变迁时，总是意味着变迁的是社会结构。即使是分析社会变迁，也不能没有社会结构研究的充分准备，否则便会陷入混乱甚至虚无的泥潭。因此，可以说，社会变迁就是社会结构的变迁。社会结构的分化、矛盾和冲突、新的整合机制出现，就推动社会进一步发展和变迁。特定的社会结构不会永远保持不变，多种因素的作用必然会导致它的变化。社会结构中的各个要素在内、外环境压力下，为了提高其适应和生存能力，势必会出现在效率、规模等方面的发展，因而有可能使原有的相互关系出现不平衡而开始变迁。

社会变迁就其根本来说，是社会结构分化和新的结构整合的过程。社会结构的不断分化，一方面意味着社会结构生存和适应能力的提高，另一方面意味着原有结构关系的破坏和新的关系机制的产生。当这种分化过程还能够容纳在原有基本结构框架内，而只需做部分调整时，社会变迁就表现为社会发展；而当分化过程已不能为原有基本框架所容纳时，就需要建立新的、与之相适应的结构，这时社会变迁就表现为社会革命，即对原有社会结构的彻底改造。将社会结构与社会变迁联系起来，为社会变迁研究提供了一个极其有意义的视角。① 从本质上看，所谓社会变迁无非是社会结构的动态表现过程；当作研究对象的社会结构，不过是观念中的静态社会结构而已。相对于社会变迁来说，社会结构更具有基础性和实质性的意义。因为当人们一旦认识了社会结构及其变迁，这就意味着人们有可能进入认识社会发展趋势，揭示社会发

---

① 李路路、王奋宇：《当代中国现代化进程中的社会结构及其变革》，浙江人民出版社 1992年版，第 25—26 页。

展规律的层次了。①

16 世纪以来，世界上社会变迁的主要特征之一表现为社会现代化，其形态由前资本主义社会转向资本主义社会。社会结构理论是伴随着西方资本主义社会的兴起而创立的，并且随着资本主义社会的发展而不断丰富。社会结构理论研究有两个传统的任务：一是认识人类社会的构成，说明社会是由哪些要素并依据什么机制组合构成一个整体的；二是揭示社会变迁，尤其是剖析从传统社会到现代社会转型期间个人种种适应上的问题。许多西方社会结构理论家以他们独特的视角与长期的研究，对西方资本主义社会这个"黑箱"进行了种种观察与分析，对资本主义社会结构的性质和基本特征提出了不同的观点，也对资本主义社会对个人的束缚进行了批判并提出各自的改进意见。这些西方社会结构理论既是认识西方社会奥秘的窗口，同时又是或多或少隐藏与掩饰西方社会实质的工具。不管我们对西方社会结构理论的这二重性是否怀有好感，在认识西方社会结构的过程中，我们都不能逾越西方社会结构理论这一广阔的领域。也就是说，虽然西方社会结构理论未能找到完全打开西方资本主义社会深层奥秘的钥匙，但是，在他们创造的探究西方资本主义社会的概念框架和具体方法中，仍有不少有益的成分。当前，我们仍然可以利用西方社会结构理论家对于他们本国社会结构的某些客观记录与论述，来认识和研究西方资本主义社会结构，以及其显著的与隐蔽的社会结构变迁趋势。②

第二次世界大战结束以后，经过近 10 年的经济复苏和社会制度的调整以及文化的重建，从 20 世纪 50 年代开始，西方资本主义社会，从欧洲到美国，甚至包括日本，没有出现马克思曾经预言的被社会主义所代替的现实，而是进入了一个崭新的历史发展阶段。③ 如何认识资本主义社会结构的变迁，特别是如何认识西方在这个崭新的历史发展阶段的性质、结构、规模、产生过程以及

---

① 谢平仄等：《社会结构论》，湖北人民出版社 1993 年版，第 3—4 页。
② 宋林飞：《当代西方社会学》，辽宁教育出版社 1990 年版，第 1—2 页。
③ 高宣扬：《当代社会理论》（上），中国人民大学出版社 2005 年版，第 4 页。

发展逻辑,就成为半个多世纪以来西方各国社会结构理论家们的研究重点,并且依据不同的视角和结合不同的学科及其方法,形成了众多迥异的社会结构理论流派,对资本主义社会结构的性质和基本特征提出了各自的思想观点。

这些西方社会结构理论中有些思想和观点是值得我们汲取的,但是有些是错误的,如各种各样的"西方中心论""社会趋同论"等。许多西方社会结构理论家包括帕森斯等认为,只有现代西方资本主义社会结构才是现代社会的典范,它们所经历过的现代化结构变革道路是其他发展中国家都应效仿的。不仅是马克思主义者,西方社会结构理论界的许多有识之士也都曾经指出,社会现代化作为世界社会变迁的潮流,有其共同的结构特征,但任何国家成功的现代化都是普遍特征同本国具体条件和文化传统的有机结合的结果。各个国家原有的文化传统、社会结构、发展动力、发展途径以及各种偶发事件的不同,都会影响甚至形成不同的社会现代化状况。社会主义现代化社会和资本主义现代化社会,就是由于不同的历史条件和不同的社会结构状况,通过不同的发展道路而形成的两种具有根本性差异的现代化社会类型。因此,我们不能将西方社会结构变迁模式简单地套用于其他非西方社会,特别是像我国这样的社会。唯其如此,才能深刻认识当代资本主义社会结构的特征和资本主义社会变迁的趋势,才能正确把握中国特色社会主义现代化进程的规律性,从而推进中国特色社会主义现代化加速向前发展。[①]

(三)西方社会结构理论与马克思社会结构理论的关系

尽管马克思本人从不愿意使用孔德提出的"社会学"这个概念来称呼自己的社会学说,但无论是在国外还是国内的社会结构理论界,一个不争的事实是:正是马克思而不是别人,为社会结构研究提供了一套最具影响力的理论话

---

① 李路路、王奋宇:《当代中国现代化进程中的社会结构及其变革》,浙江人民出版社 1992 年版,第 27—28 页。

语,以至于马克思同时代或之后绝大多数有影响的社会结构理论家在某种程度上都不得不与马克思进行"对话",通过与马克思社会结构理论的争论来明确自己的立场,确立自己的合理性,发挥自己的影响。因此,在某种程度上,我们可以说,不理解马克思社会结构理论,就无法真正透彻地理解涂尔干、韦伯、滕尼斯、齐美尔、列维-斯特劳斯等这些"正宗"的经典社会结构理论家们的思想。①

美国社会学家、政治学家西摩·马丁·李普塞特(Seymour Martin Lipset,1922—2006)认为,孔德、斯宾塞虽然开创了对社会结构实证考察和研究的模式,但是,真正开启有系统地对社会结构进行卓有成效的科学探讨的却是卡尔·马克思。马克思是与涂尔干、马克斯·韦伯齐名的三大早期社会结构理论大师之一。即便是同为早期社会结构理论大师的韦伯,在谈到马克思时也曾经这样说道:"判断一个当代学者,首先是当代哲学家,是否诚实,只要看他对待尼采和马克思的态度就够了。凡是不承认没有这两个人所作的贡献就没有他们自己的大部分成就的人,都是在自欺欺人。我们在其中从事学术活动的领域,在很大程度上是由马克思和尼采创造的。"②马克思对韦伯的影响是多方面的。这不仅表现在韦伯对意识作用的强调,主要来源于马克思关于意识是公众利益的集中表现和阶级斗争、党派斗争的武器的思想,而且他的科层理论也受到了马克思关于社会结构层次的观点的影响。③ 马克思之后的大多数西方社会结构理论学者只是或重复其尝试,或重新阐述与发展其思想,或批判与反思其思想。随着社会结构理论在 20 世纪中叶逐渐成熟以来,不同的学者力图从不同的视域和以不同的方法论为基础创建他们自己的"结构的"或者"结构主义的"理论,但是,在这些派别林立、各种主张和观点纷繁复杂的社会结构理论中,仍然可以清晰地看到马克思关于社会结构的杰出洞见,如同特

---

① 杨善华、谢立中主编:《西方社会学理论》(上),北京大学出版社 2005 年版,第 68 页。
② [美]刘易斯·A.科瑟:《社会学思想名家》,石人译,中国社会科学出版社 1990 年版,第274 页。
③ 杨善华、谢立中主编:《西方社会学理论》(上),北京大学出版社 2005 年版,第 176 页。

纳所说的那样,"马克思的理论贯穿了整个社会学宏观层面的理论传统,因此事实上我们可以在所有的结构理论中找到马克思的概念"。①

　　西方社会结构理论各个流派在阐述自己关于社会结构基本观点的同时,都自觉或不自觉地受到马克思社会结构理论概念、框架和方法论的影响。其中,有些学者还直接针对马克思社会结构理论或多或少做出过较明确的评价。比如,法国结构主义创始人列维-斯特劳斯,曾多次明确承认自己受到马克思的影响,他说:"马克思使我懂得了社会意识的欺骗性,因而必须进行更深入的研究去揭示社会意识的原动力。总之,马克思的这一功绩可以比作通过区分第一质量(内涵的、不能为直觉感知的,但更接近真实的质量)与第二质量(即感觉器官对世界的虚假感知方式)而为物理科学的诞生所作的准备","阅读马克思的著作对我的思想的形成曾起了根本性的作用"。② 高迪里埃在《马克思主义人类学的前景》一书中,罗列了他所认为的列维-斯特劳斯结构主义和马克思主义之间的共同点,他指出,"列维-斯特劳斯也和马克思一样认为,结构并不是可以直接看得见或观察得到的现实,而是存在于人的可见关系之外的现实层次,其作用是构成社会制度的深层逻辑——据以解释表面秩序的基础秩序"。③ 20 世纪 60 年代中期开始,路易斯·阿尔都塞更是把自己的社会结构理论称为结构主义的马克思主义,为自己赢得了很高的国际声誉,一段时期内在法国等西欧国家,以及在拉丁美洲的一些国家里风靡一时。在当代,作为最重要的思想家之一的安东尼·吉登斯,不仅以其结构化理论而闻名于世,而且其学术历程是以对马克思、涂尔干和韦伯的社会理论的研究和反思为起点的。吉登斯认为,正是在与马克思的批判性对话中,涂尔干和韦伯分别形成了各自的社会结构理论,从而与马克思共同为后来的社会结构理论奠定了基础。

---

　　①　[美]乔纳森·特纳:《社会学理论的结构》(下),邱泽奇等译,华夏出版社 2001 年版,第146 页。
　　②　[法]列维-斯特劳斯:《结构主义的产生及其他》,梦海摘译,《世界哲学》1981 年第 4 期。
　　③　徐崇温:《结构主义与后结构主义》,辽宁人民出版社 1986 年版,第 52 页。

可以看出,无论是在古典时期,还是在现代时期或在当代,西方各大流派社会结构理论家的很多思想观点都是在与马克思社会结构理论各种不同形式的交流中建立起来的,马克思对社会结构理论的科学论述为西方社会结构理论各个流派的理论家们所吸纳和运用。他们可能只是抓住了马克思社会结构理论中的一部分加以个人的阐述和重新解释,但是,这也在一定意义上说明马克思社会结构理论是西方社会结构理论重要的思想渊源之一。

自 20 世纪 60 年代以来,西方社会结构理论迅速呈现出一派多元化和群雄割据的繁荣景象。这难免鱼龙混杂,真伪难辨,有些学者把马克思社会结构理论视为其中的一个流派,这导致马克思社会结构理论科学普照的光芒在这纷繁复杂的社会结构理论之中被湮没和遮蔽了。所有这些理论虽然都以早期社会结构理论为思想渊源,或多或少吸取了马克思关于社会结构的概念或者至少是结构的理论意向。但是,由于这些理论的政治倾向不同,其理论观点千差万别,概念差异显著,马克思社会结构理论在它们那里受到了不同方面和不同程度的歪曲、诘难和挑战。西方社会结构理论对马克思社会结构理论进行曲解和诘难的主要表现将在第二章专门阐述,在此暂不作赘述。

对于西方社会结构理论与社会学的关系、与社会变迁的关系以及与马克思社会结构理论的关系的讨论,虽然显得有些宏大和高度概括性,但这些讨论有助于反映本书从学科理论、社会实践和比较的视野说明研究西方社会结构理论的基本出发点和意图,即研究西方社会结构理论的目的和意义。

二、 西方社会结构理论的流派及其发展脉络

理论建构对于一门独立的学科来说历来就是一项十分重要的学术任务。社会学自 1838 年孔德提出以来,就一直没有停止过对使其取得独立学科合法地位的“功臣”——社会结构的理论追求和偏好。从某种意义上来说,社会学的学科发展史也是社会结构理论的发展史。如果追溯西方社会结构理论的发展历程,我们可以发现,虽然其发展史并不算太长,但西方社会结构理论流派

的发展却呈现出错综交错非常复杂的局面和过程。因此,在对西方社会结构理论展开研究之前,我们有必要先对西方社会结构理论流派划分及其发展脉络进行一个全景式的扫描和梳理。

(一)西方社会结构理论流派的类型

顾名思义,西方社会结构理论是指 1838 年孔德开创社会学以来西方学者所创立和发展的各种有关社会结构的理论。

社会结构既是社会共时性分析的重点,又是社会历时性分析的起点。有关"社会结构"研究的学术缘起,在社会学上可以追溯到社会学初创时期,但是,许多学者倾向于认为,真正把社会结构纳入为学术研究对象,并对其概念内涵、分类特征、运行原则等进行科学分析则是 20 世纪中期以后的事。①

在西方社会学及其相关学科的研究中,"社会结构"是一个使用极为广泛和混乱的概念,就像特纳所说的那样,社会学尽管是以"社会结构"或者"结构"的概念为中心的,但是结构的概念仍只是被含糊地理论化;与其说结构是一个界定精确的理论术语,不如说它更倾向于被当作一个比喻。② 这不仅表现在学者们使用不同的词语,如社会系统、社会关系、社会网络、社会制度、社会分层和社会整合等来表征社会结构,而且表现在同样对"社会结构"一词进行诠释时,不同的学者会有不同的侧重点。对社会结构的不同理解,直接决定和导致了西方社会结构理论各大流派的形成和建构。可以说,西方有多少种关于社会结构的理解模式,就有多少个社会结构理论流派。③

---

① 杜玉华:《马克思社会结构理论与当代中国社会建设》,学林出版社 2012 年版,第 30 页。
② [美]乔纳森·特纳:《社会学理论的结构》(下),邱泽奇等译,华夏出版社 2001 年版,第 146 页。
③ 谢平仄等:《社会结构论》,湖北人民出版社 1993 年版,第 27—30 页。许多西方学者,把社会结构理解为人们在社会中扮演不同的角色或者占有不同的地位,彼此之间或与社会各种风俗、制度的关系上,都有多种不同的看法。一般认为,在人们的行动及行动的合理化、观念和陈述意见,甚至于竞争之中,似乎都有某种社会秩序或模式。所以,社会结构理论流派的划分最终归结为如何理解这种模式。流行于西方的社会结构模式主要有:文化模式型、结构功能型、冲突型、自然科学型和数学或逻辑型。

在西方,虽然研究社会结构的学者很多,其理论流派也纷繁复杂,但限于篇幅和研究能力,本书仅以对社会结构理论产生重大影响的人物的相关理论观点进行梳理和阐述,并在马克思社会结构理论视域下对其思想观点进行比较和反思。入选西方社会结构理论代表人物的原则,是对西方社会结构理论具有重大影响,甚至是其理论构成了某一社会结构理论流派的源头,从而奠定了他们在社会结构理论领域中的地位,或者是从社会结构理论的角度来看,他们的思想至今仍然对世界社会现象和社会结构具有显著的解释力和重大的启示意义。①

继马克思、韦伯和涂尔干之后,西方致力于社会结构问题研究的流派主要有结构功能主义、宏观结构主义、微观结构主义、结构主义、后结构主义、建构主义、结构化理论、交往社会结构理论等多种类型。②

1.结构功能主义

结构功能主义的中心概念之一是社会结构。结构功能主义把社会视为一个个体行动者相互作用的系统,主张从静态和动态两个角度对这一系统进行研究。静态主要是分析社会系统的结构,而动态则侧重于对社会系统的功能进行分析。结构功能主义认为,行动者所处的地位和承担的角色是社会结构分析的基本单位。在结构功能主义看来,社会结构实际上是指社会中的各个行动者在地位、角色之间一种相对稳定的关系。承担着一定角色的互动中的所有行动者都必须遵守共同的价值规范体系,这是社会结构得以建立和维续的基本前提。从实质上来看,社会结构是制约角色互动的一种抽象规范模式。在这个意义上可以说,社会结构同社会制度是等值的。社会系统维持生存必须满足一定的功能要求,结构功能主义把这些功能要求作为确定结构要素的

---

① 杨善华、谢立中主编:《西方社会学理论》(上),北京大学出版社2005年版,前言。
② 《中国大百科全书(社会学卷)》,中国大百科全书出版社1991年版,第308页。本书增加了后结构主义流派。其中的结构化理论、建构性结构主义和交往结构理论是当代最具代表性的西方社会结构理论,因将在后面章节中专门阐述,为避免重复,在此不做介绍。

重要依据。那些可以满足某种功能要求的特定部分,被结构功能主义看作为社会系统的功能性子系统,而社会系统正是依赖于若干个这样的功能性子系统相互依存、互为条件的关系来维持社会系统整体的存在的。在这个基础上,结构功能主义发展了马克思关于社会结构层次性的观点,认为当子系统发展到一定的规模时,其内部又根据同样的功能要求,进一步分化为相互区别和相互独立的更低层次的功能性子系统。结构功能分析的主要任务就是区分社会系统的功能要求,并且解释由各个子系统之间的关系构成的社会结构是如何满足社会系统所要求的这些功能的。但是,由于过分强调价值的一致性和夸大社会子系统之间的结构整合性,导致忽视了社会结构各个子系统之间的冲突,结构功能主义在西方受到了很多学者的批评。[①] 其代表人物主要有帕森斯、默顿、亚历山大和卢曼。

2. 微观结构主义

微观结构主义综合了符号互动论、现象学以及民俗学方法论的一些观点,对社会结构的形成基础即微观互动过程给予极大的关注。微观结构主义反对结构功能主义关于规范、角色期待、价值体系等限制和约束个体选择的文化协调方式的观点,而强调个体在互动过程中构建社会关系的能动过程。依照微观结构主义的看法,社会结构不是社会均衡的基础,不具有恒定、实在的性质,它对社会过程不起决定性的影响。相反,社会结构是流动易变的,具有思维抽象的性质,是受参与互动的行动者以及特定的互动情景等因素影响的变量,是行动者依照以往经验建立的、用以把握互动情景的认识论工具。正是基于这一根本立场,微观结构主义致力于揭示行动者对互动情景的主观理解和这种理解对进一步互动所产生的影响。在阐述社会结构的形成及其变化过程时,微观结构主义经常使用的概念有个人资源(主要包括经验、知识、个性、情感等)及其差异、情景定义、选择、互动仪式、交往密度、沟通网络、符号、意义

---

① 《中国大百科全书(社会学卷)》,中国大百科全书出版社 1991 年版,第 308 页。

等。① 其代表人物主要有米德和舒茨。

3.宏观结构主义

宏观结构主义继承了早期社会学的有关理论传统,主要代表人物有斯宾塞、马克思、涂尔干、齐美尔等人。在概念的理解上,宏观结构主义反对结构功能主义用社会文化定义社会结构的做法,认为社会结构具有客观性,独立于文化范畴;同时,它也反对像微观结构主义那样,在人际互动的微观层次上阐释社会结构概念。宏观结构主义的理论目标在于说明决定社会宏观结构的基本因素,确定社会的宏观结构状态,解释社会宏观结构对群体之间的交往、社会整合以及社会冲突等基本的社会过程的影响。宏观结构主义主张根据社会成员在宏观社会地位的空间分布状态来界定社会结构。在描述这种分布状态时,宏观结构主义经常使用的概念主要有人口规模、社会地位及其分化、各地位群体的关联程度、社会地位的异质性和不平等性、群体内与群体间的交往频率、社会整合、社会流动等。② 布劳是宏观结构主义的主要代表人物。

4.结构主义

人类学中的结构主义代表着另一种不同于结构功能主义、微观结构主义和宏观结构主义的社会结构分析倾向。结构主义强调,社会结构是思想深层结构的一种表层显现或复制,因此,社会结构分析的主要任务不是确立社会结构的各个构成要素并阐述它们之间的相互关系,而是要从各种复杂的亲情、信仰和行为中寻找并"破译"出起支配作用的"内在编码"或"一般原则",这些编码和原则是对社会生活中各种复杂现象的逻辑性解释和根本模式化,它们是以人脑的生物化学为基础建立的。结构主义的这种观点具有明显的生物还原论倾向和神秘主义色彩,也因此被许多学者所批评。③ 结构主义的代表人

---

① 《中国大百科全书(社会学卷)》,中国大百科全书出版社 1991 年版,第 308 页。
② 《中国大百科全书(社会学卷)》,中国大百科全书出版社 1991 年版,第 308—309 页。
③ 《中国大百科全书(社会学卷)》,中国大百科全书出版社 1991 年版,第 309 页。

物主要有拉康、巴特、列维-斯特劳斯、阿尔都塞等人。

5. 后结构主义①

后结构主义是跟随在结构主义觉醒之后出现的以批判和改造结构主义为旨意的一种西方社会结构理论流派。它批判结构主义对形而上学传统的依附，认为结构主义存在人道主义和语言中心主义的残余，反对结构主义对具有欲望和实践能力的社会主体的忽略，反对传统结构主义把研究的重点放在对客观性和理性问题的分析上。后结构主义抛弃了结构主义的简化主义方法论，追求意符的无限扮演（play），主张通过揭示语言规律的方式来恢复非理性倾向，即从逻辑出发而获得某种非逻辑的结论。但是，后结构主义不会肯定任何一种方法相对其他方法而言具有更高的地位。因此，虽然后结构主义流派中的每个理论都是以对结构主义的批判为起点的，却很少有在观点上互相一致的理论。后结构主义流派的理论观点带有鲜明的政治性，认为这个现存的世界只是一种社会建构，在现实中，有许多不同的意识形态在共同推动着这个世界，并且每种意识形态都想取得霸权地位。由于结构主义无力为历史上各种文化提供政治说明，后结构主义力图对这个被分割成若干个体系的世界做出自己的解释。在索绪尔提出的概念和理论的基础上，后结构主义采用结构主义符号学的因果关系又消解了索绪尔体系和结构主义本身的基础。后结构主义的主要代表人物有德里达、福柯等人。

后结构主义之后，西方社会结构理论不如以往派系分明形成流派，而是各个学者在整合以往理论的基础上，结合个人的兴趣和观点形成了各自的社会结构理论。其中影响最大的有吉登斯的结构化社会结构理论、布迪厄的建构

① 徐崇温：《结构主义与后结构主义》，辽宁人民出版社1986年版，第242页。人们往往把从结构主义到后结构主义的演变，同从存在主义到结构主义的演变并列，合称为战后法国思想界发生的两次大的颠倒。从结构主义到后结构主义的颠倒具有内部调整的性质，其骚动性较小，但就其影响来说，却直接导致了结构主义的终结。

主义社会结构理论和哈贝马斯的交往社会结构理论。

有两点值得注意：一是西方社会结构理论这些流派的划分是相对的，并没有绝对的界限。有很多社会结构理论学者的思想在其漫长的学术生涯的不同阶段可能会发生变化，其中最为典型的是誉满天下被称为"四个火枪手"中的福柯、拉康和巴特三人，他们原来都是结构主义的杰出代表，在1968年都永远与结构主义现象拉开了距离，重新开创了后结构主义。① 二是对于西方社会结构理论流派的发展阶段演变，至少可以从三种视角来进行分析和总结：（1）"宏观—微观"视角。西方社会结构理论走过了从早期社会有机体理论到现代结构功能主义、结构主义、后结构主义，再到结构化的道路，显示了从宏观到微观再到宏观与微观的结合的发展趋势。吉登斯就特别强调把宏观和微观视角综合起来的重要性。② （2）"客观—主观"视角。从社会有机体理论到结构功能主义、结构主义、后结构主义，再到结构化理论，社会结构经历了从实体性结构到关系性结构，再到规范性结构的发展，也就是说，社会结构从客观的、现实性的具体结构逐步转向了主观的、逻辑性的抽象结构，从结构决定论走向了主体和主体间决定论。（3）"型构—解构"视角。从社会有机体理论，到结构功能主义、结构主义、后结构主义，再到结构化理论，西方社会结构理论实际上经历了一个逐步从"构"到"解构"再到"构"、从可见到不可见再到可见、从形成到消失再到形成的历程。

（二）西方社会结构理论发展的历史阶段

对于如何划分西方社会结构理论发展的历史阶段，在学术界一直是一个

① ［法］弗朗索西·多斯：《结构主义史》，季广茂译，金城出版社2012年版，第3、6页。结构主义的"四个火枪手"是指福柯、阿尔都塞、拉康、巴特和列维－斯特劳斯。其中，列维－斯特劳斯是前四位共同的"父亲"，因此，"四个火枪手"实际上是五个人。

② ［美］鲁思·华莱士、［英］艾莉森·沃尔夫：《当代社会学理论》，刘少杰等译，中国人民大学出版社2008年版，第160页。

仁者见仁,智者见智,难以达成共识的问题。但是,大多数学者都倾向于认为,西方社会结构理论的发展在经历了一段由彼此分离、相互对立的过程之后,到当代逐步走向了相互渗透、相互融合。①

自 19 世纪中叶由孔德、斯宾塞从生物学借用"结构"概念开始社会结构研究以来,学术界对西方社会结构理论发展阶段的划分主要有三分法、四分法和五分法等几种不同的划分法。有的学者认为,西方社会结构理论经历了三个重要发展阶段:第一阶段是古典时期,大约从 19 世纪中叶到 19 世纪末 20 世纪初。第二阶段是从 20 世纪初到第二次世界大战结束前后;第三阶段是从 20 世纪 60 年代开始至今。② 有的学者以第二次世界大战、1968 年法国"五月风暴"和资本主义社会出现经济危机、苏东剧变等几个重大事件为分水线,把西方社会结构理论划分成第二次世界大战之前、第二次世界大战后到 20 世纪 70 年代前、20 世纪 70 年代至 90 年代前以及 20 世纪 90 年代至今四个不同的发展阶段。③ 还有的学者把西方社会结构理论的发展划分成五个阶段:第一个阶段是从 19 世纪 30 年代社会学诞生开始到 19 世纪 70 年代末,这是西方社会结构理论的奠基阶段。这一阶段的代表人物主要是孔德和斯宾塞。第二个阶段是从 19 世纪 80 年代到 20 世纪 20 年代,这是西方社会结构理论的形成阶段。马克思、涂尔干、韦伯是这一阶段的主要代表人物。第三个阶段是从 20 世纪 30 年代开始到 20 世纪 60 年代中期,这是西方社会结构理论发展史上著名的"帕森斯时代",第一次实现了西方社会结构理论的短暂统一。第四个阶段是从 20 世纪 60 年代中期开始到 20 世纪 70 年代末,这是西方社会结构理论发展史的"反帕森斯时代",也是西方社会结构理论各大理论流派"群雄割据"的时代。第五个阶段是从 20 世纪 80 年代开始到现在,是西方社会结

① 文军主编:《西方社会学理论:经典传统与当代转向》,上海人民出版社 2006 年版,第 33 页。
② 高宣扬:《当代社会理论》(上),中国人民大学出版社 2005 年版,第 3—4 页。
③ 周穗明、王玫等:《西方左翼论当代西方社会结构的演变》,江苏人民出版社 2008 年版,第 63 页。

构理论发展呈现多元综合的新时代。① 对西方社会结构理论发展阶段的这些划分，从不同方面都反映了西方社会结构理论发展的客观历史过程，同时，这些划分也在一定程度上都揭示了西方社会结构理论发展的内在逻辑进程，所有划分的线索和发展阶段也都比较分明清晰。因此，西方社会结构理论发展阶段的这些划分都具有一定的合理性。

但是，为了研究和阐述的方便，本项目并未采用上述的划分方法来划分西方社会结构理论发展的历史阶段，而是根据西方社会结构理论中批判主义、实证主义和人文主义三种研究传统的实际发展，运用历史学中的年代用语"古典""现代""当代"，把西方社会结构理论的整个发展历程大致划分为古典社会结构理论、现代社会结构理论和当代社会结构理论三个大的发展阶段（见表0-1）：

表0-1　西方社会结构理论发展阶段及其主要类型和代表人物

古典社会结构理论阶段 （1830—1920 年）	批判主义社会结构理论	马克思
	实证主义社会结构理论	涂尔干
	人文主义社会结构理论	韦伯
现代社会结构理论阶段 （1930—1970 年）	结构功能主义	帕森斯、默顿、亚历山大、卢曼
	结构主义	列维-斯特劳斯、阿尔都塞
	宏观结构主义	布劳
	后结构主义	福柯、拉康、巴特、德里达
当代社会结构理论阶段 （1980 年—　　）	结构化社会结构理论	吉登斯
	建构主义社会结构理论	布迪厄
	交往社会结构理论	哈贝马斯

古典社会结构理论阶段，主要是马克思、韦伯和涂尔干三个人的社会结构

---

① 文军主编：《西方社会学理论：经典传统与当代转向》，上海人民出版社 2006 年版，第34 页。

理论思想。这是西方社会结构理论的诞生和形成时期，大约从 19 世纪中叶到 20 世纪 20 年代。之所以说马克思、韦伯和涂尔干三个人的社会结构理论是"古典"或"经典"的，不仅是因为他们确定了西方社会结构理论的核心术语和基本论题，促使了西方各大社会结构理论流派和方法传统的最终形成，而且他们的社会结构理论还在很大程度上决定了他们之后西方各大社会结构理论流派的发展序列和学术承传关系，从而使马克思、韦伯和涂尔干的社会结构理论成为这一阶段之后的西方各大社会结构理论流派的发源地。美国当代著名社会学家亚历山大（J.C.Alexander）提出："古典就是有关人类研究的一些早期著作，相对于同一些领域的当代研究者来说，他们占有一个特权地位。"① 从这个意义上可以说，涂尔干是西方社会结构理论进入古典时期的标志性人物。因为在涂尔干之前的孔德、斯宾塞等人，虽然他们对西方社会结构理论的诞生发挥了毋庸置疑的重要作用，但是，他们对西方社会结构理论的最终形成与发展仅仅起着"奠基"的作用，他们的思想和理论与其说是关于社会结构理论的思想，不如说是一种社会思想或哲学思想。而且更为重要的是，现代和当代的所有社会结构理论都是以马克思、涂尔干、韦伯这三位早期古典理论大师为渊源，从社会结构理论发展的第一个百年中吸取结构的概念或者至少是结构的理论意向。随着结构传统在 20 世纪中叶逐渐成熟起来，这些"脱胎于"早期大师们的结构意向开始出现分歧，不同的学者力图创建他们自己的"结构的"或"结构主义的"理论。可即使出现了众多新的理论设想，这些古典社会结构理论家杰出的洞见仍是他们的理论之源。② 这一时期其他同时代的社会结构

---

① Giddens, A.& Turner, J.(eds.)(1987) *Social Theory Today*, *Stanford*, CA: Stanford University Press, pp.11–12.

② ［美］乔纳森·特纳：《社会学理论的结构》（下），邱泽奇等译，华夏出版社 2001 年版，第 146、196 页。在这本书里，作者是把马克思、涂尔干和齐美尔作为古典社会结构理论的三位大师。他认为齐美尔的形式结构主义对当代社会结构理论产生了最为重大的影响。但是，他在分析当代社会结构理论家布迪厄的结构理论思想时，又指出布迪厄建构了一种综合马克思、韦伯和涂尔干的社会学的阶级冲突的概念模型。所以，本书根据国内外社会学界主流的观点，依然把马克思、韦伯和涂尔干作为古典社会结构理论的三位大师，而将齐美尔视作同一时期著名的社会结构理论家。

理论家，虽然也有一些富有特色的社会结构思想，如齐美尔的形式结构主义、米德的行为结构主义和舒茨的现象学结构主义等，尽管他们的许多观点也为后来的各大社会结构理论流派有所吸收和借鉴，并成为西方社会结构理论中不可或缺的有机组成部分，但相对而言，他们对后来西方社会结构理论思想的影响要远比这一时期马克思、涂尔干、韦伯"三大家"的影响小得多，他们各自的追随者相对也少了很多，更没有形成像马克思、涂尔干、韦伯"三大家"那样明确的社会结构理论流派和延续不断的发展脉络。

现代社会结构理论阶段，主要是指从 20 世纪 30 年代到 20 世纪 70 年代末期，在古典社会结构理论时期确立的批判主义、实证主义和人文主义三种社会结构理论传统的基础上，西方对社会结构理论展开详尽阐述形成各种社会结构理论流派的时期。这一时期也是西方社会结构理论传承与反思的时期，主要由帕森斯所开创的"巨型理论"体系，即结构功能主义，以及由此形成的各种反对帕森斯结构功能主义的结构主义、后结构主义、宏观结构主义等构成的时期。虽然在 20 世纪 40 年代中期至 50 年代末，由帕森斯创立的结构功能主义被公认为是西方社会结构理论的主导或统治范式，使西方社会结构理论在结构功能主义基础上取得了短暂的理论统一。但总的来说，在这一阶段，西方深入理解个人和社会结构如何在实际中运作的研究努力如雨后春笋，成为西方社会结构理论发展的黄金时期。① 其代表人物主要有帕森斯、默顿、列维－斯特劳斯、阿尔都塞、福柯、拉康、巴特、德里达、布劳等人。虽然社会结构理论的这种多元并存、百家纷争的对抗性局面，在一定时期内促进了社会结构理论研究的繁荣，但也导致了社会结构理论各个流派画地为牢、各执一端的现象，并为不同流派社会结构理论者之间的沟通和社会结构理论的发展设置了人为的限制和障碍。②

---

① ［美］乔纳森·特纳：《社会学理论的结构》（下），邱泽奇等译，华夏出版社 2001 年版，第 9 页。

② 杨善华、谢立中主编：《西方社会学理论》（下），北京大学出版社 2006 年版，第 28 页。

当代社会结构理论阶段,主要是指自 20 世纪 80 年代中期以来对各种西方现代社会结构理论进行修正、发展、整合与重构的时期。西方社会结构理论家们逐渐意识到各种社会结构理论流派画地为牢、各执一端的局面所带来的消极后果,意识到打破各种社会结构理论流派的理论疆界、适当整合各大理论派理论的重要性和必要性。西方各大社会结构理论流派纷纷行动起来,以极大的热情和兴趣主动向其他的社会结构理论传统进行延伸,以此来弥补之前因为各种社会结构理论流派之间的纷争,而导致在行动与秩序、主观与客观、结构与文化、冲突与稳定等不同理论维度上所造成的鸿沟,努力形成一种新的且综合性更强的社会结构理论①。由此,西方社会结构理论进入到一个新的发展阶段,即在一个新的基础上对过去相互分离、相互反对的社会结构理论流派重新进行综合和重构的阶段。② 当代影响最大的社会结构理论主要是吉登斯的结构化社会结构理论、布迪厄的建构主义社会结构理论和哈贝马斯的交往社会结构理论。

当然,对于当代西方社会结构理论阶段的起点,也有其他学者提出不同的意见。高宣扬认为,当代社会结构理论的转折点主要发生在 20 世纪 60 年代。这一时期之所以称为当代社会结构理论发展的起点,是因为从这个时候起,同社会结构理论密切相关的整个西方社会和人文科学,都发生了根本的转变,包括社会学、社会人类学和一切同研究社会结构有关的学科,都发生了一系列重要的理论革命。在这一时期内,西方社会科学和人文科学界出版了一系列划时代的重要著作,一方面从根本上批判了在此之前的各种理论模式和方法论;另一方面创造性地提出了崭新的理论典范和方法论。这意味着西方社会结构理论新阶段的到来。③

---

① Ritzer, G. (ed.), *Frontiers of Social theory: the New Syntheses*, Columbia University Press, 1990, p.1.

② 杨善华、谢立中主编:《西方社会学理论》(下),北京大学出版社 2006 年版,第 28—29 页。

③ 高宣扬:《当代社会理论》(上),中国人民大学出版社 2005 年版,第 70 页。本书认为社会结构理论发展阶段与社会学发展阶段一致,因此把高宣扬提出的关于社会学发展阶段的划分等同于社会结构理论发展阶段。

尽管从 20 世纪 60 年代起，西方出现了许多针对帕森斯结构功能主义的理论批判和理论创新，但是，本书认为这些理论在理论思维和研究范式上仍然没有跳出现代社会结构理论的分析范式，我们可以将这一时期的社会结构理论看作是现代社会结构理论的一部分，而把 20 世纪 80 年代以后更具多元综合性特征的社会结构理论看作是当代社会结构理论的起点和转折点。

第一章　马克思的批判主义社会结构理论

社会结构理论是卡尔·马克思（Karl Marx，1818—1883）解开"历史之谜"，开创社会理论研究的一个极为重要的理论建构。他在《〈政治经济学批判〉序言》中曾亲自写道：社会结构理论是指导自己"研究工作的总的结果"。

美国社会学家、政治学家西摩·马丁·李普塞特等不少西方学者认为，孔德虽然开创了对社会结构实证研究的模式，但是，真正有系统地对社会结构进行卓有成效的科学探讨的却是始于卡尔·马克思。正是马克思而不是别人，为现代社会中人们的社会结构研究提供了一套最具影响力的理论话语，以至于马克思同时代或之后的绝大多数有影响的社会结构理论家在某种程度上都不得不与马克思进行"对话"，通过与马克思社会结构思想的争论来明确自己的立场，确立自己的合理性，发挥自己的影响。马克思作为批判主义社会结构理论传统的开创者，其社会结构理论具有鲜明而深刻的批判性。马克思对社会结构理论的集中阐述主要是在《〈政治经济学批判〉序言》中进行的，而《共产党宣言》（1840）、《德意志意识形态》（1845—1846）、《1844 年经济学哲学手稿》《资本论》（1867）等众多著作，几乎都蕴含着他关于社会结构的理论和思想。

第一节　马克思社会结构理论
古典地位的诘难

在所有的西方社会结构理论家中，对于中国知识界来说，无疑最为熟悉的是卡尔·马克思。这不单纯是因为中国是以马克思主义为指导思想的国家，其著作得以在中国持续长久的广泛传播，更为重要的原因是因为马克思著作中所蕴含的社会结构理论影响着中国近代以来的几代知识分子，科学分析中国阶级阶层状况，成功指导中国新民主主义革命取得胜利，改变了中国过去的社会结构关系，决定了中国现在的社会结构，并将继续影响中国未来的社会结构。

人们对马克思作为革命家、哲学家、思想家、经济学家、记者和时事评论家的身份，基本上都是认同没有疑义的。但是，20世纪60年代以前，在包括美国在内的整个西方社会学界，马克思作为社会学家和社会学下的社会结构理论家的地位长期处于被忽视、不被肯定甚至饱受诘难的尴尬境遇。① 事实上，像马克斯·韦伯一样，所有的西方社会学家都不得不承认，各种社会结构理论无不是在与马克思社会结构理论的对话和交流中产生和发展起来的。

一、 马克思社会结构理论被误解

自马克思主义诞生以后，研究社会结构的理论家，不管是拥护马克思主义的还是反对马克思主义的，在讨论结构的时候，都难以避免要从与马克思社会结构理论的对话和交流开始。100多年来，马克思社会结构理论在西方一直成为人们讨论、研究的中心议题。在20世纪60年代以前的西方，马克

---

① 20世纪60年代以前，在以美国为代表的所谓主流社会学中，唯一的例外是美国激进社会学家C.赖特·米尔斯。比如，在米尔斯那本名垂青史的《社会学想象力》（1959年）中，他就指出："经典马克思主义在现代社会学的发展中居于中心地位。"

思社会结构理论受到了不同方面和不同程度的歪曲、非难和挑战。一些西方学者对马克思社会结构理论的误解和诘难,主要表现为把马克思社会结构理论片面地理解成"生产力决定论""经济决定论""多元决定论""阶级斗争论""意识形态论"等,从而在根本上否认马克思在社会结构理论领域应有的地位。

1."生产力决定论"

按照马克思社会结构理论,生产关系要适合生产力的发展状况,有什么样的物质生产力,就会有什么样的生产资料所有制,就会有什么样的生产关系。由此,一部分西方学者把马克思社会结构理论理解为"生产力决定论"。但是在现实中,社会主义革命不仅没有按照马克思的预测首先发生在生产力发达的资本主义国家,而且二战后发达的资本主义国家仍然没有出现社会主义革命的形势,很多西方学者以此企图否定马克思社会结构理论的相关论述。[①]美国社会学家丹尼尔·贝尔(D.Bell)曾对此明确提出,后工业社会的来临带来了社会结构的巨大变化,马克思逝世以后资本主义国家的发展否定了生产资料所有制形式必须适应物质生产力发展要求的规律,否定了资本主义所有制必然被社会主义公有制代替的规律。他甚至认为,由于所有权和经营权的分离,股份资本代替私人资本,"今天的所有制纯属法律上的虚构",资本主义国家的大公司也不再是"私有企业",而是"从事共同活动的团体"[②],生产力与生产资料之间的关系已经不再是马克思所说的那种简单的决定与被决定的关系了。法兰克福学派也指责马克思生产力决定生产关系的思想,认为它只能说明自由资本主义,而不能说明第二次世界大战以后资本主义的社会结构。[③]

---

① 吴元樑:《社会系统论》,上海人民出版社 1993 年版,第 49 页。

② [美]丹尼尔·贝尔:《后工业社会的来临》,高铦、王宏周、魏章玲译,新华出版社 1997 年版,第 87 页。

③ 李华钰、严强、步惜渔主编:《社会历史理论》,南京大学出版社 1994 年版,第 348 页。

2.“经济决定论”

按照马克思社会结构理论的观点,以生产资料所有制为基础的生产关系的总和构成一个社会上层建筑的经济基础。马克思认为,经济基础决定上层建筑,因此,有什么样的经济基础就会形成什么样的上层建筑。马克思根据生产资料所有制性质的不同,把人类社会划分为奴隶社会、封建社会、资本主义社会、社会主义和共产主义社会几种形态。有些西方学者由此把马克思社会结构理论理解为“经济决定论”,并以“很少有社会作为不同的历史和政治的不同实体可以完全围绕马克思所认为的单一体制来确定其定义”①为由,企图否定马克思社会结构理论的相关论述。英国哲学家伯特兰·罗素(Bertrand Russell)曾把马克思的历史观直接称为“经济史观”。他在对马克思社会历史观进行概略的考察之后表示“大体上同意马克思的观点”,但同时又作了重要的保留。他认为“马克思的历史哲学是有缺点的”,并提出这些缺陷的关键在于马克思过分强调经济的决定作用,而忽视了其他因素,如英雄、民族、医学、科学以及地理环境等的决定作用。② 英国科学哲学家卡尔·波普尔(Sir Karl Raimund Popper)把马克思社会结构理论称为“经济主义”。他虽然肯定马克思研究社会结构必须重视经济条件的思想是“极有价值”的,但是,他在根本上是否定马克思社会结构理论的,认为马克思社会结构理论把“社会的发展相当苛刻地说成是依靠于经济条件,特别是依赖于物质生产资料的发展,那就变成完全错误了”。③ 波普尔认为,比起政治思想、宗教思想特别是科学思想的作用来说,经济因素在社会结构的发展中只能处于次要地位,因为决定经济和社会发展的主要因素是思想。

---

① [美]丹尼尔·贝尔:《后工业社会的来临》,高铦、王宏周、魏章玲译,新华出版社1997年版,第125页。

② 参见[英]罗素:《辩证唯物主义》,张文杰译,载《历史的话语:现代西方历史哲学译文集》,广西师范大学出版社2002年版,第142—157页。

③ [英]卡尔·波普尔:《开放社会及其敌人》(第二卷),郑一明等译,中国社会科学出版社1999年版,第176页。

3."多元决定论"①

结构主义的马克思主义最重要的代表人物路易斯·阿尔都塞把马克思社会化结构理论称为"多元决定论"。他认为,黑格尔的辩证法与马克思的辩证法之间有一条不能跨越的鸿沟。这就是黑格尔的矛盾是一种单纯的,即一元的矛盾,一切事物的发展都是由一个单纯的矛盾自始至终决定的,而马克思的辩证法则是由多元决定的。他认为,在马克思那里,"'矛盾'是同整个社会机体的结构不可分割的,是同该结构的存在条件和制约领域不可分割的;'矛盾'在其内部受到各种不同矛盾的影响,同时又被它们所规定。我们可以说,这个'矛盾'本质上是多元决定的"。② 阿尔都塞提出,马克思在《资本论》中把资本主义生产方式分为经济结构、上层建筑结构、意识形态结构等多种结构,而这些结构共同对社会结构发展发挥决定作用。

4."阶级斗争论"

按照马克思社会结构理论的观点,资本主义社会的基本矛盾,即生产力与生产关系的矛盾、经济基础与上层建筑的矛盾,必然表现为无产阶级与资产阶级之间的阶级矛盾。随着资本主义社会的日益发展,整个社会无疑将形成无产阶级与资产阶级两大对抗的阶级,并且由于这两大阶级之间的对抗和斗争决定了资本主义必然灭亡、社会主义必然胜利。但是,一些西方社会结构理论家不仅把马克思社会结构理论片面地简化为阶级斗争理论,而且还认为马克思社会结构理论中的阶级和阶级斗争学说在西方现代工业社会中早已不合时宜。他们极力否认发达资本主义国家内部存在无产阶级和资产阶级的事实,认为私人资本已经被股份资本所代替,所有权和经营权分离,社会上形成了一个管理层,这个管理层不占有生产资料,但执掌着企业的经营管理大权。同

---

① 阿尔都塞在《保卫马克思》(1956)、《读资本论》(1965)等主要著作中系统阐述和论证了马克思的矛盾观和历史观是"多元决定"的。参见郑杭生、刘少杰主编:《马克思主义社会学史》,高等教育出版社 2006 年版,第 227—228 页。

② [法]阿尔都塞:《保卫马克思》,顾良译,商务印书馆 2006 年版,第 84 页。

时，在资本主义现代社会，传统意义上从事体力劳动的蓝领工人在不断减少，而从事脑力劳动为主的白领工人在增加。据此，一些西方社会结构理论家提出，马克思所说的资产阶级和无产阶级已经消失，资本家和工人之间的矛盾已经被或正在被管理者和生产者、生产者和消费者等之间的矛盾所代替。比如，德国社会学家维尔纳·桑巴特（Werner Sombart）认为，由于工人与资本家之间关系亲密，他们共同分享着资本主义的成就，工人阶级并不接受社会主义和社会主义"精神"，因此，在发达的美国没有那种本质上具有马克思主义特色的社会主义。卢卡奇把无产阶级革命在资本主义国家失败的根本原因归咎于是无产阶级阶级意识的丧失，他在对资本主义制度中的"物化"现象剖析的基础上，将"扬弃物化"作为无产阶级的根本任务，淡化了利用阶级斗争夺取政权的方式使无产阶级获得自由和解放，并最终消灭资产阶级。葛兰西明确提出无产阶级应该夺取文化霸权和意识形态领域的领导权。① 这表明这些西方学者在实质上背离和否认了马克思社会结构理论中关于阶级和阶级斗争的思想。

5."意识形态论"

马克思社会结构理论除了被错误地曲解为以上论断之外，还被不少西方学者视作一种意识形态而遭遇被否定。比如，法国人类学家吕西安·塞巴格②在《马克思主义与结构主义》一书中，就公开提出马克思主义越来越成为意识形态，而意识形态则不是科学的东西。他说："我们所能提供的表述可能显示出某些科学保证，但它们缺乏作为一种学说的马克思主义所主张

---

① 桑巴特的《为什么美国没有社会主义》（1906），卢卡奇的《历史与阶级意识》（1923），以及葛兰西的《狱中札记》，这些著作都写于20世纪60年代以前。

② 塞巴格是西方最早把马克思主义与结构主义相提并论的学者。1963年，他发表了《马克思主义与结构主义》的著作，第一次正式研究结构主义与马克思主义关系问题。他在这部著作中提出，结构主义是最好的科学方法，这一方法在历史、本体论、精神分析和马克思主义中都发挥了重要的作用。他还提出，马克思主义是关于社会现象总体性的理论，结构主义则在于说明人类的现实。在他看来，马克思主义越来越变成一种"意识形态"，而意识形态则是不科学的东西。因此，他极力主张马克思主义与结构主义结合。

的那种最高的科学保证,这就是为什么真正的问题是意识形态的问题,那就是我们作为一定社会的成员的人和倾向于改变那个社会的人所说的东西。"福柯对马克思社会结构理论提出了"尼采式挑战",根据尼采的"权力意志是一切历史的基本事实"的学说,认为必须用权力关系而不是马克思社会结构理论中的生产关系去理解社会,必须用"权力—知识"去取代权力和知识之间的传统对立。① 这些西方学者片面强调马克思社会结构理论的意识形态性而忽视它的科学性,主张用其他社会结构理论来取代马克思社会结构理论。

二、 马克思社会结构理论古典地位的确立

尽管在相当一段时期内,马克思社会结构理论在西方尤其在美国社会结构理论领域饱受诘难,但是,到 20 世纪 60 年代后期,西方学术界对马克思社会结构理论的态度开始出现转折。在一定意义上可以说,这一转折主要是因为美国及欧洲年轻的一代社会结构理论学者在黑人民权运动、反越战以及青年"大造反"运动中所获得的经验。在这些运动中,所谓"3M",即马克思、马尔库塞和毛泽东的思想,在西方学术界都获得了相当程度的传播。②

法国社会学家雷蒙·阿隆(Raymond Aron)1967 年在他的著作《社会学主要思潮》一书中,率先将马克思列为社会学的创始人,他说:"马克思并不像 M. 阿克塞洛斯所说的那样是一位技术哲学家,也不是其他人所认为的主张异化的哲学家。他首先是一位社会学家和资本主义制度的经济学家。"③雷蒙·阿隆认为,撇开社会结构是无法从本质上了解一种特定的经济制度的。在严格的意义上来说,作为马克思最重要的代表作的《资本论》是一项伟大的天才工

---

① 徐崇温:《结构主义与后结构主义》,辽宁人民出版社 1986 年版,第 55 页。
② 周晓虹:《西方社会学历史与体系》(第一卷),上海人民出版社 2002 年版,第 78 页。
③ [法]雷蒙·阿隆:《社会学主要思潮》,葛智强等译,上海译文出版社 1988 年版,第 122 页。

程,因为马克思在这部著作里既说明了资本主义社会制度的运行方式,又通过对社会结构的分析深刻揭示了资本主义社会制度发展的历史规律。① 1968年,欧文·蔡特林(Owen Zeitlin)和亨利·拉弗布雷(Henry Lafferbray)分别在《意识形态和社会学理论的发展》和《马克思的社会学》中确认马克思的社会学家地位。自此以后,不仅西方很少有学者继续质疑马克思社会学家的身份和地位,而且马克思在西方学术界的影响和声誉也日趋高涨,即使原来对马克思提出过最严厉批判的学者也开始承认马克思的著作对社会学的发展发挥了不可忽视的重要作用。1976 年,伊丽莎白·弗里德海姆(Elizabeth Friedheim)论证了马克思作为社会学家的充分理由。他说:"卡尔·马克思从未自称为社会学家,他反对孔德的实证主义哲学,……因此,我们可能会问,为什么在这里要研究马克思? 因为他发展了概念,选择了变量,研究了方法问题,而这些至今仍然频现在社会学的文献之中。社会阶级、意识形态、异化、科层制和制度分析至今仍然是社会学中十分重要的论域。"②英国社会学家斯温杰伍德(Thermo Wood)则干脆提出,社会学和马克思主义不是对立的,因为"实证主义社会学和社会主义学说有某种共同的根源",比如,"在圣西门的著作中同时包含有实证主义的与社会主义的因素"。因此,他认为"马克思主义的思想无疑是社会学的思想,它已为社会学本身所吸收,同时,马克思主义也在不断吸收社会学的概念和思想,以便对现代工业社会和历史发展作出充分的解释"。③ 直至当代,吉登斯不但把马克思视为社会学家,而且认为,马克思、涂尔干和韦伯是三位最杰出的经典社会学大师,他们代表了社会学中三种主要的传统。他深信,"马克思的著作已经孕育了一系列的知识传统,其中有一些

---

① [法]雷蒙·阿隆:《社会学主要思潮》,葛智强等译,上海译文出版社 1988 年版,第136 页。

② Freidheim,Elizabeth,A.,*Sociological Theory in Research Practice*,Cambridge,Mass.:Schenkman Publishing Company,1976,p.41.

③ [英]艾伦·斯温杰伍德:《社会学思想简史》,陈玮、冯克利译,社会科学文献出版社1988 年版,第 57—58 页、第 2 页。

在当代有关社会科学的争论中占据着中心位置"。① 由此可以看出,现代社会学乃至整个现代社会学不能无视马克思的存在。

如绪论所述,社会结构是社会学从创立以来的理论传统取向,对马克思经典社会学家地位的承认,也就意味着对马克思社会结构理论经典地位的认同。

实际上,在 20 世纪 60、70 年代以前,西方学术界否认马克思社会学家和社会结构理论家的身份和地位,一方面是由于资产阶级社会学家的个人喜恶的原因,另一方面主要是因为马克思学说与他们所秉承的社会学学科理念有很大的不同。他们认为,马克思的思想理论带有浓厚的意识形态色彩,与现代社会学所提倡的"价值中立"原则相去甚远。另外,这与马克思社会结构理论的批判性、革命性也有密切的关系。因为马克思社会结构理论的目标是通过对资本主义社会结构的揭示最终超越资本主义社会,这就决定了它和旨在为资本主义社会"合法性"进行辩护的传统西方社会结构理论必然发生冲突,而后者则是西方社会结构理论的主流。最后,20 世纪 60 年代末期 70 年代早期,由于资本主义经济、社会陷入动乱和危机,帕森斯的结构功能主义遇到挑战,冲突理论日益崛起,从而使得马克思的批判主义社会结构理论在西方社会学界开始得到重视。

1996 年,美国当代社会学家乔治·瑞泽尔在《社会学理论》一书中,从两个方面对马克思社会结构理论具有浓郁意识形态的说法进行了有力的反驳:第一,虽然马克思社会结构理论受到意识形态的影响,但我们必须意识到几乎所有的社会学理论都摆脱不了意识形态的缠绕。无论是涂尔干、韦伯,还是帕森斯的理论都无一例外体现出了他们的意识形态倾向,价值中立的原则在现实中是不存在的。在这方面,马克思的唯一不同,是他从未有过隐瞒自己的意识形态的企图。第二,虽然马克思的思想理论带有浓郁的意识形态

---

① Giddens,*Anthony*,*Sociology*,*A Brief but Critical Introduction*,Second Edition,New York:Harcourt Brace Jovanovich,Inc.,1987,p.33.

性,但这并不表示马克思是一名冷血狂人。相反,马克思是一个真正的人道
主义者。因为马克思不仅对资本主义制度下饱受欺凌和压迫的无产阶级给
予了无限的同情,而且马克思正是基于人道主义精神,才主张通过革命的方
式来推翻资本主义社会,创造一个更为人性的社会。在这个意义上来说,瑞
泽尔同意阿隆的观点,认为马克思虽然有各种各样的头衔,但最合适的却是
社会学家。

除了阿隆的首先认同和瑞泽尔的反驳之外,马克思社会结构理论古典地
位得以确立的根本原因,在于其自身的科学性。马克思社会结构理论的科学
性体现在多个方面。首先,马克思社会结构理论形成的理论基础是科学的。
作为其理论基础的唯物主义历史观是一种科学的世界观,它不仅继承了全人
类历史上的所有优秀文化遗产,对社会现象、社会发展变迁进行了科学分析,
而且还克服了过去各种以主观想象或直观猜测为基础形成的社会结构理论的
种种弊端。其次,马克思关于生产力与生产关系、经济基础与上层建筑的一系
列论述和观点,分析了人类社会生活的基本结构,深刻揭示了社会历史发展变
化的根本动力。最后,马克思关于物质生产是人类社会存在和历史发展的第
一个前提的论述,使马克思社会结构理论与各种建立在唯心主义基础之上的
社会结构理论彻底划清了界限。

第二节　马克思社会结构理论的
"三维"分析

马克思社会结构理论,主要是指马克思关于人与自然、人自身内部以及人
与人之间社会关系总和的认识。由于马克思社会结构理论所涉及的领域、方
面和涵括的内容非常广泛,为了方便阐述,本书主要选取从实践、空间和时间
三个维度来概括和总结马克思社会结构理论的主要内容。

一、　社会生产：以实践为维度的社会结构分析

马克思对社会结构的分析总是以实践为根本原则的。马克思曾经明确指出："社会生活在本质上是实践的。凡是把理论引向神秘主义的神秘东西，都能在人的实践中以及对这个实践的理解中得到合理的解决。"①马克思的这一重要论断与他关于人的本质是社会关系的总和的观点是一致的。在马克思看来，他强调人的本质是社会关系的总和，事实上就等同于在说人的本质是实践的，因为只有在实践中才能发生人的最基本的社会关系——生产关系、经济关系和物质利益关系，而其他社会层面的关系在实践中也能找到它们的根源。

应当注意的是，当马克思说社会生活在本质上是实践的，他是在归根结底的意义上得出这个结论的。因为无论在何种宽泛的意义上，社会生活有很多内容就其直接性上说是在实践活动之外的，例如情感沟通、信息交流、宗教信仰等社会生活，难以把它们归结为实践，因为它们正是被马克思看作在感性实践之外而存在的思想意识行为。但是，如同社会关系可以在归根结底的意义上被归结为生产关系一样，各种层面或各种形式的社会生活也可以在归根结底的意义上被归结为实践。因为作为全部社会存在的基础的社会生活只有在具体的实践中才能真正展开，在《德意志意识形态》中，马克思明确把生产实践看作人类社会存在和社会历史发展的第一个前提条件，指出，没有这个基础或前提，其他层面上的社会生活都无法存在和延续；而且在各种层面中展开的社会生活，其中无限丰富的内容，不管是直接的还是间接的，都可以在实践中找到其存在的根源。②

马克思坚持以实践为根本原则研究社会结构，坚持社会生活在本质上是实践的，这将马克思社会结构理论同唯心主义和旧唯物主义划清了界限，而且

---

① 《马克思恩格斯文集》第 1 卷，人民出版社 2009 年版，第 55—56 页。
② 郑杭生、刘少杰主编：《马克思主义社会学史》，高等教育出版社 2006 年版，第 227—228 页。

也使它同实证主义社会结构理论划清了界限。

社会生产是人类生存发展的基础和人类社会最主要的实践形式,是马克思考察社会结构的客观依据。马克思曾多次指出,社会结构总是从一定的个人的生活过程中产生的,历史经验的观察应当根据经验来揭示社会结构和政治结构同生产的联系,而不应当带有任何神秘和思辨的色彩。① 因为"人们的生活自古以来就建立在生产上面,建立在这种或那种社会生产上面"②,人们只有在社会生产发展的过程中才能找到"理解全部社会史的钥匙"③,只有在社会生产的过程中,社会结构空间的各个要素才能有机地结合在一起,并在矛盾运动中发展,实现由空间维度上的结构要素向时间维度上的社会形态的跨越。

社会生产作为社会结构的整体性的范畴,它本身也是一个由多个子系统构成的系统结构。马克思主要在《德意志意识形态》和《哲学的贫困》这两篇著作中集中论述了社会生产的问题,并把社会生产划分为物质生产、精神生产、人口生产和社会关系生产四种类型。

1. 物质生产

马克思一直重视物质生产和经济在社会历史发展中的地位和作用,甚至把物质生产称为人类社会存在和发展的"第一个历史活动"。他说:"人们为了能够'创造历史',必须能够生活。但是为了生活,首先就需要吃喝住穿以及其他一些东西。因此第一个历史活动就是生产满足这些需要的资料,即生产物质生活本身。"④这表明,在马克思看来,人自身的生存问题是社会存在和发展的基础,因为人类只有能够生产出满足自己生存的生活资料之后,才能最终把自己与其他动物区别开来。因此,人类社会的历史首先是物质资料生产

① 《马克思恩格斯文集》第 1 卷,人民出版社 2009 年版,第 524 页。
② 《马克思恩格斯文集》第 8 卷,人民出版社 2009 年版,第 139 页。
③ 《马克思恩格斯文集》第 4 卷,人民出版社 2009 年版,第 313 页。
④ 《马克思恩格斯文集》第 1 卷,人民出版社 2009 年版,第 531 页。

的历史,物质资料的生产和再生产是人类社会"全面生产"中最基本的生产。

2. 精神生产

精神生产,是指"现实中的人",也就是处在一定生产方式中的人,从观念的意识的形式上认识和改造对象世界、创造精神产品以满足人们的精神需要的活动。简而言之,精神生产就是"思想、观念、意识的生产"①。马克思认为,精神生产是社会分工的产物,并受物质生产制约和决定。一方面,精神生产的素材,如物质生产、经济活动、政治活动等方面的具体经验、操作技能,以及精神生产的工具,如笔、纸、仪器等,所有这些都是由物质生产提供的;另一方面,精神生产从一开始就受制于物质生产。"'精神'从一开始就很倒霉,受到物质的'纠缠',物质在这里表现为振动着的空气层、声音,简言之,即语言。"②意识的一切形式和产物都不能用纯粹的精神来获得解释,只能从物质实践出发来解释观念,也就是要从"直接生活的物质生产"出发来考察精神生产。另外,马克思还认为,精神生产具有阶级性。支配着物质生产资料的阶级,同时也支配着精神生产资料,统治阶级"作为思维着的人,作为思想的生产者进行统治,他们调节着自己时代的思想的生产和分配;而这就意味着他们的思想是一个时代的占统治地位的思想"。③

3. 人口生产

人口生产是指人类为了种族的繁衍而进行的生命的生产。任何人类历史的第一个前提都是有生命的个人存在,人们在开始通过物质生产满足自己对生活资料的需要时,就把自己和动物区别开来,同时,人们还间接地生产着他们的物质生活本身。这样,人们一开始就被纳入历史发展过程的第三种关系,即"每日都在重新生产自己生命的人们开始生产另外一些人,即繁殖。这就

---

① 《马克思恩格斯文集》第1卷,人民出版社2009年版,第524页。
② 《马克思恩格斯文集》第1卷,人民出版社2009年版,第533页。
③ 《马克思恩格斯文集》第1卷,人民出版社2009年版,第550页。

是夫妻之间的关系,父母和子女之间的关系,也就是家庭"。① 倘若没有繁殖,没有人类自身的生产与再生产,人类社会就无法延续,这是一个不证自明的道理。关于人口生产的性质,马克思指出:"无论是通过劳动而生产自己的生命,还是通过生育而生产他人的生命,就立即表现为双重关系:一方面是自然关系,另一方面是社会关系。"②自己生命的存在和维持必须通过劳动来满足必要的生活资料,而且自己的生命跟其他动物一样也有其出生、发育、成长、衰老和死亡的过程,在这个过程中还由于作为生物学规律的两性需要产生他人生命。这些表明了人口生产的自然属性。自己生命的存在不是单个人固有的抽象物,在其现实性上,它是社会关系的总和。他人生命的生产不只是两性的简单结合,而是要通过家庭、婚姻等社会形式,也为一定的生育和道德规范所支配。而自己生命的生产与他人生命的生产也是相互联系的,这就是自己生命的生产是他人生命生产的前提和基础,而他人生命的生产是自己生命的结果和延续。因此,人口生产也具有社会属性。

4. 社会关系生产

社会关系生产是人之为人的最重要生产之一,因为"随着新生产力的获得,人们改变自己的生产方式,随着生产方式即谋生的方式的改变,人们也就会改变自己的一切社会关系"。③ 人既是原有社会关系的承继者,即他是人口生产的结果,同时也是新的社会关系的追求者和创造者。在马克思看来,人类社会的一切现象都处于一定的社会关系之中。"黑人就是黑人。只有在一定的关系下,他才成为奴隶。纺纱机是纺棉花的机器。只有在一定的关系下,它才成为资本。脱离了这种关系,它也就不是资本了,就像黄金本身并不是货币,砂糖并不是砂糖的价格一样。"④根据马克思的这一论述,社会成员本来没

---

① 《马克思恩格斯文集》第1卷,人民出版社2009年版,第532页。
② 《马克思恩格斯文集》第1卷,人民出版社2009年版,第532页。
③ 《马克思恩格斯文集》第1卷,人民出版社2009年版,第602页。
④ 《马克思恩格斯文集》第1卷,人民出版社2009年版,第723页。

有奴隶和市民的区分,但在现实社会中"奴隶"或"市民"身份的确立,则是由社会关系所决定的。正是在这个意义上,马克思还指出,资本主义生产不仅可以生产出商品和剩余价值,而且还必然生产和再生产出资本关系本身,即资本家和雇佣工人。① 社会关系看似虚幻,然而它却往往外化为物,是人之存在最切实的基础。因此,马克思认为,人的本质是社会关系的总和,要分析社会结构,就不能不理解社会关系和社会关系的生产。

物质生产、精神生产、人口生产和社会关系生产四种生产一起构成社会生产的四个方面,而不应该把这四个方面看作是历史发展的四个阶段。从历史的最初时期起,即从第一批人出现以来,这四个方面就同时存在了,并且到现在它们还在历史上共同起着作用。②

二、 社会要素:以空间为维度的社会结构分析

社会要素是指社会结构在同一空间下的相对静态的组成部分。正确分析社会要素,可以帮助人们从纷繁复杂的不断变化的社会现象中抽象出一些最稳定的结构要素和最本质的关系。当然,社会的各个要素的机械的简单叠加并不等于社会结构,只有进一步考察各个要素相互之间的内在联系,以及它们怎样形成一个相对稳定的有机整体,才能实现在总体上认识社会结构的目标。

考察各要素之间的内在联系及其相对稳定的整体性关系,应该从社会结构的层次性入手。因为即使只有两个同属一个层次的最简单的结构,也存在着要素和系统这两个不同的层次,更何况社会结构是一个极其复杂的结构,必然是多层次复杂联结的结果。因此,社会结构的具体状况在很大程度上取决于各个要素之间的结构层次状况。马克思在研究社会结构时,很注重对社会结构不同等级的层次性分析。他在《〈1857—1858 年经济学手稿〉导言》中指出:除第一级的原生社会关系外,还有"第二级的和第三级的东西,总之,派生

---

① 《马克思恩格斯文集》第 5 卷,人民出版社 2009 年版,第 666 页。
② 《马克思恩格斯文集》第 1 卷,人民出版社 2009 年版,第 532 页。

的、转移来的非原生的"①社会关系。在这里，马克思显然是以社会关系的原生性或派生性为标准来划分社会结构的层次的，根据他对社会结构要素关系的阐述，可以看出他把社会结构主要分为微观社会结构、中观社会结构和宏观社会结构三个不同等级的层次。

1. 微观社会结构

微观社会结构主要是指人们在社会生活中形成的人与人之间的具体社会关系，它包含了人口结构、家庭结构、组织结构、城乡结构、社区结构、就业结构、阶级阶层结构等要素和子系统结构。

2. 中观社会结构

经济关系、政治关系、文化关系、社会关系是从人与自然关系中派生出来的关系，它们低于人与自然之间的原生关系，但又高于人们在社会生产中形成的具体社会关系，因此，它们属于社会结构的中观结构。作为社会结构要素的经济、政治、文化、社会，主要是根据人类活动的性质不同而划分的。一方面，它们不仅表现为人类活动不同的四个基本领域，而且分别形成各自相对独立的结构系统，并成为社会结构总系统下的子系统结构；另一方面，它们相互影响、相互渗透，其中，经济结构在"归根结底"的意义上对中观社会结构的其他子系统结构起决定作用。

根据马克思关于物质生产是人类社会的"第一个历史活动"的论述，以及他在《〈政治经济学批判〉序言》中关于社会结构理论的集中阐述，可以看出，中观社会结构中的各个构成要素是紧密联系的。"人们在自己生活的社会生产中发生一定的、必然的、不以他们的意志为转移的关系，即同他们的物质生产力的一定发展阶段相适合的生产关系。这些生产关系的总和构成社会的经济结构，即有法律的和政治的上层建筑竖立其上并有一定的社会意识形式与之相适应的现实基础。物质生活的生产方式制约着整个社会生活、政治生活

---

① 《马克思恩格斯文集》第 8 卷，人民出版社 2009 年版，第 33 页。

和精神生活的过程。"①由此可以看出,各个要素在社会结构中处于不同的等级序列。

从根源上来分析,实现人、社会与自然界统一的物质生产,直接来源于人、社会、自然界这三个最根本的、最基础的原生要素,是原生的,而经济、政治、文化、社会都是从这里派生的,在社会结构总体等级序列中处于第一层级的地位;生产决定经济,经济为生产服务,同时,经济对政治、文化和社会具有基础性的作用,所以,经济结构在社会结构等级序列中处于第二层级的地位;政治作为经济最直接和集中的体现,相对于文化,特别是相对于"更高的悬浮于空中的意识形态领域的"哲学等,能"发生最大的直接影响"②,因而在社会结构总体等级序列中处于第三层级的地位;文化作为社会结构诸要素中最后一个"派生的、转移来的非原生的"要素,是发展程度最高的要素,处于第四层级的地位。对于社会,马克思从没有明确指出它的具体层级和地位(这可能与社会本身的复杂性相关),但可以肯定的是,由于社会生活与政治生活和文化生活共同受经济基础制约,中观和微观层面上的社会结构都应排在经济结构之后。

由于人类社会的复杂性、有机性、动态性等的作用,决不能对马克思社会结构层级的划分和派生决定关系作简单、机械和僵化的理解。社会生产、经济结构、政治结构、文化结构、社会结构各要素之间除了存在原生与派生的线性关系外,还存在相互交织、相互渗透的关系,以及在螺旋上升中可能出现的起点与终点相衔接等错综复杂的关系。

3.宏观社会结构

人、社会③、自然界三者的关系是社会结构中最简单、最根本、最普遍的结

---

① 《马克思恩格斯文集》第2卷,人民出版社2009年版,第591页。

② 《马克思恩格斯文集》第10卷,人民出版社2009年版,第598—600页。

③ 这里的"社会"指由人及其活动和关系构成的整体的社会。有的学者把人与自然两个要素的关系称为社会元结构。

构。它们及其相互之间的关系,毋庸置疑是马克思所说的第一级的原生结构,因此,它们也构成了马克思社会结构分析中的宏观结构层次。马克思强调,人是社会的存在物,人在本性上是"一切社会关系的总和"①。个人的一切活动都是社会生活的表现和确证。社会活动以及对这种活动的产品的社会性利用,不仅仅表现为集体行动这种形式,而且当一个人从事于一种看起来纯系个人性的活动,比如从事独立的科学研究时,即使他很少同他人直接交往,其在本质上也仍然是社会的活动。因为他是"作为人活动的……从自身所做出的东西,是我②从自身为社会做出的,并且意识到我自己是社会存在物"。③ 因此,个人无非是作为一个社会行动的人在行动。同时,个人在原则上只能以社会的方式行动。因为不仅他研究所需的一切材料,以及用于研究的方法、语言和逻辑,都是作为社会和历史的产品给予他的,而且就连他本身的存在也是社会活动的结果。④

另外,马克思认为,人与自然是统一的,人是自然的存在物,自然现象由于进入人的生活而成为人的一部分。⑤ 马克思吸收了达尔文关于人类起源于动物祖先的观点和费尔巴哈人本主义的思想,认为人是自然的存在物,他是按照自然规律长期进化而形成的。人依赖于自然,自然界也为人类提供最直接的生活资料。同时,马克思也十分重视人对于自然界的意义。他提出,自然界不仅存在于人之外部,而且也存在于人自身:自然界只有通过人来感知、认识自身。自然也是人的一部分,自然现象由于进入人的生活而成为人的生活的一部分。因此,随着人类社会的发展,人不断地将人本身的理性、意志日益渗透到自然界,自然界就成为"人化自然界"。

---

① 《马克思恩格斯文集》第 1 卷,人民出版社 2009 年版,第 505 页。
② 马克思在这里说的"我"是指"看似独立科学研究的人"。
③ 《马克思恩格斯文集》第 1 卷,人民出版社 2009 年版,第 188 页。
④ 《马克思恩格斯文集》第 1 卷,人民出版社 2009 年版,第 188 页。
⑤ 钟金洪主编:《马克思主义社会学思想》,中国审计出版社 2001 年版,第 260 页。

三、 社会形态：以时间为维度的社会结构分析

社会结构具有历史的性质，不存在永恒的、不变的社会结构。它总是在一定的历史阶段上运行和发展着，并具有自己特定的发展规模和方向。因此，社会历史是社会结构的历史，社会结构是社会历史中的结构。社会结构在时间维度上表现为社会形态，对社会结构的时间维度分析，就是对社会结构发展在时间序列中社会形态的历时性分析。马克思在不同时期分别从社会生产技术、所有制、主体、交往形式等多个视角考察了社会结构的演进过程。

1. 社会技术形态

社会技术形态是马克思以社会生产技术的发展为依据考察社会历史进程所形成的结论。社会生产技术在不同的历史时期会有不同的表现形式，它的变化发展如达尔文所讲的"自然工艺史"一样，也是一个由简单到复杂、由低级到高级的"拾级而上"的过程。马克思主要从生产工具与人们在生产中的技术结合形式和技术地位两个方面阐述社会技术形态的。

首先，马克思认为，生产工具作为社会生产技术的物质结晶和载体，好比是社会生产的骨骼系统和肌肉系统，它是自然科学技术在生产中的应用载体，标志着人类改造自然的能力。每一个生产部门一旦从经验中找到适合的工具形式就会相对固定不变，[①]有的工具往往世代相传达数百甚至上千年之久，因此，生产工具可以作为衡量人类社会生产发展的测量器，也是反映社会经济发展阶段的指示器。马克思根据制造工具和武器所使用的不同材料，把已经消亡的人类史前时期划分为石器时代、青铜器时代和铁器时代。

其次，马克思还认为，生产工具不仅标志着某一时代生产力的发展水平，而且也标志着某一时代的生产关系和社会形态。"随着新生产力的获得，人

---

① 根据考古学、古人类学等相关的科学估计，渔猎社会大约持续了 250 万年之久，农业社会大约延续了 6000—7000 年，而工业社会只有不到 300 年的历史。由于生产工具几百年或上千年相对固定不变，因此可以作为衡量社会发展阶段的测量器和指示器。

们改变自己的生产方式，随着生产方式即谋生的方式的改变，人们也就会改变自己的一切社会关系。手推磨产生的是封建主的社会，蒸汽磨产生的是工业资本家的社会。"①

最后，马克思认为，根据人们在生产中与技术结合的形式和技术地位的不同，人类历史上经历了使用手工工具的农业社会、使用大机器生产的工业社会和全面使用智能机器的自动化社会三种社会技术形态。从手工劳动到机器生产再到自动化控制的生产，反映了生产技术由量变、局部质变到根本质变的不断完善和不断进步的过程，也反映了人们在生产中与生产技术的结合更加紧密和从繁重的体力劳动中不断解放出来的过程。

2. 社会所有制形态

社会所有制形态是马克思以生产资料所有制关系的发展为依据考察社会历史进程所形成的结论。马克思关于社会所有制形态的理解和表述经历了一个不断走向成熟和进一步完善的过程。最早在《德意志意识形态》中，马克思就曾指出，在分工的不同发展阶段，其所有制的形式也是各不相同的。他把资本主义社会以前的"部落所有制""古典古代的公社所有制和国家所有制""封建的或等级的所有制""现代的所有制"即"资产阶级所有制"，作为人类社会演进的几个历史时期，并对未来共产主义社会所有制进行了富有预见性的分析，初步形成了关于人类社会历史发展的社会所有制形态理论。在《1857—1858 年经济学手稿》中，为了考察资本主义私有制产生的历史源流，马克思详细分析了资本主义以前的三种所有制形式，即"亚细亚的所有制形式""古代的所有制形式""日耳曼的所有制形式"。马克思在《〈政治经济学批判〉序言》中进一步以所有制为视角，直接而完整地表述了社会形态依次发展的规律。他指出："大体说来，亚细亚的、古代的、封建的和现代资产阶级的生产方式可以看作是经济的社会形态演进的几个时代。资产阶级的生产关系是社会

---

① 《马克思恩格斯文集》第 1 卷，人民出版社 2009 年版，第 602 页。

生产过程的最后一个对抗形式……;但是,在资产阶级社会的胎胞里发展的生产力,同时又创造着解决这种对抗的物质条件。"①这标志着马克思社会所有制形态理论的基本形成。

马克思关于社会所有制形态更替的序列总体上反映了人类社会历史的发展规律,但是,由于研究资料的匮乏,他早年很难对史前社会和东方社会的社会结构和历史做出符合社会发展规律的认识,他提出的这一理论还有不完善之处,即它带有明显的逻辑推理性质,并不能代替对历史客观事实的具体考察。

3. 社会主体形态

社会主体形态是马克思根据作为社会历史活动主体的人自身的发展状况划分社会历史阶段所形成的结论。早在《1844年经济学哲学手稿》中,马克思就以人的本质即劳动是否异化为依据探索了人类社会形态的演进,他把人类社会划分为"真正人的社会""异化的社会"和在更高层次上重新向"真正人的社会"复归三大阶段。这可以看作是马克思社会主体形态理论的最初萌芽。在《政治经济学批判(1857—1858年手稿)》中,马克思又根据人的发展问题系统地阐述了人类社会的三种社会形态。他说:"人的依赖关系(起初完全是自然发生的),是最初的社会形态,在这种形态下,人的生产能力只是在狭窄的范围内和孤立的地点上发展着。以物的依赖性为基础的人的独立性,是第二大形态,在这种形态下,才形成普遍的社会物质交换,全面的关系,多方面的需求以及全面的能力的体系。建立在个人全面发展和他们共同的社会生产能力成为他们的社会财富这一基础上的自由个性,是第三个阶段。"②其中,"人的依赖性社会"包括原始社会,奴隶社会和封建社会。在这种社会形态中,人表现为属群、部落群、群居动物,以血缘关系为纽带而集合的共同体。"物的依赖性社会"是指资本主义社会,其经济形式是商品经济。由于机器的使用

---

①　《马克思恩格斯文集》第2卷,人民出版社2009年版,第592页。
②　《马克思恩格斯文集》第8卷,人民出版社2009年版,第52页。

和分工的进一步深化,商品交换关系渗透到经济生活的一切主要方面和主要过程。社会化的生产要求破除人身依附关系以及地域的封闭状态。但是,这一时期的人已经具有相对的独立性,挣脱了过去以血缘为纽带的共同体,摆脱了人身依附和人身束缚的狭隘关系,转而表现为对物的依赖,即对商品和货币的依赖。在这种以物的依赖性为基础的社会形态中,人的独立性和人与人以物为中介的联系是辩证统一的矛盾。"个人全面发展的社会"是指共产主义社会。在这一社会形态中,由于自动化机器的大量使用,人在生产中的作用主要是照看机器,人力基本上退出直接的生产过程,劳动和劳动分工不是个人生存的必要,而成为个人全面发展的需要。在共产主义社会,物质财富将极大丰富,人民精神境界将极大提高,原来凝结在社会结构中的力量将归还给个人,使任何事情不可能离开个人而存在,从而使个性自由得到充分发展。

4. 社会交往形态

社会交往形态是马克思以社会中不同的个人或共同体之间的交往活动形式为依据考察社会历史进程所形成的结论。马克思认为,交往活动是现实的个人和社会关系的生成机制和实现机制。[1] 现实中的个人总是生活在与周围的其他个人相互交往的社会当中,这种交往是人区别于其他动物的人本身所特有的一种存在方式和活动方式。所有的社会关系也无非是在人与人之间的交往活动中形成的。随着生产力的发展,个人自主活动的范围不断扩大,社会中不同的个人或共同体之间的交往形式在整个人类社会历史发展过程中表现为一个有联系的交往形式的序列。根据马克思在《德意志意识形态》和《政治经济学批判(1857—1858 年手稿)》中的论述,社会交往形态在人类历史发展过程中依次递进的序列为:"共同体内部封闭的交往形态"——"共同体边缘间的交往形态"——"狭隘地域性的交往形态"——"国际性的交往形态"——"世界历史性的交往形态"。

---

① 周志山:《马克思社会关系理论及其当代意义》,齐鲁书社 2004 年版,第 127 页。

马克思指出,在"共同体内部封闭的交往形态""共同体边缘间的交往形态""狭隘地域性的交往形态"中,人们的交往形式主要建立在依赖天然的自然条件和自然分工的基础上,这种过度依赖自然条件的交往联系使人们沦为狭隘人群的附属物。人们以血缘关系自发形成的家庭、共同体以及部落之间的战争和偶然的交换构成了最初的社会交往形式。在"国际性的交往形态"中,随着生产力的发展和交通工具的改进,人们在更广阔的领域内展开社会交往。各地区、各民族之间的相互依赖性大大增强,历史越来越成为世界历史。就像马克思所说的:"各个相互影响的活动范围在这个发展进程中越是扩大,各民族的原始封闭状态由于日益完善的生产方式、交往以及因交往而自然形成的不同民族之间的分工消灭得越是彻底,历史也就越是成为世界历史。"①个人利益和地区、民族利益的矛盾取代原来的血缘姻亲关系成为这一时期社会交往的重要特征。"世界历史性的交往形态"是指共产主义真正联合的社会交往形式,它克服了以往交往形式的自发性和利益性,具有自由的和属人的性质。马克思在《德意志意识形态》中分析了共产主义产生的条件,他指出:"共产主义只有作为占统治地位的各民族'一下子'同时发生的行动,在经验上才是可能的,而这是以生产力的普遍发展和与此相联系的世界交往为前提的。"②这表明,在马克思看来,共产主义社会制度建立的可能性取决于世界历史的形成和全球普遍性交往的实现。

不过,应该注意的是,马克思关于人类社会演进的模式不是"单线的",而是"多线的"。马克思根据不同的划分标准多次阐述他关于社会发展有多条道路、多条途径的思想。他分别以生产技术、社会所有制、社会主体、社会交往形式等为视角,揭示了社会形态从低级形态向高级形态发展的过程和规律。一方面,无论哪种社会形态,其发展都是一种自然的历史过程;另一方面,不同的社会形态并不存在逻辑上的矛盾,而是体现出高度的相关性和统一性。因

---

① 《马克思恩格斯文集》第1卷,人民出版社2009年版,第540—541页。

② 《马克思恩格斯文集》第1卷,人民出版社2009年版,第539页。

为在马克思的论著中，他不是孤立地从一个视角分析社会历史的进程，而是同时把几个不同视角紧密联系起来共同论述社会形态的发展。如在《哲学的贫困》中，马克思曾经指出："手推磨产生的是封建主的社会，蒸汽磨产生的是工业资本家的社会。"①在这里，手推磨和蒸汽磨是不同的社会技术形态，而封建主和资本家则是不同的社会所有制形态，这充分体现了马克思揭示人类社会历史进程时不同社会形态的高度统一。

总之，马克思以实践为基础，分别以空间、时间为维度对社会结构的构成要素和社会形态进行了系统分析，这使马克思社会结构理论成为西方少有的甚至是唯一的蕴含既具有历时性分析又具有共时性分析的社会结构理论。强调社会结构分析中实践维度的优先性，正是马克思主义唯物史观的体现。当然，马克思并不认为会存在一种脱离时空的人类实践，相反，他认为实践总是人类在具体的时空中得以展开和进行的。马克思除了强调以实践为分析维度之外，还坚持以空间和时间为维度对社会结构展开深入分析。②"社会生产""社会要素""社会形态"不是社会结构中孤立的三个性质截然不同的什么东西，它们既相互联系又相互补充，共同构成了社会结构的有机整体，三者不可偏废其一。马克思在描述人类社会由低级向高级、由简单向复杂的发展进程时，处处都显示出揭示人们在实践中结成的各种社会关系并在理论上把它塑造出来的意图；而当他剖析社会结构要素时，又特别注意社会实践的作用，把社会结构看作处在一个生成、变化和发展的实践过程之中。

第三节　马克思社会结构理论的
逻辑生成

对于社会学家来说，社会结构充满了神秘与魅惑，因为从认识上把握社会

---

① 《马克思恩格斯文集》第 1 卷，人民出版社 2009 年版，第 602 页。

② 俞吾金：《马克思时空观新论》，《哲学研究》1996 年第 3 期。

结构是透析扑朔迷离的社会现象、解释社会变迁深层动因的钥匙。尽管马克思非常重视对社会结构的分析，但是，他并没有专著专门或集中阐述过社会结构理论，他的社会结构理论而是散见于他的浩繁著作之中。在马克思看来，社会结构是一种最直接的客观现实，同时，社会结构也是用来认识社会现象的一种思维或范畴。换而言之，社会结构既是社会历史感性发展的结果，也是理性逻辑规定生成的结果。① 因此，除了从实践、空间和时间三个维度理解马克思社会结构理论之外，为了从根源上把握其内容，本书将从理论体系逻辑生成的起点、动力等方面入手来进一步深入阐述马克思社会结构理论。

一、"现实的人"：社会结构分析的起点

任何理论体系都有一个作为逻辑起点的范畴。在马克思社会结构理论体系中，这个作为逻辑起点的范畴就是"现实的人"。"现实的人""不是他们自己或别人想象中的那种个人，而是现实中的个人，也就是说，这些个人是从事活动的，进行物质生产的，因而是在一定的物质的、不受他们任意支配的界限、前提和条件下活动着的"个人。② 在马克思看来，"现实的人"具有实体性、社会性和实践性等特征。从"现实的人"出发，马克思建构起社会结构理论的逻辑体系。

"现实的人"不仅是马克思用以进行社会结构分析的逻辑起点，而且也是马克思早期思想理论中的核心术语。早在《1844 年经济学哲学手稿》中，马克思就提出，分析社会现象和社会问题不能从一般社会的抽象出发，而应考察具体的社会、具体的人及其活动。一方面，人是具有自然力和生命力的能动的自然存在物；另一方面，与自然界中的一切动植物一样，人也是受动的、受制约的和受限制的对象性的存在物。在这个意义上来说，人是能动性和受动性的统一。马克思引入劳动范畴研究人，大大深化了对人的认识。马克思认为，人通

---

① 陆学艺主编：《社会学》，知识出版社 1991 年版，第 289 页。
② 《马克思恩格斯文集》第 1 卷，人民出版社 2009 年版，第 524 页。

过劳动使自然界"人化"，使自然界成为人的作品和人的现实，从而最终使人的本质力量不断丰富和完善。因此，人是历史中行动着的人，而人的生产劳动实践不断推动历史向前发展。对于费尔巴哈撇开历史进程而看不到实践中的人，马克思在《关于费尔巴哈的提纲》中进行了批判，认为费尔巴哈只是假定了一个抽象的孤立的个体，研究目光仅停留在抽象的生理的人上。与费尔巴哈不同的是，马克思认为："人的本质不是单个人所固有的抽象物，在其现实性上，它是一切社会关系的总和。"①马克思的这一论述表明，现实的人具有丰富的规定性，它既是社会结构分析的起点，同时又是社会结构分析的终点。马克思从现实的人出发，将人丰富的本质规定展开，就可以合乎逻辑地上升到现实的普遍的人，即由个人组合而成的社会。在这个意义上来说，马克思的这一论述还表明，现实的人具有客观现实性和社会历史性两种属性，其中社会性是现实的人的本质属性，而现实的人客观现实性则是蕴含着社会性的自然属性。因为只有人的社会性才能从根本上说明原始人与文明人、奴隶与奴隶主、农民与地主、工人与资本家、脑力劳动者与体力劳动者等不同时代的不同个人之间的区别，才能解释人的活动内容和活动方式的性质的历史差异。任何人都不能生活在社会之外，不能超脱社会物质生活条件和社会关系。后来，马克思又在《德意志意识形态》中结合人的生产实践和物质生活条件进一步揭示了"现实的人"的前提，指出人既具有自然属性又具有社会属性。人是社会的人，社会是人的社会。

"现实的人"作为社会结构分析的逻辑起点，它蕴含着人与社会相统一的思想，表明人是主体与客体的统一。一方面，人作为社会的客体，首先表现在人是社会的产物。人类本身是在原始联系和交往的群体劳动生活中诞生的，一定社会环境下的人们进行多方面的活动，产生各种活动方式及价值。其次，人也是价值的客体。因为人的价值是在社会中形成、实现和被评价的，人需要根据社会普遍认同的价值期待来确定自己的行动目标，从而使自己的行为符

---

① 《马克思恩格斯文集》第 1 卷，人民出版社 2009 年版，第 501 页。

合社会期待的理想境界。最后，人是科学研究的对象。这主要表现为人既是生物学、心理学等自然科学研究的对象，同时，人也是社会学、经济学、政治学等社会科学研究的对象。从人的自然性到实践性，再到社会性，对人的认识和研究不仅是一个不断深化的过程，而且也是分析整个人类社会和认识社会发展规律的必要前提。另一方面，人也是社会的主体，社会是由人构成和创造的。也就是说，人如同分子一样构成着社会，个人通过在实践中结成的各种关系有机地共同组成一个统一的社会整体。但是，在成构社会整体的过程中，人又会展开其能动的特性成为有目的的社会历史创造者。因此，在这个意义可以说，构成人类社会的是个人或群体实践活动的共同"合力"，整个人类社会的发展史就是一部人类创造史。

马克思强调，人是社会的前提，"有了人，我们就开始有了历史"①。然而，构成社会的人究竟是什么样的呢？"这是一些现实的个人，是他们的活动和他们的物质生活条件，包括他们已有的和由他们自己的活动创造出来的物质生活条件。"②从马克思的这段论述可以看出，"现实的人"是马克思社会结构分析的逻辑起点，而实践活动和物质生活条件又是个人的支撑点。只有以劳动实践作为理解社会和历史的钥匙，并联系物质生活条件考察的人才是符合现实的，因此，劳动在社会结构中是一种人的行为方式，物质生活条件是社会发展的基础，二者是理解人是社会关系的总和的必要桥梁，但本身不宜作社会结构分析的起点。马克思社会结构理论中任何一个范畴和内容无不与人直接相关，只有"现实的人"是对一般社会形态中的各种社会现象进行研究的起点，也是分析社会结构的起点。人的多种行为带来社会现象的广泛性，人结成复杂的社会关系，人构成社会组织的多重性，人实施社会行为，人对人施加社会控制，导致社会问题。③

---

① 《马克思恩格斯全集》第 20 卷，人民出版社 1971 年版，第 374 页。
② 《马克思恩格斯文集》第 1 卷，人民出版社 2009 年版，第 517 页。
③ 钟金洪主编：《马克思主义社会学思想》，中国社会出版社 2001 年版，第 11—14 页。

因此,从"现实的人"出发分析社会结构,如果脱离人的劳动实践,脱离人的社会性,仍然不可能得到科学的结论,最终难免落入费尔巴哈的抽象人的窠臼。要研究人,就必须研究人的劳动实践,研究人的社会,研究具体的、历史地变化着的人性。① 马克思正是通过研究不同历史时期的人的劳动实践和人的社会,才解决了千百年来众说纷纭的"社会结构之谜"。

二、 矛盾运动:社会结构发展的动力

社会结构是指组成社会的要素及其内在联系和关系。它既包含了同一空间中社会的各组成要素的共时性分析,又包含了社会发展时间序列中的历史性分析。马克思从微观、中观和宏观三个层次对社会结构进行了要素的共时性分析,还从社会生产技术、所有制、主体、交往形式等多个视角对社会结构进行了形态的历史性分析,并以实践为桥梁,实现了从要素共时性分析到形态历史性分析的转换。也就是说,各个要素是在人的实践中实现了社会形态的更替发展。然而,马克思对社会结构理论发展的最重要贡献在于,他从社会生活的各种领域中划分出经济领域,从一切社会关系中划分出生产关系,并科学地论证了生产关系在社会整体结构和社会生活中的地位和作用。在马克思看来,生产关系是决定、制约其他一切关系的最基本和最原始的关系,②推动整个社会结构发展内在的、根本的动力,则主要源自生产力与生产关系之间、经济基础与上层建筑之间的两对基本矛盾。

在《政治经济学批判序言》中,马克思指出:"社会的物质生产力发展到一定阶段,便同它们一直在其中运动的现存生产关系或财产关系发生矛盾。于是这些关系便由生产力的发展形式变成生产力的桎梏。那时社会革命的时代就到来了。随着经济基础的变更,全部庞大的上层建筑也或慢或快地发生变

---

① 袁贵仁主编:《对人的哲学理解》,东方出版社 2008 年版,第 377 页。
② 《列宁选集》第 1 卷,人民出版社 2012 年版,第 6 页。

革。"①在这段论述中,马克思集中分析了生产力与生产关系、经济基础与上层建筑之间是如何产生过矛盾的,明确表达了正是这两对基本矛盾导致了社会革命和社会变革的观点。

在《关于共产主义同盟的历史》一文中,恩格斯说:"我在曼彻斯特时异常清晰地观察到,迄今为止在历史著作中根本不起作用或者只起极小作用的经济事实,至少在现代世界中是一个决定性的历史力量;这些经济事实形成了产生现代阶级对立的基础;这些阶级对立,在它们因大工业而得到充分发展的国家里,因而特别是在英国,又是政党形成的基础,党派斗争的基础,因而也是全部政治史的基础。马克思不仅得出同样的看法,并且在《德法年鉴》(1844年)里已经把这些看法概括成如下的意思:决不是国家制约和决定市民社会,而是市民社会制约和决定国家,因而应该从经济关系及其发展中来解释政治及其历史,而不是相反。"②从恩格斯的这段话可以看出,马克思之所以能够发现历史唯物主义基本原理,不仅是因为他看到了"经济事实"形成"阶级对立",即生产力决定生产关系,而且也得益于他看到了"经济关系"决定"政治及其历史",即经济基础决定上层建筑。

马克思认为,建立在一定的生产力发展性质和水平基础上的占统治地位的生产关系的总和,是社会的经济基础,也是社会的物质结构部分。经济基础反映了社会成员之间的物质关系,在全部社会关系中属于第一性的、原始的、基本的关系。而在一定的经济基础之上,社会必然产生与物质关系相适应的法律的、政治的和思想的关系,即上层建筑。上层建筑是社会的精神结构部分,反映的是社会的政治关系和思想关系,是由经济基础所派生出来的,在全部社会关系中属于第二性的关系。在一定发展阶段中,一定的经济基础和上层建筑的有机统一便构成具有独特特征的社会形态,即社会的完

---

① 《马克思恩格斯文集》第 2 卷,人民出版社 2009 年版,第 591—592 页。
② 《马克思恩格斯选集》第 4 卷,人民出版社 2012 年版,第 202 页。

整结构。

　　特定社会形态中的生产力与生产关系是对立统一的关系,两者共同构成该社会的生产方式。生产关系形成以后,必然会从适应到不适应再到适应,这就决定了生产关系必然要经历一个不完善到比较完善的过程。而生产力作为社会生产中最活跃、最积极、最革命的结构要素,总处在不断向前发展之中。相对来说,生产关系一旦形成,总会在一定历史时期内保持相对的稳定性。一个不断发展,一个相对稳定,这就决定了生产关系与生产力之间始终处于一定的矛盾之中。然而,由于新形成的生产关系在一定时期内与生产力的发展相适应,这将使生产力内部结构中的各个要素都能得到相对比较合理和科学的组合,并且都能比较有效地发挥各自的作用,从而能够推动社会生产力进一步发展。这时,生产关系与生产力之间的矛盾就处于潜在的、不显著的状态。但是,在社会生产中,随着人们的生产经验和劳动技能的不断积累和提高,随着科学技术的发展和广泛应用,生产工具被不断改进,所有这些将推动社会生产力进一步发展到新的阶段。但是这样一来,原来与生产力的发展相适应的生产关系,就会随着生产力的先行发展而变得不再适应生产力的发展状况和发展要求,从而与生产力开始发生矛盾,并且这种矛盾还会随着生产力的进一步发展而变得日益加剧和尖锐,由生产力的发展形式最终变为生产力的桎梏。总的来说,当生产关系与生产力相适应时,它就对生产力发展起到促进作用;相反,当生产关系与生产力的发展不适应时,它就会阻碍生产力发展,甚至还会严重破坏生产力的发展。生产关系之所以对生产力能够产生这种反作用,主要是由于生产关系可以影响生产力的各个要素,特别是生产关系对劳动者的积极性、主动性具有直接影响,劳动者的积极性和主动性又进一步影响着劳动者关心提高劳动生产率的程度,而劳动生产率又直接决定着生产资料效用的发挥程度。①

---

　　① 赵民、岳海云:《马克思与法兰克福学派的资本主义批判比较研究》,甘肃人民出版社2012年版,第197—199页。

在阶级社会里,生产关系与生产力之间的矛盾主要表现为阶级矛盾和阶级斗争。先进的、革命的阶级代表生产力的发展要求,他们努力变革旧的生产关系,建立新的适应生产力发展的生产关系;而反动统治阶级作为旧的生产关系代表,他们将运用旧的上层建筑竭力维护旧的生产关系,抑制形成新的生产关系,反对革命阶级变革生产关系的要求和行动,从而阻碍社会历史向前发展。面对这种情况,革命阶级只有通过革命打碎旧的上层建筑,推翻反动阶级的压迫和统治,才能建立新的上层建筑,然后借助新的上层建筑实现经济基础的变革,从而进一步巩固和发展新的生产关系。在这个意义上来说,不仅经济基础对上层建筑具有决定作用,而且上层建筑对经济基础也具有一定的反作用。

生产关系与生产力之间的矛盾运动,上层建筑与经济基础之间的矛盾运动,作为社会结构内部的两种矛盾运动,是导致社会革命的最深刻的内在根源。随着这两种矛盾的日益尖锐和激化,社会革命的时代就必然会到来。马克思对资本主义社会结构的这一精辟分析,有力地论证了正是因为生产力与生产关系、经济基础与上层建筑之间的矛盾运动,才实现了人类社会由野蛮向文明的迈入和由低级阶段向高级阶段的逐渐发展。

第四节　马克思社会结构理论的方法论特征

任何理论都是建立在一定的分析方法基础之上的,都是在一定的方法论指导下对具体现象和社会事实抽象和概括的结果。当代社会结构理论的一切变化都与社会科学方法论的不断重建紧密相关,从某种意义上来说,每一种社会结构理论的建构都有与其相应的方法论和分析方法。马克思社会结构理论是在科学的方法论指导下形成的,具有自身独特的分析方法,而这些方法又构成了马克思社会结构理论的特征,并为理论的进一步展开提供具体的指导。

具体来说，马克思社会结构理论在方法论上具有整体性与个体性、系统性与层次性、稳定性与动态性、批判性与建构性相结合的基本特征。

一　整体性与个体性相结合

任何社会理论都得首先依赖于某种关于人和社会性质的假设，社会结构理论更是如此。正如美国社会学家古尔德纳（A.W.Gouldner）所说："无论是否喜欢、是否了解，社会学家都要根据预先确定的假设来组织自己的研究。……而要了解社会是什么，就要求我们去辨认那更深一层的关于人与社会的假设。"①正是这些假设的不同，形成了各式各样的理论观点；也正是这些假设的对立，造成了社会理论的分裂。因此，从某种意义上讲，社会结构理论的纷繁多样实际上来源于其方法论个体主义与整体主义的分裂与对立，而方法论上的这种对立又根源于某种关于个体与社会的不同假设。马克思对"社会结构"的总体看法也大致如此。

首先，整体主义的分析法是马克思社会结构分析的一个基本方法，也是马克思社会结构理论的一个重要特征。② 马克思在提到《资本论》的写作方法时就曾说过："不论我的著作有什么缺点，它们却有一个长处，即它们是一个艺术的整体；但是要达到这一点，只有用我的方法。"③这是马克思对自己写作方法的一个评论，实际上也是他社会结构理论的一个特色。马克思一直把社会作为一个整体来加以研究，侧重分析社会结构及各个部分之间的相互关系，以便对社会发展变化的原因做出解释，其基本的原则就是强调在进行社会结构研究时，把研究对象作为一个可支配其所有元素的特定整体来对待，认为整体中的各个元素相互联系，整体的结构决定每一个元素的位置。整体大于元素

---

① Gouldner, A.W. (1970), *The Coming Crisis of Western Sociology*, New York: Basic Books, p.5.
② 马克思社会结构理论首先具有整体主义的方法论特征，这一点已被许多马克思主义研究者阐述过，如卢卡奇的"作为总体的阶级意识"，萨特的"作为整体性活动的辩证法"，阿多诺的"否定的总体"，阿尔都塞的"关于总体的矛盾多元决定"等。
③ 《马克思恩格斯文集》第 10 卷，人民出版社 2009 年版，第 231 页。

之和或部分之和,①整体具有部分之总和所不能说明的东西。因此,整体性是马克思社会结构理论的首要特征。

马克思曾指出:"任何机体的各个被划分的方面都处于由机体的本性所决定的必然的联系之中。"②结构是任何机体的"整个的内部联系",是有机整体的各个部分、各种要素等之间的必然联系。也就是说,人们只有面对一个客观整体,才有可能去考虑整体的各个部分、各种要素之间的关系问题,即结构问题。因为结构总是指整体或总体的结构,总是属于整体的。反过来说,人们只有弄清了整体各部分之间的关系和结构,并形成具有一定逻辑结构的理论整体,才算是真正把握了客观整体。马克思运用整体的结构分析方法在《资本论》中再现了资本主义社会关系和社会结构的整体。我们说《资本论》研究的是资本主义社会的经济整体或生产关系整体,但这并不意味着马克思没有研究这一生产关系整体自身之外的外部环境和外部关系。事实上,《资本论》是按照资本主义经济整体,即生产关系整体与外部的联系,特别是与生产力、上层建筑的关系来描述这个整体结构的。正如列宁所说的那样,"全部问题在于马克思并不以这个骨骼为满足,并不仅以通常意义的'经济理论'为限;虽然他完全用生产关系来说明该社会形态的构成和发展,但又随时随地探究与这种生产关系相适应的上层建筑,使骨骼有血有肉"。③

马克思在分析社会结构时,虽然十分强调整体主义的分析方法,但是并没有忽视对结构各要素及其关系的具体分析。马克思在《神圣家族》中,就以单一与一般范畴关系的形式提出了个体与社会的关系问题,认为没有个体就没有社会,更没有人类社会的发展。他说:"正如古代国家的自然基础是奴隶制

---

① 〔波兰〕亚当·沙夫:《结构主义与马克思主义》,袁晖、李绍明译,山东大学出版社2009年版,第6页。
② 《马克思恩格斯全集》第1卷,人民出版社1956年版,第255页。
③ 《列宁选集》第1卷,人民出版社2012年版,第9页。

一样,现代国家的自然基础是市民社会以及市民社会中的人。"① 在马克思看来,作为个体的人,显然是市民社会和现代国家的基础。不仅如此,我们还可以通过马克思对"人"与"社会"关系的基本看法来分析其社会结构理论中所蕴含的个体主义方法论特征。马克思认为,个体的人既具有自然属性,又具有社会属性。因为,人首先作为一个自然的存在物,是一个"对象性的、感性的存在物,是一个受动的存在物"。但同时,人又是一个社会的存在物。就本质规定性而言,人是一切社会关系的总和。人们在生产各种物质资料的同时,也生产出了各种社会关系,各种社会关系的总和构成了社会结构。因此,社会结构既是人的实践活动的结果,同时也是人的实践活动得以进行的必要条件和前提。② 离开人的实践的社会结构和离开社会结构的人的实践,同样都是不可思议的。马克思提到"人们自己创造自己的历史,但是他们并不是随心所欲地创造,并不是在他们自己选定的条件下创造,而是在直接碰到的、既定的、从过去承继下来的条件下创造"。③ 这里的条件在某种意义上可以理解为一种"社会结构",也就是说,个体与社会是相互依存的,离开作为个体的人是不能把握社会结构的,同样,离开了社会结构,也是难以认识和理解个体的。因此,马克思认为,要从个体与社会结构的互存互动中去深化对社会结构的认识。

马克思社会结构理论中整体主义的方法论从来就不是脱离具体的"人"的抽象的方法论,而是与个体主义方法论相结合的方法论。尽管在马克思晚期的许多著作中,马克思对社会结构的分析越来越倾向于宏观取向,但这种取向并不意味着他已经从个体主义方法论完全过渡到了整体主义方法论。④ 可

---

① 《马克思恩格斯文集》第1卷,人民出版社2009年版,第312页。
② 吉登斯的结构化理论与马克思关于社会结构和社会实践的这个观点有相似性。
③ 《马克思恩格斯文集》第2卷,人民出版社2009年版,第470页。
④ 马克思在早期研究劳动者的各种性质的时候,是把重点放在个体经验的层面,而在后期他则把重点转向了群体、集体和制度层面。而且值得注意的是,他的这些方法论分析取向的变化,实际上对于他对整个社会整体的认识并未产生根本性的影响,相反,他的这些方法论取向的变化,倒是深刻地影响到了他的行动观念。参见高宣扬:《当代社会理论》,中国人民大学出版社2005年版,第94—95页。

以说,马克思的整体主义方法论不仅是要将眼光停留在构成社会结构的个体之上,而且还要在整体性背景中寻找结构要素的意义以及要素之间的相互关系。因此,马克思社会结构理论并没有忽视个体在社会结构和历史发展中的地位和作用,而是在社会结构的研究中,贯彻了个体能动性的原则。马克思认为,人的本质必须从社会结构和社会关系中去寻找,因为人的本质不是单个人所固有的抽象物,而是一切的现实的社会关系的总和。社会结构不仅是现实的个体的结构,也是人们的一种结合方式和社会关系的综合体现。① "人们在自己生活的社会生产中发生一定的、必然的、不以他们的意志为转移的关系,即同他们的物质生产力的一定发展阶段相适合的生产关系。这些生产关系的总和构成社会的经济结构……"② 显然,马克思社会结构理论强调的是能动的个体与变化的社会结构整体在人类实践的基础上的统一,它既反对抽象地谈论人的唯心主义,也反对只讲社会结构而忽视个体作用的机械的整体主义方法论。

二、 系统性与层次性相结合

社会结构是一个由各要素组成的系统,而每一个系统又都有其特定的结构,每一个结构都是由其子系统构成。③ 正是由于社会结构的复杂性和多维性,人们很难用简单的单一方法去解决和把握,所以系统分析方法就应运而生。④ 马克思社会结构理论则正是站在科学的系统分析立场上产生和形成的。

① 李华钰、严强、步惜渔主编:《社会历史理论》,南京大学出版社 1994 年版,第 343 页。

② 《马克思恩格斯文集》第 2 卷,人民出版社 2009 年版,第 591 页。

③ 对于什么是"系统",目前并没有统一的解释。《牛津词典》中的界定是:"系统是由互相连接或互相依存的事物所形成的复杂统一体。"日本《世界大百科年鉴》的界定是:"统通常是指作用于一个共同目的的两个以上要素的集合体。"虽然对于系统的定义是多种多样的,但可以看出,不管怎么定义,系统的落脚点都是集合体或是整体。

④ 吴彤:《多维融贯:系统分析与哲学思维方法》,云南人民出版社 2005 年版,第 67 页。

　　马克思认为,社会结构是一个有机系统,其内部各要素之间既不是各自孤立的,也不是简单地堆积或机械地结合,而是通过一定的方式联系而成的一个整体系统。所以,一方面,系统与要素之间的关系是辩证统一的关系,系统是由要素构成的,而要素则是系统中的因素,离开系统的要素就必然失去其真实的乃至活生生的本质;另一方面,系统与要素的关系又是相对的,一个大系统是由若干小系统构成的,也就是说,小系统是构成更大系统的要素,不同系统之间以及系统和要素之间是有层次差异的。马克思在研究社会结构时,已经充分注意并分析了社会结构中不同等级的层次性。他明确指出:除了第一级的原生社会关系之外,还有"第二级的和第三级的东西,总之,派生的、转移来的非原生的"[①]社会关系等。马克思在人类历史上第一次科学地揭示了人类社会的基本结构,把它划分为三个基本的层次,即:生产力系统、生产关系(其总和构成社会的经济结构,即上层建筑由以建立的经济基础)系统和上层建筑(包括政治的上层建筑和观念形态的上层建筑)系统。马克思把社会结构分成三个子系统,这是他对社会结构的最基本划分。[②]

　　有关马克思社会结构理论的层次性问题,目前,学术界对马克思具体的社会结构层次的划分结果还没有取得共识,呈现出了社会结构"二层次说""三层次说""四层次说""五层次说""多层次说"等不同的看法。[③] 实际上,马克

---

　　① 《马克思恩格斯文集》第 8 卷,人民出版社 2009 年版,第 33 页。

　　② 20 世纪 80 年代初中期,我国学者在研究和探索社会结构理论中,一部分学者基本上继续沿着马克思、恩格斯的三层次论的观点来说明社会结构的构成,如 1987 年出版的《中国大百科全书(哲学卷)》的社会结构条目中,作者就采用的这一观点。同时,也有一些论者提出了一些新的"三层次结构论",比如,把社会结构可以分为经济结构、政治结构和社会意识结构(观念结构)三个组成部分。

　　③ 如张尚仁认为,社会结构呈现出来的是一种立体的网络结构,其中生产力和生产关系、经济基础与上层建筑是社会立体网络结构的主体结构,与主体结构相关联的还有各个层面的结构,主要包括物质技术结构、空间区域结构、人群共同体结构和价值结构等几个层面,每一个层面又有自己的结构层次。此外,还有论者提出当代社会经济结构的四层次观点,认为社会经济整体可以分解为这样四个层次:一是生产力的物质技术结构形式,二是生产力的社会经济形式,三是经济体制,四是生产关系(基本经济制度)。这种对当代社会经济结构四层次的分析,是对社会结构多层面观点的进一步深化。

思的社会结构理论层次性内涵十分丰富,不是简单地用几个层次就可以表述完整的。大体来说,马克思对社会结构的划分是先从宏观、中观和微观三个层次来分析的,然后对每一个层次又区分了不同的结构要素和层次。

社会结构系统可以划分为原生的和派生的、基础的和上层的、基本的和非基本的、主要的和非主要的结构。一般来说,经济结构是社会的基础结构,政治结构、思想结构则是社会的上层结构。对于自然界的依赖性、对于现实条件的依赖性,人类的活动具有从现实条件出发逐级分化、展开的特点,这使得人类从事的某些活动成为人类赖以存在和发展的前提性、条件性的活动,而另一些活动则是在这些前提、条件性活动的基础上进行的。人们要从事政治、军事、科学、文化、艺术等活动,必须首先解决物质生活资料的生产问题,因此物质资料的生产活动就是人们从事其他各种活动的基础、前提和条件,而其他活动则是在物质生产活动的基础上发展和展开的。人们所从事的各种活动之间的这种相互依赖、相互从属的关系决定了社会总结构中各种子结构间的隶属关系。

可见,在马克思看来,社会结构是一个多层次构成的系统,人们分析和研究社会结构时,首先要将系统性与层次性结合起来,明确其所处的具体层次位置。系统性分析是为了解决人类活动和社会系统中不断涌现出的许多复杂难题,而发展出的一种以人为中心的社会结构研究方法,对更好地分析和认识社会结构、解决社会问题提供了有效的手段;而层次性分析方法则强调把社会结构复杂的问题层次化,然后通过建立系统的递阶层次结构,分析系统中各因素之间的关系。[①] 所谓递阶层级结构,是指在一个系统中的各个层级是不相交的,而且上一层次的元素对下一层次的全部或部分元素起着支配作用,从而使整个社会结构系统形成为一种自上而下的逐层支配结构。

---

① 王莲芬、许树柏:《层次分析法引论》,中国人民大学出版社1990年版,第5页。

三、 稳定性与动态性相结合

一般来说,社会结构作为社会关系的协调系统,既具有一定的稳定性,又具有一定的动态性,是稳定性与动态性的统一。强调社会结构的稳定性和动态性,是指注重社会结构对空间安排的共时性分析和对社会结构时间序列的历史性分析。社会结构是由其内在的结构要素构成,并以某种相对固定的方式联结在一起的,因而表现出一定的稳定性。但从系统论的角度来看,社会结构并不是一种绝对静态的稳定,而是一种动态变化的过程,它会随着社会环境的变化而发生相应的变化,从而具有动态性特征。

马克思认为,社会结构的稳定性与其内部各要素之间相互作用、相互制约的机制相关。社会结构内部各要素之间存在着有机联系,这种联系本身具有一定的规律,而不是杂乱无章的,否则难以保持一种整体性,也就形成不了一种"结构"。但这种结构并不是完全一成不变,而是一种动态平衡中的稳定。因此,马克思以一种历史的、发展的观点取代了传统的静态分析,认为社会结构内部的各种矛盾与对立的现象,并非是一种静态不变的关系或属性,而是内在于事物之中的、具有动态特征的稳定关系。

社会结构之所以又具有动态性,是因为社会结构的各构成要素并不是随意地堆砌在一起的,而是按照一定的规律有机联系的一个整体。因为社会结构各要素之间总是相互作用、相互促进,只有当各要素之间的功能相互适应和耦合时,整体结构才能保持动态稳定。因此,社会结构的动态性原则表明,一切社会结构系统由于其内外部联系复杂的相互作用,总是处于无序与有序、平衡与非平衡的相互转化的运动变化之中,任何社会结构系统都必然要经历一个系统的发生、维持和消亡的不可逆的演化过程。也就是说,社会结构的存在在本质上是一个动态的过程,社会结构的稳定性不过是结构动态过程的外部表现,而任何社会结构作为过程又构成了更长过程和更大结构系统的一个环节和阶段。所以,社会结构是稳定性和动态性的统一。

实际上,稳定性与动态性是不能完全割裂的,它们是既相互联系又相互补充的,只是观察和分析社会结构的角度不同,二者不可偏废。没有稳定性,人们就无法从纷繁的社会现象中抽象出一些最稳定的结构要素和最本质的关系,而没有动态性,就无法把握社会结构的生成、发展及其规律。因此,研究和分析社会结构的科学方法总是稳中有动,动中有稳。马克思在研究社会结构时树立了稳定性分析和动态性分析相结合的典范。他在描述人类社会由低级向高级、由简单向复杂的发展过程时,处处都显示出揭示社会结构并在理论上把它塑造出来的总的意图,而当他剖析社会结构时,又特别注意社会结构的内在动力,把社会结构看作处在一个生成、变化和发展的过程中。[1] 因为马克思在考察社会结构中的几个基本方面之间的关系的时候,并不满足于一般性地指出它们之间的关系的性质,而是进一步深入结合结构本身的实际运作过程,结合社会结构实际过程中的各种复杂问题和复杂情况,对社会结构中几个基本方面之间的相互关系,做出不同类型的界定,并在任何情况下,都设法避免将不同类型的界定加以固定化和公式化,从而动态地看待社会结构的稳定性问题。[2]

社会结构的稳定性是相对于变动性和一种社会结构转向另一种社会结构的更替而言的。社会结构的稳定性和动态性是相统一的,是社会运行过程的两个紧密联系的方面。社会结构的稳定性和动态性实际上表明了社会结构的静态与动态的交替过程,可以说,社会结构是一个在相对稳定的状态之中不断

---

① 陆学艺主编:《社会学》,知识出版社 1996 年版,第 295 页。

② 例如,马克思在《路易·波拿巴的雾月十八日》一书中,在分析社会结构中各个方面之间的矛盾的时候就表现出了高度的灵活性。他一方面肯定经济基础对于上层建筑的决定性作用,另一方面也不忽视上层建筑,特别是国家政权和意识形态对于经济基础和整个社会结构的重要影响。马克思详细而具体地分析了当时法国政局以及整个社会的阶级状况,并对经济和政治同各个阶级的实际利益和政治斗争的相互关系也做了深入的调查和分析。参见高宣扬:《当代社会理论》,中国人民大学出版社 2005 年版,第 121—122 页。

"分化"和"整合"的过程。社会结构作为社会关系的协调体系和一定的社会制度、规范构成，是具有相对稳定性的。① 但社会结构也并非一成不变的。这是因为构成社会结构的各要素不是"死"的，而总是处于活跃的状态。同时，作为整体的社会结构，也总是随着所处时空条件的改变而不断发展变化着。所以，无论是作为社会结构的内部要素，还是作为社会结构的外部整体，社会结构始终处于一种变化发展之中。

在马克思看来，社会结构是由生产力、生产关系、经济基础、上层建筑或人、自然、经济、政治、文化、社会等要素构成的，这些要素及其相互之间的关系处于相对稳定的状态，但又以生产力为基础，以生产力和生产关系、经济基础和上层建筑等诸要素间的矛盾运动为动力，处于不断发展变化的运动状态。

四、 批判性与建构性相结合

马克思社会结构理论的一个突出特征是具有批判性与建构性二重性。从根本上和总体上来说，马克思所生活和面对的资本主义社会是一个畸形发展、恶性循环的不合理的社会，只有他设想的共产主义社会才有可能真正实现协调发展和做到良性运行。正是基于这个考虑，马克思在分析社会结构时既注重对现存资本主义社会的批判，又注重对未来社会的建构，马克思社会结构理论是批判性与建构性的结合。

作为批判主义的开创者，马克思分析和研究社会结构时具有鲜明的批判性。马克思主张对现存资本主义社会的一切进行无情的批判，他在对资本主义社会结构进行"人体解剖"分析时，对资本主义社会的政治制度、经济制度、意识形态、文化观念等做了全方位的结构批判。② 在唯物史观指导下，马克思

① 郑杭生、赵文龙:《社会学研究中"社会结构"的含义辨析》,《西安交通大学学报(社会科学版)》2003 年第 6 期。

② 文军主编:《西方社会学理论:经典传统与当代转向》,上海人民出版社 2006 年版,第 106 页。

揭露了资本主义社会恶性循环的根源在于生产资料私人占有制与社会化大生产之间的矛盾；揭露了资本主义社会恶性循环的突出表现是周期性爆发的经济危机、劳动异化等；揭露了资本主义社会恶性循环不可避免的结果是资本主义社会必然为社会主义社会所代替。

马克思社会结构理论的批判性与革命性、阶级性相联系的。与其他西方社会结构理论强调秩序、社会整合不同，马克思社会结构理论主张变革、发展和彻底的社会革命。正如列宁所述，马克思"主张'对现存的一切进行无情的批判'，尤其是'武器的批判'；他诉诸群众，诉诸无产阶级"。① 一旦社会革命与一定的社会经济发展阶段相联系，只要无产阶级在这场革命中占据主导地位，社会主义革命便有了可能。马克思所说的社会革命是指包括政治革命、经济革命和文化革命等在内的总体性的革命。在社会主义条件下，马克思仍然主张不断变革。马克思号召无产阶级进行社会革命打破束缚人压抑人性的资本主义社会关系，实现社会解放和人的全面发展。同时，马克思直言自己所代表的是无产阶级，而不似其他社会结构理论家那样羞羞答答，借"价值中立"之名掩饰自己的阶级立场。在阶级社会里，个人活动所结成的社会关系均带有阶级性，个人总是构成一定利益集团的阶级，人们的观念也必然打上阶级的烙印。马克思社会结构理论思想反映的是无产阶级和人民群众的利益，无产阶级则代表着全人类的未来，人类解放必须通过这个阶级的解放才能完成，该阶级不解放自己就不能解放全人类。所以，无产阶级的阶级性与人民性是一致的。某些社会结构理论宣扬理论的超阶级性，不是幼稚就是欺骗。事实上，人们的每一个社会判断，总是包含着意识形态的内容，包含着主体的主观评价，从而带有浓厚的阶级色彩与价值相关性。② 所以，马克思社会结构理论公然申明自己的革命性和阶级性，并不会因此影响和丧失其科学性。

马克思又认为，资本主义社会尽管有诸多弊病，但总体说来最终是能够做

---

① 《列宁选集》第 2 卷，人民出版社 2012 年版，第 415 页。
② 钟金洪主编：《马克思主义社会学思想》，中国社会出版社 2001 年版，第 9—10 页。

到良性运行和协调发展的。因此，批判性只是马克思社会结构理论的一种过渡性和预备性的形态，为了真正研究未来社会良性运行和协调发展的条件和机制，建构性才是马克思社会结构理论的主要形态，甚至可以说是本来意义上的马克思社会结构理论。建构性是以维护和完善共产主义社会为目标，确保共产主义社会的各个构成要素实现协调发展和做到良性运行。建构性与批判性的不同主要在于：批判性以破为主，建构性以立为主，而且破是为了立。也就是说，批判性是为了建立共产主义社会而扫清道路的，这等于间接服务于共产主义社会的建立；而建构性则直接服务于共产主义社会的建立。

在马克思看来，批判性与建构性是辩证统一的关系。虽然批判性和建构性是马克思分析不同的社会结构时表现出来的两个截然不同的特征，但是，当马克思以批判的原则分析资本主义社会结构时，并不是要求对资本主义社会结构全部进行简单粗暴的消极否定，而只是要否定那些压抑人性、妨碍社会发展进步的资本主义社会制度。另外，对于能够肯定人性和实现人类彻底解放的共产主义社会新制度，马克思则要求加强建设。①

马克思的科学方法论不仅使其社会结构研究摆脱了传统的思辨哲学方法，而且超越了以往对社会结构研究时长期存在的二元对立及其争议，使其社会结构理论建立在更加科学、可靠的分析方法基础之上。

---

① 这启示我们，当代中国以建设的原则面对社会主义社会时，也不是要放弃批判性原则，而是在肯定社会主义制度的前提下，正视各种阻碍社会发展进步的问题，以积极态度批判各种消极因素，以有效的对策去克服各种障碍，进而顺利地建设社会主义，实现科学发展。

第二章 西方古典社会结构 理论的创立与形成

　　根据美国当代社会学家亚历山大(J.C.Alexander)的说法,"古典就是有关人类研究的一些早期著作,相对于同一些领域的当代研究来说它们占有一个特权的地位。特权地位的概念意味着当代的研究者相信他们从对这种早期著作的理解中能够学到与其从其同代人的著作中所得到的同样多的有关本学科的知识。……作为一种经典,这样的著作确立了特定学科领域内的基本的标准。"①要理解现代、当代社会结构理论和世界社会结构及其变迁,需要首先系统梳理和研究涂尔干、韦伯和马克思等那些"已成过去"的古典社会结构理论家的思想。19 世纪和 20 世纪早期产生于欧洲的社会结构理论不仅催化了现代和当代社会结构理论的思想,还建构了现代和当代社会结构理论研究的重要议程。② 涂尔干时代的进入,标志着西方社会结构理论古典时代的创立与形成。

---

　　① Giddens, A.&Turner. J., *Social Theory Today*, Stanford, CA: Stanford University Press, 1987, pp.11-22.

　　② [英]提姆·梅伊、詹森·L.鲍威尔:《社会理论的定位》,姚伟、王璐雅等译,中国人民大学出版社 2013 年版,第 9 页。

第一节　涂尔干的实证主义社会结构理论

埃米尔·涂尔干(Émile Durkheim, 1858—1917)，法国著名的社会学家、人类学家。涂尔干建立了法国第一个教育和社会学系，《社会学年鉴》创刊人，于1891年被任命为法国第一位社会学教授。涂尔干重视社会结构研究，认为"对社会结构的分析是理解一切社会现象的出发点"。[①] 涂尔干的社会结构理论思想主要蕴含在《社会分工论》(1893)、《社会学方法的准则》(1895)、《自杀论》(1897)和《宗教生活的基本形式》(1912)等著作中。涂尔干在很多方面对他之后的西方社会结构理论产生了巨大冲击。美国当代社会学家特纳认为，涂尔干对社会结构理论所有形式发展的影响无人能及。[②]

一、社会事实：社会结构分析的起点

由于从孔德以来，社会结构理论要么依附于生物学，要么被还原为心理学。比如，孔德、斯宾塞等人把社会当作有机体，对社会各组成要素进行功能分析。而莱斯特·华尔德则认为，社会的成长和发展，丢掉了作为人和人际行为的条件和心理基础，是不可想象的，主张用"欲求"(desire)、"意向"(inclination)等心理现象去解释社会现象和社会结构。在他们那里，社会结构理论似乎只是生物学和心理学的延伸，两者架空了社会结构理论。[③] 对此，涂尔干认为，只有从社会事实出发，坚持以社会事实为起点，才能对社会结构做出理

---

① 杜玉华：《超越"二元困境"——马克思的社会结构分析其方法论特征》，《华东师范大学学报(哲学社会科学版)》2013年第4期。

② [美]乔纳森·特纳：《社会学理论的结构》(下)，邱泽奇等译，华夏出版社2001年版，第147页。

③ 王养冲：《西方近代社会学思想的演进》，华东师范大学出版社1996年版，第77、118页。

性的科学分析。①

涂尔干认为,与世界物质事物一样,社会事实也是一种客观事物,而且是一种具有鲜明特征的客观事物。"它由外在于个人但又具有控制个人的强制力的行为方式、思维方式和感觉方式构成。这些思维方式是不能和生物现象混为一谈的,因为它们是由表象和行动构成的;它们也不能和仅仅存在于个人意识之中并依赖个人意识而存在的心理现象混为一谈。这样,它们就构成了一系列新的现象;对这类现象来说可使用的最准确的术语是'社会的'。这样一个术语非常适合它们,因为显而易见的是其来源不是个人,它们的基础只能是社会:要么是整个社会,要么是社会中的某些特定群体,诸如教派、政治、文学或职业团体等等。"②

根据涂尔干在《社会学方法的准则》中关于社会事实的这段论述,以及他在这部著作中关于社会形态与社会环境的物质性条件的讨论,可以看出,如表2-1所示,涂尔干把社会事实划分为物质性与非物质性两个主要类型。

表 2-1　涂尔干关于社会事实主要类型的划分

物质性(material)社会事实 (即社会)	非物质性(nonmaterial)社会事实 (即道德)
(1)社会的结构性组成 (如政党、监狱、教会和国家等)	(1)集体意识和集体表象 (如思维方式、价值观等)
(2)社会的形态成分 (如人口密度、交通设施等)	(2)社会潮流 (如自杀潮流)

物质性社会事实虽然是真实的物质实体,但在涂尔干的整个思想体系中物质性社会事实的地位并不重要,比如建筑物和法律;而非物质性社会事实才

---

① 王养冲:《西方近代社会学思想的演进》,华东师范大学出版社 1996 年版,第 106 页。所谓涂尔干理性的社会结构理论,是相对于孔德、斯宾塞、华尔德等人从有机体功能、个体心理现象出发研究社会结构而言的。涂尔干开创了以社会事实为起点研究社会结构的传统,他也以此自称是理性主义者和科学理性主义者。

② [法]埃米尔·涂尔干:《社会学方法的准则》,狄玉明译,商务印书馆 1995 年版,第25 页。

是他关注的重点,包括规范和价值等。

涂尔干强调社会事实不同于生物现象和心理现象,但这并不意味着涂尔干否认社会事实与个人之间有关系,以及社会事实的产生会受到个人的影响。与之相反,涂尔干认为,社会事实正是在若干个人之间的相互作用之中才能得以产生,并且一经产生,社会事实便获得一种不同于个人简单叠加的新质,成为自成一类的集体现象的客观实在。① 在涂尔干看来,社会事实新质的特征主要表现为以下三个方面:

1. 外在性。社会事实是独立于个人之外客观存在的。比如,在个体信徒出生之前,宗教信仰和宗教仪式已经存在,甚至在久远的过去就已经存在,这表明宗教信仰和宗教仪式是外在于个体信徒而客观存在的。与此相似,"我表达思想时使用的符号体系,我还债时利用的货币制度,我在商业往来中使用的信用手段,我在职业活动中遵循的惯例,等等,都是不以我在这些方面的意志为转移而独立发挥作用的。上述说法可以用于社会中的每一个成员。因此,在这里可以看到存在于个人意识之外的具有显著特性的行为、思维和感觉方式。"②从涂尔干的这段表述可以清楚地看出,虽然社会事实可以通过类似社会化的过程最终被个体所内化,但在最开始时,社会事实却是作为某种外部现实直接呈现在个体面前的。换句话说,对于每个个体而言,社会事实一开始都是客观的、外在的。

2. 强制性。对于个人来说,社会事实可以产生强制性的力量。"它们凭借这种力量强加于个人,而不管个人是否愿意接受",当个体心甘情愿地服从时,就感觉不到或很少感觉到这种约束,但一旦企图与之抗衡时,它就立即凸显出来。③ 从道德舆论的压力到法律的禁止与惩罚,这些都是社会事实强制

① 于海:《西方社会思想史》,复旦大学出版社1993年版,第245页。
② [法]埃米尔·涂尔干:《社会学方法的准则》,狄玉明译,商务印书馆1995年版,第24页。
③ [法]埃米尔·涂尔干:《社会学方法的准则》,狄玉明译,商务印书馆1995年版,第24页。

性的表现。比如,不遵从习俗,穿着不合时宜或不符合身份会招致嘲笑和轻
视;不用社会通用的语言,不用社会通用的货币,只能到处碰壁。当个人不愿
意接受社会事实的引导而违背它时,社会事实的强制性力量就会以惩罚、逮捕
的正式,或嘲笑、疏远的非正式形式体现出来。

3.普遍性。无论个体是否意识到或承认社会事实的存在,社会事实都
是广泛、普遍地存在于社会之中。涂尔干认为,"它之所以是普遍的,是因
为它是集体的(即多少带点强制性);而不是因为它是普遍的,所以它才是
集体的。这是一种强加于个人而后再由个人重复的团体状况。它存在于整
体中的每个个体,是因为它已存在于整体;而不能说它存在于整体,是因为
它已经存在于个体。"①从涂尔干的这段论述可以看出,涂尔干不仅强调要关
注整个社会和社会的整体特征,而且他在根本上是要强调在社会结构分析中
社会事实所具有的首要地位。社会事实的普遍性不等于每个个体事实的简单
叠加,从本质上来看,社会事实本身就是真正集体的,普遍地、广泛地存在于整
个社会之中。

通过以上对社会事实内涵的论述和对社会事实特征的概括,涂尔干完成
了两项重要任务:

第一,实现了社会结构理论与哲学的分离。涂尔干强调,社会事实是社会
结构分析的起点,要把社会事实作为物来看待。既然社会事实被当作物,人们
就应该通过和自然科学一样的对物的经验的实证研究方式,来开展对社会结
构理论的研究,不能采用哲学主要依靠概念演绎的方式来研究社会结构。涂
尔干认为,他之前的社会结构理论只是同概念打交道,而不同物打交道,只研
究概念而不研究物。可是,所有已经展现的、所有正在提供或者毋宁说所有现
在必须加以观察的,都是物而不是别的什么。②　以社会事实为起点分析社会

---

① [法]埃米尔·涂尔干:《社会学方法的准则》,狄玉明译,商务印书馆1995年版,第
30页。

② 王养冲:《西方近代社会学思想的演进》,华东师范大学出版社1996年版,第121页。

结构,无疑将社会结构理论研究从哲学的概念演绎中解救出来了。

第二,实现了社会结构理论与心理学的分离。虽然社会事实是可以用经验的实证研究方式来研究的物,但是,由于心理学在 19 世纪末期已经完成了它自己的实证化研究历程,在一定程度上,社会事实的经验研究还不能排除心理学对社会结构理论的侵袭。为了克服心理学对社会结构理论的侵袭,涂尔干吸收了卢梭关于把社会现象从心理现象中分离出来的观点。涂尔干提出,与个体心理现象不同的是,社会事实是发生在社会集体层面上带有普遍性的现象。这样一来,涂尔干就明确清晰地划分出两个完全不同的领域:一个是个体内在的心理学事实,另一个则是具有外在性、强制性和普遍性的客观的社会事实。前者是心理学的研究对象,而后者则是社会学研究的当然领域。以社会事实为起点展开对社会结构的分析和研究,也就是把社会结构理论从心理学中分离出来,使社会结构超出了个体因素的困扰,在一个更为广泛的意义上使社会结构研究无论在理论上还是方法上都更加独立和明确,并由此提高了社会结构研究的科学性。

二、"把社会事实作为物来考察":社会结构研究的方法

孔德最早提出要按照实证主义的科学方法来研究社会结构,并首创了"社会学"这个名词,但是他本人并没有严格按照实证主义来从事社会结构研究。只是在涂尔干的不懈努力下,实证主义模式的"社会结构理论"才得以开始。

涂尔干认为,对现代社会各种危机的产生原因和解决办法的探讨再也不能使用传统的方法了,只有通过"实证科学"的方法对社会结构进行客观、深入的研究才能得到解决。在涂尔干之前,用自然科学实证的科学方法研究社会结构的努力虽然一直没有停止过,但是,从事社会结构理论研究的学者们往往求助于生物学、心理学等自然科学,而缺乏专门的独特的适合社会结构理论研究的方法。涂尔干将"把社会事实作为物来考察"的方法论原则作为社

结构实证研究的最基本准则,不仅为社会结构理论找到了"社会事实"这一独特的研究起点,而且也是第一次真正意义上把社会结构理论从当时流行的其他学科中独立出来。

把社会事实当作物加以认识,社会结构研究者应当像物理学家、生物学家从事研究的态度那样,进行科学研究而不是概念的演绎和形而上学的解释。涂尔干提出,科学的根基应当建立在坚固的土地上,而不是建立在流沙上。"必须始终如一地摆脱一切预断",它是一切科学方法的基础。"对于社会学家来说,无论是在确定自己的研究对象时,还是在进行论证的过程中,都必须绝对禁止使用科学之外的和不是为科学所需要而制造的概念。他们应当从支配群氓思想的明显谬误中解脱出来,彻底打破日积月累而最后套在他们脖子上的经验范畴的枷锁。万一不得不利用这一范畴时,至少应该意识到它是没多大价值的,以便不让它在学说中起到它不该有的作用。"①

同时,涂尔干认为,考察社会事实时应该对考察结果与已有价值观发生冲突的可能性做好准备。由于以发现为目的的科学,都可能或多或少地会动摇社会中既有的观念,因此,在社会结构理论的研究过程中,研究者们都要严格按照科学方法考察客观的社会事实,同时,研究者们还要有绝对尊重自己研究结果的正确态度。

涂尔干强调,把社会事实当作物进行实证考察应当遵循以下程序:

第一步,对社会事实外部特征进行客观观察,并根据其外部共同特征进行定义。既然社会事实和其他物质一样,是一种外在于个体的物质现象,那么在考察社会事实时,研究者必须摆脱研究者自己之前既有的对社会事实的主观意识,尽可能把社会事实当作与自己无关的外部事物加以客观考察。由于社会事实的各种表现都是在个人意识之外,对社会事实进行定义时只需根据其

①　[法]埃米尔·涂尔干:《社会学方法的准则》,狄玉明译,商务印书馆1995年版,第51页。

外部特征而不必考究个人内部的因素。尽管深藏在内部的特点是社会结构的最根本的特点，但在目前这个阶段还不能为人们所认识。

第二步，用社会事实解释社会事实，找出各个社会事实之间的关系。为了对观察所得的各种社会事实信息进行解释，涂尔干首先区分了功能性解释和因果性解释两种不同的解释方法。他指出，很多人在解释社会事实时，以为社会事实存在的原因是由于它们对社会的效用，从而认为要完全了解社会事实，只需要说明社会事实对社会的实际效用，或者解释清楚社会事实的存在对于社会有什么功能。在涂尔干看来，这种解释方法是错误的，因为用对社会的效用来解释社会事实的方法，混淆了社会事实的存在与社会事实的效用是两个完全不同的问题。从本质上来看，"证明一件事物为什么有效用，与解释它为什么产生或者它存在的状况如何，这是两个不同的问题。……对一种事物的需要不能说明事物本身的情况，因此，事物的存在不是用这种需要能够解释清楚的，事物的存在有它自己的原因"。① 涂尔干认为，解释社会事实时，必须把社会事实产生的原因同它所具有的功能分开，用功能以外的因素来解释它的产生和变化。不仅如此，涂尔干还强调，解释社会事实时，应该把社会事实产生的原因问题放在社会事实的功能的前面进行考察，因为只有这样才符合社会事实本身发展的规律，"研究一种现象，首先寻找它的原因，然后再考察它的功能，这是顺理成章的、符合逻辑的方法。按照这种方法先了解事物的原因，可以进一步帮助我们理解它的功能"。②

如何对社会事实的原因和功能进行恰当的解释，涂尔干主张从社会事实产生以前的别的其他社会事实中寻找它产生的确切原因，而不能仅从个人意识的状态之中去挖掘。对于解释社会事实的功能，社会事实的功能也只能是社会性功能，而不是个体性的功能。因此，涂尔干认为，只有在这种社会事实与某种社会目的的关系中，即在社会事实的实际效用的关系中才有可能准确

---

① ［法］埃米尔·涂尔干：《社会学研究方法论》，胡伟译，华夏出版社 1988 年版，第 71 页。
② ［法］埃米尔·涂尔干：《社会学研究方法论》，胡伟译，华夏出版社 1988 年版，第 76 页。

解释社会事实的功能。① 由此可以看出,涂尔干对社会事实的因果性解释强调的是从纵向上对社会事实的产生和存在做历史性分析,而对社会事实的功能性解释则注重从横向上对社会事实相互之间的影响和关系进行结构性分析。

第三步,用比较的方法检验和证明社会事实之间的因果关系。涂尔干认为,由于社会事实间的因果关系比较复杂,而且往往不明显,研究者难以从直接观察中得出,因此,能采用比较的方法来考察这些社会事实之间的因果关系,这是唯一适合社会结构理论研究的方法。涂尔干还明确指出,在根据因果关系的原理采用比较的方法考察社会事实时,必须明确一个基本的前提和原则:作为原因的社会事实和作为结果的社会事实,两者总是一一对应的关系。也就是说,一个作为结果的社会事实只能出于一种作为原因的社会事实。如果否认这一点,人们在社会结构研究中就只能得到一些不确定、混淆的、空洞的结论。② 比较方法有剩余法、相同法、相异法和共变法等多种具体方法,涂尔干认为共变法是最适合于社会结构研究的。共变法只需把两种性质不同,但在某一时期中有共变价值的社会事实找出来,就可以作为这两种社会事实之间存在因果关系的证据。③ 因此,研究者只要在一定数量的要素中能够观察到并且能够证明在两种社会事实之中,甲变乙也随之发生变化,就可以确定已经找到社会结构的内在关系。

三、 社会团结:社会结构形成的纽带

涂尔干毕生关注的是众多不同的个体如何联结在一起构成社会的这一重

---

① 杨善华、谢立中主编:《西方社会学理论》(上),北京大学出版社 2005 年版,第141 页。
② [法]埃米尔·涂尔干:《社会学研究方法论》,胡伟译,华夏出版社 1988 年版,第 101—104 页。
③ [法]埃米尔·涂尔干:《社会学研究方法论》,胡伟译,华夏出版社 1988 年版,第 106 页。

要问题。在这个问题的论述上，涂尔干最充分地体现了他的社会结构理论的视角。一方面，涂尔干承认社会是由个体组成的；但是，另一方面，涂尔干又坚持认为社会是不依赖若干具体的个体简单叠加而形成的突生现实。涂尔干认为，是社会团结将不同的个体联结在一起构成不同的群体和组织，社会团结是社会结构形成的纽带，并且由于社会团结的方式不同进而形成了不同的社会结构类型。

社会团结是涂尔干社会结构理论的一个核心概念。所谓社会团结（social solidarity），是指人与人、人与群体以及群体与群体之间相互协调、相互一致、相互结合的关系。涂尔干的大多数著作的主题都与社会团结有关，比如在《社会分工论》中，涂尔干在阐述社会分工日益增长的复杂性和专门化的特点的基础上，进一步着重分析了社会分工对社会结构的影响，论证了社会形态是如何从"机械团结"向"有机团结"转变的；在《自杀论》中，涂尔干主要探讨了由于社会整合被破坏而对社会团结造成的威胁，以及社会对于这些威胁会产生什么反应。涂尔干认为，自杀就是面对社会团结造成威胁所产生的其中一种反应方式；而在《宗教生活的基本形式》中，涂尔干则论述了宗教信仰和宗教仪式是通过何种方式以及在何种程度上加强社会团结的。①

对社会团结的研究，不是涂尔干的首创，而在涂尔干时代甚至在涂尔干之前就有许多哲学家、社会学家就对这一主题进行过研究。在涂尔干之前，主要有三种关于社会团结的论述：（1）社会契约论。以卢梭为代表的社会契约论认为，处于自然状态的人们，为了获得共同的利益而签订契约，正是这一需共同遵守的契约将不同的个体联结在一起构成了社会。（2）国家强力论。以孔德为代表的国家强力论认为，国家运用法律、监狱、军队、警察等强制性的力量，将社会的不同个体成员强行"束缚"到一起。（3）自由竞争论。斯宾塞是自由竞争论的主要代表，他认为，由于社会的每一个成员都有同等的权利追求

---

① 周晓虹：《西方社会学历史与体系》（第一卷），上海人民出版社 2002 年版，第 249 页。

个人的利益,而每个成员的利益又只能通过其他成员的利益才能获得满足,这种不同成员之间平等的自由竞争就构成了作为整体的社会。①

涂尔干吸收了孔德国家强力论的思想,突出和强调社会共识在社会团结中的作用,并创造了"集体意识"一词来代替"社会共识"。涂尔干认为,社会团结之所以能够将不同的个体成员联结成一个社会整体,主要是因为集体意识的存在。所谓集体意识(collective consciousness),是指"同一个社会里的一般成员形成一种决定性的和有其自己的生命的体系的共同的信仰和感情的总和"②。集体意识是一个独立于本质的不同于个体意识的精神实体,它源于个体意识,但又完全不同于个体意识。集体意识作为一个实体,不但有自己的生命,而且还有其自己的功能及其自己的演变规律,不受个体的影响。而社会团结则是集体意识功能发挥的具体体现。因此,在涂尔干看来,集体意识是社会团结的精神基础,也是形塑社会结构的黏合剂。

除了集体意识之外,劳动分工也是影响社会团结的一个很重要的因素。涂尔干在《社会分工论》中曾经明确提出,由劳动分工导致的团结迥然不同。劳动分工的最大作用不在于它能够提高社会生产的效率,而在于它"在人与人之间构建了一个能够永久地把人们联系起来的权利和责任体系",从而在根本上使社会团结的基础发生了改变。一方面,劳动越是分化,个人对社会的依赖就越强;另一方面,每个人的活动越是专门化,他就越会成为个人。③"正是分工,越来越多地承担起原先由共同意识承担的角色。"④从这个意义说,劳动分工在社会团结的形成和社会团结不同形式的转化中具有重要作用。

---

① 周晓虹:《西方社会学历史与体系》(第一卷),上海人民出版社 2002 年版,第 249—250 页。

② [法]埃米尔·涂尔干:《社会分工论》,渠东译,生活·读书·新知三联书店 2000 年版,第 46 页。

③ [法]埃米尔·涂尔干:《社会分工论》,渠东译,生活·读书·新知三联书店 2000 年版,第 24、364 页。

④ Durkheim, E., *The Division of Labor in Society*, New York: Free Press, 1933, p.173.

　　在分析了集体意识、劳动分工等影响社会团结的因素之后，涂尔干进一步把社会团结划分为机械团结与有机团结两种理想类型。

　　所谓机械团结（mechanical solidarity），主要是指原始社会、古代社会以及现代一些不发达的社会的一种社会联结方式，它通过强烈的集体意识将同质性的诸多个体凝结为一个整体。在涂尔干看来，在这样的社会里，团结"来源于这种相似性，它将个人与社会直接联系起来"①。由于社会分工不发达，人们的经历、活动、生活方式都十分相同，他们对集体具有强烈的归属感，每个人的个性都因对集体的遵从被限制到极小，并且具有一致的宗教和道德倾向。涂尔干之所以将这种团结类型称为"机械的"，是因为由此联结成的社会实际上就像无机物的类聚一样，其分子都是类似的，而联结方式是机械的。

　　所谓有机团结（organic solidarity），与机械团结不同，它主要是指近现代工业社会由于发达的社会分工，以及社会成员间的异质性所决定的另一种社会联结方式。在这种社会联结形式下，集体意识尽管继续存在，但其功能尤其是对日常生活的控制和调节大大减弱，个性相对有了较大发展。分工虽然削弱了集体意识，但分工所导致的职能上的专门化，又增强了个体间的相互依赖，从而促进了个体之间的联结。这种由于功能上的相互区别和相互依赖而必须结合在一起，谁也无法离开谁的联结方式，和动物有机体内部各个器官之间的联结非常相似，所以，涂尔干把这种团结类型称作"有机团结"。② 人类社会的发展过程，就是机械团结不断式微，而有机团结的优势和地位不断提升的过程。

　　除了集体意识、社会分工之外，形成社会团结不同类型的重要因素还有制裁。机械团结社会不仅是以不发达的社会分工和强烈的集体意识为基础形成

---

① Durkheim, E., *The Division of Labor in Society*, New York: Free Press, 1933, p.106.

② ［法］埃米尔·涂尔干：《社会分工论》，渠东译，生活·读书·新知三联书店 2000 年版，第 90—92 页。

的,而且也是以约束性制裁为前提的。在这种约束性制裁的制度下,社会盛行的主要是刑法,而刑法倾向于把所有威胁或违反社会集体意识的行为都认定为犯罪,并且一旦确认为犯罪,就必须受到国家或政府的强制性力量的惩罚,从而以此实现社会整体对每个个体成员的日常生活进行严格的监督与控制。对个体的惩罚并不一定反映社会受损害的实际程度,也不会考虑惩罚对个体是否合适,主要考虑的是个体行为对集体意识的抛弃程度,以及由这种抛弃引发的对集体情感的伤害程度。与机械团结社会中的约束性制裁不同的是,有机团结社会中的制裁则主要是复原性的,与这种复原性制裁相对应的不再是刑法,而是包括民法、商业法、诉讼法、行政法和宪法等在内的合作法或复原法。这些合作法或复原法的目的不是惩罚,而是要维护或恢复合作关系,它们的作用不是为了赎罪,而只是为了将事物恢复原状。这种合作法或复原法与机械团结社会里的刑法不同,它们不再是一个社会整体的集体意识或情感的表达,而是发展成为因分工的需要相对分化的个体成员之间共同遵循的行为规则。

四、　功能分析：社会结构认识的路径

涂尔干把社会视作一个具有新质的自成一类的有机整体。在涂尔干看来,社会整体作为一个支配个体成员的道德结构,其各部分的功能不是直接对个体成员发生作用,而是同社会整体相联系着的。涂尔干强烈地反对个人主义和还原论,这与他的整体主义互为表里。涂尔干的有机整体论主要表现为以下三个方面的观点:第一,作为一个具有新质的整体,社会本身是一个客观的实体,它既区别于自己的各个组成部分,同时它也不能被还原成各个部分之和,但是,社会的各个组成部分是满足社会整体需要和实现社会整体基本功能的必要条件;第二,当社会整体处于正常的"健康"状态时,它的各个组成部分之间是高度耦合的;第三,当社会处在非正常状态,即"病态"时,社会有机体存在某些特定的需要尚未得到满足。若要避免"病态"继续出现,这些需要就

必须得到满足。但是,由于整体不是简单的个体集合,这些需要不能被还原为整体各组成部分的需要之和。

涂尔干对通过功能分析来认识社会结构的阐述与发挥,使他成为功能主义的先驱者。他是第一个明确阐述功能要求分析的社会结构理论家。① 他在《社会学研究方法论》中指出,"当我们解释社会现象时,必须分别研究产生社会现象的真实原因和社会现象所实现的功能。使用功能一词而不用目标或者目的等字眼,这是因为一种社会事实不是由于它有效用就能存在。"他还进一步解释说,确定事物的功能对于完整地解释社会事实是必要的。"事物的效用虽然不是事物生存的原因,但是,一般说来,事物要能够生存,必须有存在的效用。"②

涂尔干将功能分析同探索历史起源及原因的方法和探索个人目的及动机的方法区分开来。在他看来,探寻个人目的与动机,只能从表面浅层地认识社会结构,因为当人们不能预测事情发展的结果时,他们往往就会采取行动。然而,研究历史起源和原因与功能分析一样,都是认识社会结构的必要路径和基本的、不可或缺的研究内容。实际上,在涂尔干看来,要完整地研究社会结构,就必须对社会结构既要进行历史分析,又要进行功能分析。因为功能分析主要是揭示一定的社会事实是如何影响社会整体或社会局部以及会带来什么结果,而历史分析则侧重于揭示为什么恰恰是这个社会事实而不是其他社会事实对社会整体在当时发挥作用。因此,只有把产生某一社会事实的直接原因和社会事实所能发挥的确切功能结合起来进行全面、系统的研究,才能完整地认识和把握社会结构。③

功能的概念在涂尔干所有的著作中都具有重要的意义,他对分工、自杀、

① 于海:《西方社会思想史》,复旦大学出版社1993年版,第259页。
② [法]埃米尔·涂尔干:《社会学研究方法论》,胡伟译,华夏出版社1988年版,第75—77页。
③ [美]刘易斯·科瑟:《社会学思想名家》,石人译,中国社会科学出版社1990年版,第160页。

犯罪、宗教等问题都提供了功能主义的分析。在《社会劳动分工论》一书中,涂尔干从考察"分工的作用,即它满足什么样的社会需求"的视角去考察劳动分工。涂尔干认为,在一般的正常情况下,劳动分工对社会团结是有促进作用的,但是,由于"强迫性"和失范带来的劳动分工则无助于社会团结的发展。涂尔干提倡职业团体、专业集团,也主要是基于认为职业团体、专业集团能够更好地发挥调节工资、劳动关系、劳动条件等功能,从而为社会团结的形成奠定基础。涂尔干对职业团体和专业集团的作用如此重视,反映了一个基本的社会事实:随着工业社会中社会分工的日益精细化,有机团结逐渐消减了原来机械团结社会中的强制性权力,从而促进了一种利于合作的社会秩序的出现,这种社会秩序不是依靠国家机构的强制性管理,而是专业团体和社会伦理道德越来越多地发挥调节作用所带来的结果。涂尔干强调,国家已经不是复杂的现代社会能够实现道德统一的唯一根源,而在这种复杂的现代社会中,道德责任的根源主要是来自市民社会的职业团体、专业集团等各类组织。

在《自杀论》一书中,涂尔干关于自杀、酗酒、犯罪等越轨行为的分析,与传统的观点大相径庭。传统上一般认为,这些越轨行为的主要原因是精神病态、种族、遗传、模仿心理等生理—心理特征和气候、气温等外部环境。而涂尔干则认为,自杀、酗酒、犯罪等越轨行为虽然是个人行为,但却具有一种无可否认的社会性质。它们不仅是正常的和不可避免的,而且对社会整体有着积极的功能,因为它能够为加强社会团结所依赖的道德价值提供一种机会。越轨是人类行为的一种变异,以共有的道德为基础的社会会在正常行为和越轨行为之间作出区分,并对后者予以惩罚。通过惩罚,社会将会进一步强化道德区分。① 涂尔干在论述了犯罪行为的直接后果之后,还接着分析了具有同等重要意义的犯罪的间接功能。在涂尔干看来,由于犯罪行为在一定程度上可以激发社会公众反对违反社会规范行为的情感,从而督促国家或政府颁发社会

---

① 　周晓虹:《西方社会学历史与体系》(第一卷),上海人民出版社 2002 年版,第 261 页。

禁令。正是在这个意义上，本来是危害社会秩序的犯罪行为从另一个方面产生了人们预料之外的效果——在社会公众中产生并且强化了保护社会公共福利的社会集体规范意识，简而言之，就是"犯罪唤起并吸引了公正意识"①。

在《宗教生活的基本形式》一书中，涂尔干着重研究宗教通过图腾、仪式和信仰在加强社会团结中所起的不同作用。涂尔干认为，宗教既是社会集体意识的产物，也是一种被神圣化了的社会。宗教的本质，就是对"既专横又助人，既威严又仁慈"的约束个体行为的集体力量和社会的崇拜。宗教不仅表现在它起源于社会生活，而且还表现在它也同时通过各种仪式维持和再造着社会生活。"宗教仪式的首要作用就是使个体聚集起来，加深个体之间的关系，使彼此更加亲密。"②

虽然涂尔干试图从纵向上追寻社会结构的历史起源，但是他又不仅仅满足于此，而是进一步致力于从横向上探索社会事实的效用和不同社会事实对各自所依存的社会结构的影响。涂尔干坚持连贯地并且不割裂地思考社会结构问题，因此，他应当被视为社会结构功能分析的直接创始人。③

总之，对于涂尔干来说，集体意识、社会分工和法律都是独立于个体之外的社会事实。涂尔干从社会事实出发，以社会团结为纽带建构了机械团结和有机团结两种理想的社会结构类型，主张通过功能分析来认识社会结构。

五、 与马克思社会结构理论的比较及其评价

涂尔干对社会结构理论的贡献是毋庸置疑的，他在主题、视角、方法等方面促进甚至开创了对社会结构的研究。同时，涂尔干社会结构理论与马克思

---

① ［法］埃米尔·涂尔干：《社会分工论》，渠东译，生活·读书·新知三联书店 2000 年版，第 103 页。

② ［法］埃米尔·涂尔干：《宗教生活的基本形式》，渠东、汲喆译，上海人民出版社 2006 年版，第 329 页。

③ ［美］刘易斯·科瑟：《社会学思想名家》，石人译，中国社会科学出版社 1990 年版，第 161 页。

社会结构理论在这些方面存在显著差异。①

1.关于社会结构理论的主题

涂尔干继承了孔德关于社会功能和实证主义的思路,并将这一思路做了进一步的发挥,为现代社会结构理论研究确立了一个最基本的、最重要的研究主题,这就是对社会团结的强调和关注,即对众多的个人何以构成社会问题的强调与关注。在涂尔干看来,人始终是社会性的存在物,只有社会才能将人从动物提升为人,也只有在社会中人才能够得以持续生存和发展,社会本身的持续存在是人类生存与发展的第一条件,自由也好,平等也罢都必须以社会本身的存在为基本前提,不能以损害社会团结和社会秩序为条件。因此,研究和探讨社会得以形成和维持的条件与机制应该是社会结构理论的第一要务,所谓社会结构理论就是关于社会即社会团结本身如何得以持续存在的理论。滥觞于孔德但最终由涂尔干加以确立的这一主题,对现代社会结构理论的发展产生了巨大和深远的影响,事实上成为现代社会结构理论的正统共识之一。

然而,马克思倾心关注的则是资本主义生产方式的不平等模式怎样进行再生产和怎样改变资本主义社会结构。② 也就是说,马克思社会结构理论关注和重点探讨的问题是:资本主义社会权力和财富的不平等如何持续下去?社会关系怎样被建构起来维持这些不平等? 在马克思看来,人在本质上是社会关系的总和,而社会关系是人在劳动实践中所结成的。人是社会关系的产物,表明人具有社会的属性,是社会的客体。同时,人又是在自身劳动实践中结成社会关系的,这表明人是实践的主体,具有主体性。因此,人是主体与客体的统一。研究社会结构必须从"现实的人"的出发,物质生产才是人类生存与发展的第一条件。从本体论的角度来看,马克思和涂尔干虽然都是唯实论,

---

① 杨善华、谢立中主编:《西方社会学理论》(上),北京大学出版社 2005 年版,第 158—162 页。

② [美]乔纳森·特纳:《社会学理论的结构》(下),邱泽奇等译,华夏出版社 2001 年版,第146 页。

但马克思强调人与社会的双重主体性，涂尔干则只关注社会的主体性，把人当作纯粹的客体机械地依附于社会而存在。

与涂尔干通过社会团结维护资本主义社会结构不同的是，马克思研究社会结构的目的是要打破资本主义生产方式的不平等并改变资本主义社会。为此，马克思对黑格尔辩证法的分析使他获得了一个批判性的重要概念——矛盾。马克思认为，物质的社会安排，包括社会关系模式是可以自我转化的。比如，在资本家的机器周围集中着大量的无产阶级劳动者，这为工人们聚在一起相互交流他们对资产阶级的不满，并在政治上组织起来通过阶级斗争和革命的方式从根本上推翻资本主义的统治提供了极大的便利。从这个意义上来看，资产阶级私人占有制与社会化大生产不仅存在着矛盾，而且这个矛盾在现实社会中还会随着时间的推移日渐形成冲突性的社会关系，即无产阶级与资产阶级之间在根本上不可调和的矛盾，会逐渐改变和转变资本主义社会关系的本质，从而最终改变资本主义社会结构。马克思矛盾的概念被后来的很多社会结构理论研究者接受和使用，它主要被用于介绍冲突和变迁的社会结构分析中。这些研究者相信马克思所分析的，本质上维持或再生产社会关系的资源分配必然会导致在确定条件下的再分配，这个条件就是不平等。也就是说，通过资源的不平等分配，被再生产的结构将暴露出矛盾的存在。反之，这些矛盾会对没有再生产结构而是反过来通过一定的资源再分配对之进行转化的互动造成压力。①

2. 关于社会结构分析的视角

涂尔干为社会结构分析提供了一个与众不同的观察社会的视角。马克思将以财产关系为核心内容的"生产关系"视为全部社会关系的基础，而涂尔干则强调把由劳动分工所决定的社会功能或社会职能关系当作全部社会关系的基础。马克思用生产关系的变迁来解释包括社会结构、政治法律制度和意识

---

① ［美］乔纳森·特纳：《社会学理论的结构》（下），邱泽奇等译，华夏出版社 2001 年版，第147 页。

形态在内的全部社会形态的变化原因,主张从财产关系的视角来理解为什么现代社会是资本主义社会的。基于这一研究视角,马克思侧重于从资本主义社会生产方式的产生、发展及其内在矛盾等多个方面展开对现代社会结构的描述、分析和诊断。但是,涂尔干则主要倡导从社会功能或职能的视角,将现代社会主要理解为一种工业社会。因此,涂尔干强调,应该从劳动分工的发展所引起的社会功能或社会职能关系的转型这个方面对现代社会结构进行描述、分析和诊断。

3.关于社会结构研究的方法

涂尔干从实证主义立场出发为社会结构研究制定了一套完整的研究程序和方法,从而从根本上确保了社会结构理论研究的科学性。孔德虽然最早提出要以实证科学的方法来研究社会结构,但他既没有将这一研究态度始终如一地贯穿于自己的研究实践,也没有提出一套真正适合于社会结构理论研究的实证科学方法。只是在涂尔干的努力下,社会结构理论才开始有了一套既有明显的科学性又真正切实可行的实证研究方法。这套方法的根本特征就是强调要把社会现象当作客观事物来考察,用社会现象本身,而不是心理现象或生物等自然现象来解释社会现象。这样一种方法论主张,使社会结构理论彻底从哲学、心理学和生物学的依附中摆脱出来,发展成为一种相对独立的实证科学理论。

马克思的实践方法论,特别是他关于社会生活在本质上是实践的这个论断,不仅使自己同唯心主义和旧唯物主义划清了界限,而且也使自己同实证主义社会结构理论划清了界限。唯心主义和旧唯物主义都不懂得以感性的实践为基础看世界,所以他们也就没有找到把精神世界同物质世界统一起来的基础和过程,只能各执一端地相互对立、相互排斥。涂尔干的实证主义立场同旧唯物主义有很多共性,但他不懂得实践的根本意义。他只接受社会生活在本质上是一种外在的物,他说:"关于应当把社会事实视为物这个命题,是我方法的基础,它引起了最大的争论。反对者认为,我把社会世界的现实和外部世界的现实同等看待是荒谬的,是奇谈怪论。这是对这种同等看待的意义和范围的极大的误解。我这样做的目的不是把存在的高级形态降为低级形态,而完全相反,我是要使前者具有至少与大家公认的后者具有的实现条件相等的实现条件。实际上,我不是说社会事实是物质之物,而是说社会事实是与物质之物具有同等地位但表现形式不同的物。"①

无论涂尔干做何种解释,他把社会生活在本质上看作外在于人的思想意识的客观性,虽然与物质之物的存在形式不同,但是同物质之物具有同等地位,即具有外在性、客观性和实在性。其实,涂尔干界定的社会之物,同列宁在一般意义上界定的作为客观实在性的物质并没有明显区别,都是在同主观性相对立的关系中得到界定的。

同马克思把社会生活的本质归结为实践相比,涂尔干只不过抓住了马克思所说的社会生活的一个方面,即社会生活的客观方面。而马克思所说的社会生活的主观方面却被涂尔干排斥在自己的视野之外,因此涂尔干的社会结构理论是片面的。因为社会生活不仅有客观的方面,也有主观的方面,并且是主观同客观相互作用的动态统一,所以涂尔干把社会当作物看待,看到的不是一个完整的社会,仅仅注意到社会生活的物的方面,而真正创造生活、展开社会的人却被涂尔干遗忘了,这种社会结构理论不可能对社会结构整体性有真正的把握。②

虽然作为古典社会结构理论的主要代表人物之一,但是涂尔干的社会结构理论也不可避免地存在一些不足。其中主要的局限体现在以下几个方面:

首先,涂尔干社会结构理论的主题有些保守。任何时候的社会现实都是既包括了整合和秩序的一面,又包括了冲突与变迁的一面。但涂尔干的社会结构理论主要只关注了社会整合和社会秩序的一面,致力于探讨社会团结和

---

① [法]埃米尔·涂尔干:《社会学方法的准则》,狄玉明译,商务印书馆1995年版,第7页。

② 郑杭生、刘少杰主编:《马克思主义社会学史》,高等教育出版社2006年版,第56页。

社会秩序如何得以形成和维持的条件与机制,而对于社会冲突和社会变迁过程则很少予以讨论。也就是说,涂尔干的社会结构理论主要致力于探讨如何在现代工业资本主义的条件下通过阶级合作等途径重建新的社会整合和社会秩序,对现代社会中阶级冲突与社会革命的必然性明确表示否定,这使得它不能不呈现出一副保守的面孔。涂尔干的社会结构理论中确实存在着一种对社会本身的神化和崇拜,其结果则是如科瑟所指出的那样,"导致他忽视冲突的创造性功能",以及由于"对现存状况的忠实"而可能"妨碍他与缓缓呈现的新生力量完全协调一致"①;或者如瑞泽尔所说的那样,使得涂尔干最多只能对现实提出一些改革性的意见,而"这种狭隘的结构改革并不能真正地解决那些困扰着现代世界的广泛的文化问题"②。

其次,涂尔干的社会结构分析视角有些片面。与马克思把全部社会关系的核心或基础归结为财产关系或生产关系类似,涂尔干把全部社会关系的核心或基础归结为由劳动分工所引起的功能(或职能)关系。他用劳动分工所引起的功(职)能关系的变化来解释同样包括社会结构、政治法律制度和意识形态在内的全部社会形态的变化。虽然涂尔干所提供的这一理论视角具有扩大我们理论视野的作用,但在涂尔干那里它却是一个试图被用来取代其他理论视角的唯一工具。这显然是一个片面的错误做法。吉登斯对这种"寻求对现代社会做某种单一的、占主导地位的制度性阐释"的做法就曾经提出过明确的批评。③

再次,涂尔干社会结构理论的方法论主张有些极端。涂尔干坚定地主张"社会"是一个独立于个体意识之外的客观存在,因此要把社会现象当作客观事物来加以看待,要用并且也只能用一种社会现象来解释另一种社会现象。

---

① [美]刘易斯·科瑟:《社会学思想名家》,石人译,中国社会科学出版社1990年版,第196页。

② George Ritzer, *Sociological Theory*, McGraw Inc., 1992, p.109.

③ [英]安东尼·吉登斯:《现代性的后果》,田禾译,译林出版社2000年版,第49页。

有不少人对这种方法论主张提出了明确的批评意见。例如,塔尔德就曾经指出涂尔干所说的这种社会实体完全是一种虚构,认为"难以理解在摒除了个人之后,我们怎么能有残骸般的社会?"①另外有一些人如索罗金和哈尔布瓦奇等也批评涂尔干强调只能用社会现象来解释社会现象的观点过于偏执。他们认为在一种社会现象的形成和发展过程中,几乎总有多种不同的因素在起作用。这里既包括了各种社会因素,也包括了各种心理因素、生物学因素乃至地理、气候等因素在内。因此,我们既不能忽视社会因素的作用,但也不能由此把社会因素当作是社会现象唯一起作用的因素,而完全忽视或排除其他各种因素的作用。在解释社会现象时这些不同因素之间的过程不是相互排斥而是相互补充的。

第二节　韦伯的人文主义社会结构理论

被誉为"最后一批博学者中的一个"和"社会分析的科学和艺术的至今无人能及的大师"②的马克斯·韦伯(Max Weber, 1864—1920),以对理解、理想类型、价值关联与价值中立、社会行动、理性化和科层制等方面的独特论述,奠定了自己在西方社会结构理论中不可动摇的历史地位,被人们视为与涂尔干和马克思齐名的古典社会结构理论大师。③ 韦伯不仅对他之后的社会结构理论发生了深远的影响,而且也为后来至今的社会结构理论研究者直接提供了大量的现代术语。他的社会结构理论思想主要蕴含在《新教伦理与资本主义精神》(1904—1905)、《论解释的社会学的若干范畴》(1913)和《经济与社会》(1921—1922)等著作里。

---

① 转引自王养冲:《西方近代社会学思想的演进》,华东师范大学出版社1996年版,第141页。

② [美]刘易斯·科瑟:《社会学思想名家》,石人译,中国社会科学出版社1990年版,第284页。

③ 周晓虹:《西方社会学历史与体系》(第一卷),上海人民出版社2002年版,第347页。

一、　理解：社会结构研究的方法

韦伯对社会结构理论研究最重要的贡献,就在于他对社会结构研究方法的探索,而社会结构研究方法也是韦伯社会结构理论的重要组成部分之一。理解不仅是韦伯社会结构理论中的一个最为基本的概念,而且也是他研究社会结构的主要方法。他发展出的理解的方法,即人文主义方法是与当时在西方盛行的实证主义相对峙的一种独具特色的方法论。

韦伯在解释社会学的学科性质时指出,社会学是"阐释和理解社会行动的科学",并要"对它的因果作出一种因果性的说明"。韦伯认为,无论阐释和说明,首先都需要理解(verstehen)。在德国,理解的概念最早源于解释学领域,是对于理解和解释出版著作的一种特殊方法的指称,理解的目的主要在于理解作者本身的思想和著作文本的基本结构。在韦伯使用之前,理解的概念已经被许多学者尤其是被狄尔泰所广泛使用。不过,韦伯与狄尔泰对"理解"的理解并不完全相同。一方面,与狄尔泰的观点一样,韦伯也认为人文科学和自然科学是两种性质不同的科学,人文科学要求研究者有能力对纷繁复杂的社会文化现象做出"理解",而自然科学却永远无法提供对原子或化合物等物质的结果的理解。也就是说,韦伯和狄尔泰都认为,自然科学只能回答原子或化合物的结果"是什么",不能解释"为什么"产生这一结果;而人文科学可以进一步解释"为什么"会产生一定的社会文化现象。另一方面,韦伯对"理解"的理解与狄尔泰有两点不同:(1)狄尔泰认为自然科学和人文科学研究的两类事实的不同,决定了说明和理解的对立;而韦伯却认为,理解和说明不一定是对立的。从前面韦伯对社会学的界定可以看出,理解恰恰是说明的前提,或者说是建立因果关系的准备阶段。(2)狄尔泰的理解是以人的精神生活或作为精神生活的结果的文本为对象的,而韦伯则致力于将理解的范围进一步推广到整个社会结构,即主张把个体行动者、行动者之间的互动甚至整个人类社会的发展都纳为理解的范畴。这一区别表明,在狄尔泰那里,理解是一个心理学的范畴,理解的过程是一个"将心比心"的移情过程;而在韦伯那里,理解则不只是心理学的,而且更是社会学的,但社会学角度的理解绝不能等同于心理学上的理解,两者具有显著的区别。

因此,在韦伯看来,理解只能以人文科学领域中的事象为限,以社会行动为限。点、线、直径、多面体……不能理解,也无须理解,化学、物理、动植物,只需说明,不须理解。韦伯把对一种动作(即行动)、一种创造、一种情况的意义的说明的理解分为两个层次:

1. 观察性理解(aktuelle Verstehen)。这是对特定行动的主观意义的直接的理解。当我们看到 $2 \times 2 = 4$ 的算式时,我们就会懂得它的意义,绝不会以为这不过是几个数字和符号的任意排列。我们同样通过观察可以懂得一个人举枪瞄准一头野兽,这个直截了当的动作,对我们来说,并无神秘意义,他要击毙这个动物。韦伯提出,通过观察,虽然能够帮助我们理解发生了"什么"或即将发生"什么",但是,如果我们要进一步了解"为什么"会发生,或者想把动作或行为的意义的说明推得更远一些,就需要凭借另一种理解。

2. 解释性理解(erklärendes Verstehen)。这是对于动作的动机的理解。出现某种动作、态势,必有其动机。动机对旁观者可以有多种意义:可以被解释为愤怒、愉快、嫉妒、慌张、骄傲、虚荣。一名猎手的动作的动机可以解释为运动、谋生、除害。列出 $2 \times 2 = 4$ 这个算式的动机可以是算账、一种技术项目的核计、一种科学验证。这种理解需要按环境、情势或需要来确定。在韦伯看来,解释性理解是对"一个具有意义的总体的把握"。[①]

从韦伯关于理解的两个层次的阐述来看,观察性理解和解释性理解之间的区别在于后者考虑到社会行动产生的社会环境、行动者的主观意向(subjective Sinn)。[②] 理解的可能性是人的动作、行为所特有的,它们是社会结构理论

---

① [德]马克斯·韦伯:《经济与社会》,阎克文译,上海人民出版社 2010 年版,第 2、3 页。

② [德]马克斯·韦伯:《社会学的基本概念》,顾忠华译,广西师范大学出版社 2005 年版,第 9—10 页。

研究的构成元素。但是，这并不表明，非意向的动作、行为与社会结构理论无关。相反，韦伯认为，当它们的机能会促进或阻碍一种社会行动时，就应当加以注意。此外，韦伯强调，对社会行动者动作、行为的主观意向只有用理解的方法才能获得，不能把要理解的动作、行为，还原到心理学或生理学的事实或历程上去。对社会结构研究来说，只有那种基于社会意向的一种机能的动作、行为才是有意义的。他特别反对用描述性、心理学的移情来理解社会行动，认为"要理解恺撒，不必要成为恺撒"。

在社会结构研究方法中，韦伯最引人注目的贡献在于他对于理解要坚持价值中立原则的阐述。帕森斯曾在"价值中立和客观性"一文中专门评价韦伯方法论，他指出："价值中立的概念可以说是他的立场的基础。"①韦伯曾经明确提出，社会结构理论者应该把在社会结构研究过程中存在的价值关联与价值中立的研究原则区别开来。在韦伯看来，由于每一个具体的研究选题在实际中都是由研究者个人的价值取向所决定的，因此，价值关联主要体现在研究的选题上。不管是在社会科学研究中，还是在自然科学研究中，所有的研究选题都一样与研究者的价值取向相关联。但是，这并不表明社会结构研究就因此而丧失其应具有的客观性。一个陈述的真和假与它是否和价值观念有关，但在逻辑上并不是一回事。与价值观念相关联的只是课题的选择，而不是对现象所做的分析和解释。②

在反对经济学领域的伦理倾向时，韦伯强调了价值中立在社会结构研究中的重要性。在韦伯那里，所谓价值中立，就是指社会结构理论的研究者一旦根据自己的价值取向选定了研究课题之后，研究者就必须停止继续使用自己的或其他任何人的价值观念，而应该绝对遵从自己在研究中所发现的结论的指引。同时，无论研究中所发现的结论对自己是有利还是不利，研究者都必须

①　Parsons, T., "*Value-Freedom and Objectivity*", in Stammer, O., ed., *Max Weber and Sociology Today*, New York: Harber & Row, Publishs, 1971, p.32.

②　杨善华、谢立中主编：《西方社会学理论》（上），北京大学出版社 2005 年版，第 178 页。

遵从,而不能把自己的价值取向强加于研究的结论。也就是说,社会结构理论的研究者必须严格地按照价值中立的原则来从事研究,这样做的目的就是要确保社会结构研究的客观性和科学性。因此,在这个意义上可以说,社会结构理论的研究者和自然科学家一样,都受科学家精神的支配。

除了在社会结构研究选题确定之后要遵从研究结论之外,韦伯认为价值中立还有另外一层含义,即意指研究者在社会结构研究中要区分"事实领域"和"价值领域"。在韦伯看来,事实领域与价值领域是两个迥然不同的领域。其中,前者是对于实然(what "is")的客观陈述,而后者则是对于应然(what "should be")的主观解释,研究者不能根据"忠实的陈述"中推导出"应该的陈述"。也就是说,不应该混淆事实判断和价值判断,社会结构研究需要的是发现事实。因为事实判断所追求的是了解真实的"实然",而价值判断所关心的则是以"应然"作为研究的指导或准则。韦伯区别事实和价值两个领域与实然和应然两个判断,是为了在社会结构研究中驱逐道德意图,保持社会结构研究"价值中立"的科学性质。

二、 理想类型: 社会结构分析的手段

阿隆和科瑟认为理想类型是韦伯认识论的中心的、关键的概念。① 为了克服德国人文主义社会结构研究中的过度个体化倾向和历史学派认识社会结构时的过度特殊化的倾向,韦伯创造了一个关键性的新概念——理想类型(ideal types),并把它作为进行社会结构分析的一个重要手段。

韦伯赞同社会结构理论的研究对象是单个或多个行动者的具体的社会行动,但他又清醒地认识到,社会结构理论不能仅仅停留在个别和特殊现象的描述上。社会结构理论应该选择某种概念工具,使得研究者对个别和特殊现象的研究能够上升到一般和普遍的高度。不过,韦伯认为,任何一种科学系统都

---

① 于海:《西方社会思想史》,复旦大学出版社 1993 年版,第 319 页。

不能重视全部具体现实,也没有任何一种概念工具可以完全顾及无限多样的所有具体现象。全部科学既包含抽象,也包括选择。然而,社会结构理论研究者在挑选概念工具时很容易陷入一种困境:如果被选择的概念抽象性过高,它就容易丢掉具体的现象特征;如果像德国历史主义传统学派那样,把现象孤立化、特殊化,又无法将这一现象同其他相关现象进行有效的比较。为了避免陷入这种进退两难困境,韦伯提出了饮誉学界的"理想类型"概念。

"理想类型"的概念最初出现,是在韦伯1904年发表的《社会科学和社会政策中的"客观性"》一文中,后来他又在《经济与社会》《社会科学方法论》等诸多著作中进一步提及和阐述。一般说来,韦伯的理想类型具有这样一些基本特征:

1. 理想类型是研究者思维的一种主观建构。理想类型既源于现实社会,但又不同于现实社会。正如韦伯所说,"获取这种理想类型的方式或者是片面地强化一种或几种观点,或者是把从属于这些片面地突出了的观点的一种充满混乱和分散的、此处多彼处少而有些地方根本不存在的个别现象联合在一个自身一致的思想图像之中。这种思想图像因其概念的纯粹性不可能经验地存在于任何实在之中,它是一个乌托邦。"①理想类型只是研究者在思维上的一种主观建构,永远不会对应于具体的现实,而总是相对现实有所偏离。只有通过这种认识工具,才能更好地获得对现实的认识。也就是说,正是由于现实的实际进程与理想类型之间的偏差,社会结构研究者才能更易于获得它的真正的动机。②

2. 理想类型蕴含着对典型行动过程的强调。在韦伯看来,理想类型不是指社会结构"理想"或道德"理想","它与任何形式的完美毫不相干",也不是指社会结构平均状态。理想类型只是表示某种社会现象无限接近于一种理想

---

① 〔德〕马克斯·韦伯:《社会科学方法论》,韩水法、莫茜译,中国人民大学出版社2013年版,第46页。

② 〔德〕马克斯·韦伯:《经济与社会》,阎克文译,上海人民出版社2010年版,第53页。

化的典型状态，就像"理想真空""经济人""道德人"等典型化概念一样，在任何时候都不会以纯粹形态存在于社会现实之中。也就是说，社会现实中的现象只有可能与典型近似，却永远不会同典型完全相同。

3. 理想类型是一种"时代兴趣"。理想类型尽管是一种主观思维建构，但又决非随心所欲的虚构，它是以理论结构形式表示的一种"时代兴趣"，体现着现代社会历史文化现象的逻辑和规则。理想类型虽然不是对现实的摹写，但它仍源于现实本身，是通过"变型"的现实，即通过研究者认为具有典型意义的那些因素予以加强、突出、极端化或简化而取得的一种现实。这种理想的类型化的概念将有助于发展研究者的推论技巧：它不是"假设"，却能够为假设的建构提供指导；它不是现实的一种描述，但却为这种描述提供一种明确的表达手段。

4. 理想类型是一种分析结构。理想类型是研究者为了研究的方便主观建构的一个模型，一种理想类型就是一个分析结构。理想类型不仅为研究者提供了一种社会结构分析的框架，而且还为研究者提供了一种社会结构判断的尺度以及一种社会结构比较研究的方法，从而帮助研究者在不同的具体情况下确定现实事物是相同还是相异。

5. 理想类型是对现实事物单向特征的突出概括。理想类型在一定程度上是抽象的，但它并没有概括也不试图概括现实事物的所有特征，它只是为了方便研究的目的，单向地侧重概括出现实事物某个方面或某几个方面的特征。用韦伯自己的话说，"一种理想类型是通过单向突出事物的一点或几点，通过对大量弥散的、孤立的、时隐时现的具体的个别现象的综合形成的"[①]。只有这样，理想类型才能为比较在某一方面或某几方面具有共性的现象提供可能。

6. 理想类型在本质上是一个现实的整体。虽然韦伯强调研究个体，但是，他构建的理想类型却是由某些现实构成的一个在逻辑上准确而且连贯的

---

① 周晓虹：《西方社会学历史与体系》（第一卷），上海人民出版社 2002 年版，第 361 页。

整体。

　　根据抽象化程度的高低不同,韦伯构建了三种理想类型:(1)具体的理想类型。比如,"新教伦理""西方城市""现代资本主义"等,这些理想类型主要是具体的历史事件,仅指出现于一定文化区域内的一定历史时期的现象。(2)抽象的理想类型。比如,"封建主义""科层制"等,它们是由社会现实的抽象因素组成的理想类型,可能在多种文化和历史的背景下普遍存在。(3)具体行动的理性化建构。韦伯认为,所有关于经济理论的命题都属于这种理想类型。这些命题都是通过理性化把人建构为一种纯粹的经济人,因为受到纯粹经济动机的激励而可能产生的行动方式。①

　　从理想类型的特征和分类可以看出,韦伯建设理想类型的目的,是与他的社会结构研究方法——理解是一致的。也就是说,韦伯希望通过对现实社会行动的过程和结果与理想类型进行比较的方式,来理解和解释行动者行动的主观意义。理想类型的提出不仅为社会结构研究的提供了内在的逻辑结构,使得人们对不同社会现象的比较成为可能,而且更重要的是,理想类型能够在很大程度上缓和存在于历史主义所信奉的特殊化的思维方式与实证主义所提倡的普遍化的思维方式之间的冲突和矛盾。理想类型作为韦伯社会结构分析的手段,在当时缩小了西方历史主义与实证主义之间存在的严重分歧,为实证主义社会结构理论和人文主义社会结构理论的共存提供了可能。

三、 社会行动: 社会结构研究的起点

　　在韦伯看来,社会结构理论是一种以个体的社会行动为研究起点的理论。与以往的社会结构理论研究者用社会结构的概念建构理论不同,韦伯是把研究的中心放在作为个体的社会行动者上面。更确切地说,韦伯主要研究的是在特定的社会历史背景下,个体行动者在相互作用的过程中所采取的行动的

---

　　①　[法]雷蒙·阿隆:《社会学主要思潮》,葛智强等译,上海译文出版社 1988 年版,第551—552 页。

主观动机和目的。① 韦伯对社会结构的理解与在当时占主流地位的英法社会结构理论,即那种建立在大规模的进化论基础上的有机体社会结构论是相对立的。韦伯反对社会结构研究的宏观主义立场,主张从微观的角度入手对个体社会行动进行研究。他明确提出,个体和个体的行动好比是构成社会的"原子",个体是赋予社会行动意义的最高限度和唯一载体,应该把个人及其社会行动确立为社会结构研究的基本单位。② 社会行动在韦伯那里被赋予独特的"意义"。"行动的个人赋予其主观意义的人类的一切行为都是'行动'。在这个意义上可以说,行动既可是公开的,亦可完全是内心的或主观的;既可是在某种情境下的积极的作为,亦可是在特定情况下对这种介入的有意回避或被动默许。社会行动是指行动的个人赋予其行为以主观意义,行为考虑到他人的行为,并且在其行动过程中也是以他人的行为为目标的行动。"③从韦伯关于社会行动的这段论述来看,要理解什么是社会行动,关键点在于社会行动所具有的意向性。由此也可以看出,个体及其社会行动的主观动机和意义之间的联系是韦伯进行社会结构分析与研究的重点。

韦伯一再强调,个体赋予行动以主观意义,是指个人在主观上所表示的意义。换句话说,在韦伯看来,个体赋予行动一定的意义,就是指行动者本人在主观上清楚地知晓自己进行行动的目的和价值,这个意义不是哲学上所谓"最高的""真正的"那种"形而上学"的意义,也不是个人进行行动之后最终以不依赖于行动者个人自己的主观意图而可能得出的那种"客观的"意义。行动者个人主观上意指的意义与最终获得的客观意义并不是完全一致的。在这种情况下,韦伯宁可用"主观意义"或"意向性"等词,而不用"意义"一词。因为意义是对主体的自觉的意识而言的。韦伯把意向性的行动作为社会结构

---

① [美]刘易斯·科瑟:《社会学思想名家》,石人译,中国社会科学出版社1990年版,第240页。

② 周晓虹:《西方社会学历史与体系》(第一卷),上海人民出版社2002年版,第346页。

③ [德]马克斯·韦伯:《社会和经济组织理论》(牛津,1947年),第88页。转引自于海:《西方社会思想史》,复旦大学出版社1993年版,第312页。

研究的起点,是为了反对把个体行动者视为历史整体发展的被动的客体,反对把个人意识当作副现象。虽然个体并非总是清楚知道自己想要做什么,但韦伯坚持社会结构研究必须假设社会行动是以个人有意义的自觉的行动为前提的。①

社会行动的意向性除了个人赋予行动以主观意义之外,韦伯认为,社会行动的意向性还有一层含义,即指个体进行行动在主观上是明确以他人为目标和意旨的。在韦伯看来,这种以他人为目标和意旨的社会行动,"可能是以过去、现在或将来所期待的他人的行动为目标的。这样,其动机可能是对过去所受的侵犯进行报复;对现在受到的侵犯进行防御;对未来的侵犯采取预防措施。他人可能是一些个人,可能是行动者本人所熟识的,或可能是许多不确定的根本不认识的个人。"②韦伯通过"以他人为目标和意旨"的原则,体现了个体行动的社会交互性特征,表明个体行动在其本性上是社会行动,从而在个人主观意义的行动之间建立起普遍的、客观的社会联系。

根据韦伯对社会行动的界定以及解释,个体行动之所以能够由个人的行动向社会行动转变,必须满足两个条件:一是行动者个人赋予行动以主观意义,个人不仅有行动的动机,而且在主观上还必须清楚地知晓这一行动动机;二是行动者个人在主观上主动将自己的行动与他人相联系。也就是说,韦伯所说的社会行动,都是有意向、意义的,它既是个人的而又同他人有关,属于人际间的交互行动,构成了社会交互关系。为此,韦伯举例说,宗教行为如果仅限于修身养性或个人祈祷,就不是社会行动,而两个相向骑自行车的人为了避免相撞而采取改变方向、减速等躲避对方的行动,或者在相撞之后心平气和地协商或者互相谩骂、殴打的行动则属于社会行动。因为在他们的这些行动动

---

① 于海:《西方社会思想史》,复旦大学出版社 1993 年版,第 314 页。

② [德]马克斯·韦伯:《社会和经济组织理论》(牛津,1947 年),第 88 页。转引自于海:《西方社会思想史》,复旦大学出版社 1993 年版,第 314 页。

机中都蕴含着以他人为目标的考虑。①

根据行动性质的不同,韦伯把社会行动划分为以下四种类型：

1. 目的理性行动(means-ends rational action/zweckrational action)。韦伯认为,这类社会行动是以他人期待的某种行动形式为基础,并将他人的这种期待作为"条件"和"手段",进而使个体最终能够成功地根据他人对于行动的期待来理性选择自己行动的目的②。从这个意义上可以说,这类社会行动的特点是个体对行动目的的关注,其理性主要表现为个体可以通过计算来预测行动的后果并以此作为行动的条件而实现这一目的。关于目的理性行动,韦伯明确指出："当目的、手段和派生的影响都被予以合理考虑的时候,一种理性行动就是目的取向的;这种行动也可能涉及对各种可能选择的权衡,对这一目的和其他可能使用的手段间的关系的考虑,以及最后,对各种不同目的的相对重要性的比较。"③

2. 价值理性行动(value rational action/wertrational action)。"这类社会行动可以根据行动所具有的对固有价值的自觉信仰来界定。如此,它是独立于任何功利动机的,仅仅受制于伦理的、美学的和宗教的标准。"④在行动者从事这类行动时,其主观上不会去考虑行动的后果以及完成行动的条件是否具备,而只将行动与自己对义务、尊严、美、信仰等相联系以坚持或实现自己的某种信念。

3. 情感行动(affectual action)。这类社会行动是指由个体自身的特殊情感和情绪所引起的行动,或者是个体对外部环境某种刺激的不可控制的反应行动。

4. 传统习惯行动(traditional action)。这类社会行动主要是指行动者个人

---

① ［德］马克斯·韦伯：《经济与社会》,阎克文译,上海人民出版社 2010 年版,第 54 页。
② ［德］马克斯·韦伯：《经济与社会》,阎克文译,上海人民出版社 2010 年版,第 59 页。
③ ［德］马克斯·韦伯：《经济与社会》,阎克文译,上海人民出版社 2010 年版,第 61 页。
④ ［德］马克斯·韦伯：《经济与社会》,阎克文译,上海人民出版社 2010 年版,第 59 页。

根据约定俗成的传统和习惯所采取的行动。

虽然韦伯把社会行动在理论上区分为目的理性行动、价值理性行动、情感行动和传统习惯行动四种不同的类型,但他非常清楚,在社会现实中,"行动,尤其是社会行动,仅仅表现为这种或那种取向是极为罕见的"①。换句话说,这种划分只是一种纯粹形式,属于社会行动的四种理想类型,而在真正的现实社会生活中,每一个具体的社会行动可能都是这四种理想类型的不同结合。一个个体的社会行动不仅可能包含目的的因素和价值的因素,而且也可能包含某种情感和传统的因素。另外,在不同的社会形态中,处于主导地位的社会行动类型也可能是不同的。比如,在传统社会中,往往是传统习惯行动和情感行动居于社会行动的主导地位,而在现代社会中占主导地位的社会行动类型则常常是目的理性行动和价值理性行动。

从实质上来看,"以他人为目标"的社会行动是一种社会关系。因此,在韦伯看来,社会结构就是社会关系结构。关于"社会结构"一词,他所用的专门术语是突尼斯的主要著作《团结与社会》(*Gemeinschaft und Gesellschaft*)中的两个词,但略加变动,成为 Vergemeinschaftung 和 Vergesellschaftung。因此,韦伯提出两种社会结构:凡属于同一个整体的参加者的社会行动的定向是,或者尽可能是建立在主观的情感(热烈的或传统的)基础上面的,这样构成的社会关系的社会称为"共同生活体"——"团集";凡社会行为的定向是,或者尽可能是建立在一种目的合理或价值合理的契约的基础上面的,或一种原本对立的利益融合的基础上面的,这样构成的社会关系的社会称为"交互活动体"——"社会"。②

在这两种社会结构中,和突尼斯不同的是,韦伯把交互活动体——社会和社会参加者或成员的行为提到较高的伦理层次上:社会和社会成员有较大的义务意识,在人与人之间有相互承担责任的规章、法令。这是由于韦伯的社会

---

① [德]马克斯·韦伯:《经济与社会》,阎克文译,上海人民出版社 2010 年版,第 62 页。

② 王养冲:《西方近代社会学思想的演进》,华东师范大学出版社 1996 年版,第 205 页。

结构理论更倾向于现在,更着眼于现在,因而更多地力图分析现代社会的症状。韦伯还认为,两种社会结构之间并非处处都有一条固定的界线。交互活动体中一部分成员的大多数社会关系具有共同生活体成员的社会关系的性质;反之亦然。一切社会关系,即使以最严格、最事先考虑的方式确立起来的目的的合理的社会关系,也能够产生超过由意愿所决定的目的、意图的感情价值,例如一种活动的"支持者",一个"团队",一个"同业联盟"或一个"职业工会"等都是有主观的感情基础的。同样,一种性质和意向都正常的共同生活的社会关系,能够由于所有参加者或若干参加者而完全地或部分地转向目的合理性的社会关系。换句话说,一个可以被认为"共同体"的家庭集团,在一定情况下,尤其在一种"资产者"的氛围中,能够被"交互活动体"的成员像一个追求利益的、商业性的组合那样加以利用。无论共同生活的行动,还是交互活动的行动,凭经验,在它们的"纯粹状态"中不可能不碰上任何混合物。这两种社会结构只是社会结构的理想类型,其划分是为了便于社会结构研究者用来同复杂的社会现实事象相比较,辨别其因素,进行逻辑性的思考。①

尽管韦伯系统、深刻地阐述了微观层面的社会行动,但是,这在他众多的著作中只占了很少的一部分,因为"行动者从他的关注焦点溢出,成为由一系列宏观因素决定的因变量"②。不过,韦伯企图通过这种转变实现他对现实社会作为整体的把握的目的,但是,他对社会结构整体的分析始终还是以社会行动作为理解基础的。

四、 理性化: 社会结构形成的内驱力

韦伯在《新教伦理和资本主义精神》中写道:"我们的当务之急就是要去

---

① 王养冲:《西方近代社会学思想的演进》,华东师范大学出版社 1996 年版,第 206—207 页。

② Ritzer,George,Sociological Theory,Fourth Edition,New York:The McGraw-Hill Companies, Inc.,1996,p.127.

寻找并从发生学上说明西方理性主义的独特性,并在此范围内去说明现代西方形态的独特性。"①韦伯的这一论述,不仅表明理性化是他学术思想的重要主题,而且也表明理性化是社会结构形成的内驱力。韦伯把理性化视为世界历史,尤其是西方社会发展的主流。② 韦伯从不讨论资本主义的一般存在,他关注的只是资本主义的合理性问题。《新教伦理和资本主义精神》正是以理性化为线索,通过对宗教使资本主义合法化地论证,探讨价值理性和工具理性之间的张力和演化逻辑。

当然,理性化和合理性远不限于资本主义。韦伯以合理性为基础对微观层次的社会行动类型进行了划分,而最为他重视的两种理性行动是,即目标理性行动与价值理性行动。对于宏观的社会结构领域,韦伯是通过自己的法学思想开展理性分析的。韦伯提出,根据罗马法中的形式主义原则发展出来的现代西方法律,其最重要的特征是保持司法程序的理性化。③ 虽然韦伯关于理性或合理性的思想开始于他对法律理性的分析,但不仅限于在法律领域,韦伯还将理性的思想推广到多种社会文化领域的应用之中。在这些领域里,理性主要被当作现代西方文明的总和,与传统主义相对立,也可以说,理性是促使现代西方文明形成的一种独特的价值观、生活观和社会行动模式。在韦伯看来,理性主要有形式理性和实质理性两种形式。所谓形式理性(formal rationality),主要是指涉及不同社会事实之间的因果关系判断,可以表现为一种具体的手段或工具以及程序的可计算性,因此,它又被称为工具理性。总的来说,形式理性属于一种客观的合理性。而实质理性(substantive rationality),主要是指涉及不同价值之间的逻辑关系判断,体现为目的和结果的价值,因此,实质理性又被称为价值理性。相对客观的形式理性来说,实质理性则是一种

① Weber,M.,The Protestant Ethic and the Spirit of Capitalism,New York:Scrbners,1958,p.26.
② Collins,R.,Max Weber,London:Sage Publications,Inc,1985,p.62.
③ 周晓虹:《西方社会学历史与体系》(第一卷),上海人民出版社 2002 年版,第 370 页。

主观理性。①

虽然韦伯承认这两种理性形式都是跨文化和跨时代的,但他又特意强调,伴随着西方工业社会的发展而不断彰显出来的只有形式理性这样一种理性形式。因为,伴随着现代工业文明新出现的法律、科层制、科学、技术等,就其手段、工具和程序的可计算性角度来看,都是高度理性化的。② 但是,现代资本主义社会的这种形式理性始终与前资本主义时代盛行的实质理性处于一种无法消除的矛盾之中。

由此看来,理性的存在不仅是一个既成的事实,而且更是一个渐成的过程。也就是说,理性是在西方社会结构变迁的过程中随着工业化而逐渐生成的,而理性在西方工业文明的发展进程中一步步彰显的过程就是"理性化"。韦伯提出,这种理性化主要包含以下五个因素:(1)效率。在韦伯看来,效率就是指一个社会对于从某一点到另一点的最直接、最快速的途径的强调和发现。(2)可计算性。韦伯认为,事物能够被计算或数量化的可计算性是理性的最重要体现。(3)可预测性。在韦伯看来,可预测性是指通过计算的方式可以社会行动的运作方式和结果做出预测。(4)祛魅性。祛魅性是指从现代社会生活中祛除巫术的因素,而代之以合理的、逻辑的因素,并以此来确定科学和技术对自然的控制。③ (5)去人性化。韦伯认为,去人性化是指通过科学和技术提高社会生产效率的同时,减少甚至抛弃对人性和人类价值自身的关注。④

在韦伯的著作中,虽然理性化的成分是多重的,但从整个社会结构及其发展的观点来看,社会生活中理性化或形式理性作用的加强才具有最为基本的

---

① 周晓虹:《西方社会学历史与体系》(第一卷),上海人民出版社 2002 年版,第 371 页。
② 周晓虹:《西方社会学历史与体系》(第一卷),上海人民出版社 2002 年版,第 371 页。
③ Stones,Rob(ed.), *Key Sociological Thinker*, New York: New York University Press, 1998, p.39.
④ 周晓虹:《西方社会学历史与体系》(第一卷),上海人民出版社 2002 年版,第 372—373 页。

意义。无论是经济发展或是社会组织管理,还是人们思想的价值观和社会行动模式的理性化,所有这些理性化都与科学和技术在社会发展中所起作用的提高相伴随着,而在韦伯看来,科学、技术正是理性化中最纯粹原则的反映。

韦伯结合社会结构的多个方面讨论了西方现代工业社会的理性化问题。具体说来,理性化是在近代资本主义社会各个领域的发展中逐步形成的:

1. 在法律体系中,在原始法律制度向现代法律制度转变的过程中,通过恢复形式主义原则,实现了现代西方司法程序的理性化。

2. 在经济领域中,自由市场、货币经济、技术、自由劳动力、资本簿记制度等都是现代西方经济理性化必要的先决条件,特别是客观描述贷方和借方关系的复式簿记制度,是促进资本主义的原始积累、自由劳动组织确立和劳动关系缔结等理性化的基本因素。

3. 在宗教领域中,韦伯一再强调,现代化世界已经被神遗弃了。人把神赶走,把以往由神授英雄的机遇、情感、诺言、个人魅力和个人信义、仁慈和道德所支配的东西理性化了,使之可以预测了。[1] 专门化的神职人员通过对大众教育任务的承担,一方面使宗教在祛除巫魅的过程中变得理性化,另一方面又通过新教的禁欲主义天职观使人们以合乎道德的方式去尽可能多地获取利润,鼓励自由竞争的同时又限制了个人的享乐与贪欲。在韦伯看来,正是这种精神成为资本主义经济发展的内驱力。

4. 在政治与行政领域中,通过科层制度的实行使资本主义的社会组织有条不紊。在感召权威(charismatic authority)、传统权威(traditional authority)和法理权威(legal authority)三种权威理想类型中,科层制是法理权威运作中最纯粹的一种类型。作为科层制基本单位的职务或职位,按照功能、规则、文件等强制手段组织成层级的形式,分层负责、分科执掌。科层制使组织管理按照无个性的公务原则来运作,实现了管理者与管理手段的分离。这是西方现代

---

① ［美］刘易斯·科瑟:《社会学思想名家》,石人译,中国社会科学出版社 1990 年版,第255 页。

社会发展得以理性化的重要方面和重要保障。①

5. 在音乐和艺术领域中,越来越多的艺术创作被还原为在综合原则基础上所确立的呈现鲜明的理性化趋势的常规程序。比如,西方音乐就从"一个音乐产品的生产过程转变为一个使用已知的手段、有效的工具和可理解的规则来完成的可计算之物"②。

韦伯虽然试图从社会结构的各个方面来论述西方现代社会理性化的趋势,但他最为重视的主要还是资本主义的科层制和经济制度。韦伯曾经把资本主义经济制度和科层制称为西方现代社会"理性化的两大力量"③。在韦伯看来,现代资本主义经济制度的理性化主要体现在对效率的重视和可计算性。但是,他对资本主义经济理性化的分析路径却是宗教和伦理观念的演变轨迹。韦伯在宗教和资本主义之间建构了"资本主义精神"这一理想类型,并在1904—1906 年相继发表的《新教伦理和资本主义精神》里详细说明了新教伦理是资本主义发展的精神驱动力,而资本主义精神更是促进了资本主义经济体系的理性化。

至此,韦伯将整个西方社会结构的发展过程全部理性化了,但这并不表示他承认理性化是一种预先注定的必然的过程。恰恰相反,从韦伯的具体论述来看,他强调的是,西方社会结构的理性化是西方文化诸多因素结合的产物。而这些因素的结合与其说是必然的,不如说是偶然的或是某种历史的巧合。在世界不同国家和地区的各个不同时期,都曾经出现过不同程度的理性化要素,但是形式完美的理性化之果却最终只在西方结成:古埃及的天文学历史久远,但却缺乏古希腊人最早获得的那种数学基础;古印度的自然科学观察发达,但却缺乏文艺复兴时期兴起的实验室;理性化的罗马法是传统社会所没有的,它是

---

① 周晓虹:《西方社会学历史与体系》(第一卷),上海人民出版社 2002 年版,第 381 页。

② Weber, M., *The Rational and Social Foundations of Music*, Carbondale: Southern Illinois University Press, 1958, p.2.

③ Weber, M., Economy and Society, New York: Bedminster, 1968, p.698.

中世纪以后在欧洲土壤上发展起来的;现代合理的劳动组织管理方式,是由劳动力与生产手段的分离产生的。在韦伯看来,能够将这些理性成分结合在一起成为合理的资本主义的因素,是将世俗的"尽可能多地挣钱"提高到宗教天职的地位,从而将经济活动与终极价值统一起来的基督教新教。为此,韦伯不但系统探讨了新教伦理对资本主义社会结构理性化的影响,而且还从儒教、道教、佛教和印度教入手,深入分析过资本主义和理性化在中国、印度等文明古国的发展及其限制与障碍。总之,在韦伯的论证中,理性化是社会结构形成的内驱力。

五、 与马克思社会结构理论的比较及其评价

由于韦伯与马克思之间不仅有继承关系,同样也有对峙关系,他们的关系是一个常常引起关注的议题。韦伯的社会结构理论可以视为与马克思不断交流思想的结果,他的分层理论和经济行为理论就来源于马克思的经济学和社会学。即便韦伯在批评马克思对历史进行过于简单的经济学解释时,他对马克思卓越的学术成就仍然表示出敬意。韦伯认为,"判断一个当代学者,首先是当代哲学家,是否诚实,只要看他对待尼采和马克思的态度就够了。凡是不承认没有这两个人所做的贡献就没有他们自己的大部分成就的人,都是在自欺欺人。我们在其中从事学术活动的领域,在很大程度上是由马克思和尼采创造的。"[1]

韦伯不仅在很多方面直接继承了马克思的思想,而且他的许多思想和理论也是在与马克思的对话中形成的。韦伯和马克思两人的社会结构理论的相似性[2]主

---

[1] 转引自[美]刘易斯·科瑟:《社会学思想名家》,石人译,中国社会科学出版社 1990 年版,第274 页。

[2] 关于韦伯和马克思社会结构理论的相似性还可以参见周晓虹:《西方社会学历史与体系》(第一卷),上海人民出版社 2002 年版,第 392 页。特纳把两者思想的相似之处概括为以下几个方面:(1)韦伯尽管阐释了新教伦理与西方资本主义兴起之间的联系,但他并不反对马克思所肯定的物质因素在其中的重要性。(2)两人都看到了许多社会对个人自由的限制。不同的是,马克思认为人无法控制生产手段,因此人是异化的;而韦伯认为,人常常感到自己处在由无所不在的和强有力的科层制度建构的"铁笼"之中。(3)作为系统化的理论家,两人都力图在人活动于其间的情境和环境背景中建立各种联系。(4)两者都看到了人的决策在塑造历史过程中的重要性。(5)在两者的著作中能够推导出某些能够共生互补的理论原则。

要表现在以下三个方面：

1. 两者都强调意识形态和利益在社会结构中的作用。韦伯曾经提出："不是意识而是物质利益和观念利益直接支配着人的行动。不过由'意识'所产生的世界形象常常像扳道工一样支配着由利益推动的行动轨道。"①韦伯的这段论述清楚地表明，尽管韦伯比马克思更强调意识形态的作用，但他仍受到马克思这一观点的影响，即意识形态是公众利益的表现，是阶级斗争和党派斗争的武器。与马克思不同的是，韦伯认为意识形态不仅仅是精神利益和社会利益的单纯反映，意识形态还可以使个人的权力欲、金钱欲、统治欲等合理化。②韦伯尽管阐释了新教伦理与西方资本主义兴起之间的联系，通过宗教意识确立了资本主义社会的合理性，但他并不反对马克思所肯定的物质因素在其中的重要性。

2. 韦伯的形式理性与马克思的抽象劳动相似。③韦伯的理性化最突出地体现为形式理性，体现为效率和可计算性。一些马克思主义社会学家认为，韦伯的形式理性并没有什么新奇之处，在他之前马克思就通过"抽象劳动"的概念解揭示过与形式理性极其相似的东西。④这样说的理由是，在马克思那里，同韦伯的形式理性一样，抽象劳动"不具有特殊的质，因而只在量上可以衡量"。显然，马克思意识到，对劳动的纯粹的数量特征的计量只有在资本主义社会才是可能的，这是因为资本主义社会创造的"这种劳动是资产阶级形式的，是同它的古代形式和中世纪形式相对立的"。⑤

3. 韦伯关于理性化和科层制后果的观点与马克思的异化思想相似。他们

---

① 转引自［美］刘易斯·科瑟：《社会学思想名家》，石人译，中国社会科学出版社1990年版，第273页。
② 杨善华、谢立中主编：《西方社会学理论》（上），北京大学出版社2005年版，第175页。
③ 周晓虹：《西方社会学历史与体系》（第一卷），上海人民出版社2002年版，第373页。
④ ［苏］H.C.科恩主编：《十九世纪至二十世纪初资产阶级社会学史》，梁逸译，上海译文出版社1982年版，第298页。
⑤ 《马克思恩格斯全集》第13卷，人民出版社1962年版，第46、48页。

都承认资本主义的社会生产组织方式极大地促进了社会生产效率的提高,使人对自然的支配和控制能力达到了历史上前所未有的程度,但同时,他们也都敏锐地看到了许多社会对个人自由的限制。不同的是,马克思认为,在私有制条件下,由于人无法控制生产手段,使人同自己劳动生产出来的产品、自己的劳动活动、自己作为人的类本质以及与资产阶级相对立,因此人是异化的,并且认为这种异化不过是人类发展过程中一个必经的阶段而已,人类社会的远景是光明的。但是,而韦伯的看法远没有马克思这样乐观。一方面,韦伯推崇科层制的理性化;另一方面,韦伯却注意到,当西方现代工业社会为了追求经济效益而将科层制推进到其他一切活动领域时,实际上同时也为社会建造了一个既无处不在却又无从逃逸的漠视人性和抹杀人的自由的"铁笼"。韦伯曾经想把打破"铁笼"的希望和曙光,寄予那些虽然处于科层制之外但却又在一定程度上能够控制"铁笼"的行家里手之上,这些人主要包括职业的政治家、科学家和知识分子,以及资本家或科层制的层峰首脑人物。但是,韦伯自己在后来也意识到,由于这些所谓行家里手本身也是社会理性化的产物,这一队伍的加入和壮大最终只能加速推进社会的理性化,以及与社会理性化相适应的社会组织的科层制化。在韦伯看来,靠理性化和科层制化的产物,即专家等行家里手,来解决理性化和科层制化的弊端注定是失败的。① 所以,韦伯深信,最终等待人类的将是"铁笼"而不是天堂。

韦伯的社会结构理论"是在同马克思的幽灵长期艰苦的争辩"中获得发展的,他关于资本主义的社会结构研究,一度对马克思的历史唯物主义形成了有力的挑战。但是,韦伯的社会结构理论也存在明显的不足之处。

1. 韦伯错误地批评了马克思社会结构理论中关于社会进程决定因素的思想。韦伯认为,马克思把促进社会发展的原因归结为单一的经济因素,把人视作单纯追求经济利益的动物,即人只是"经济人"。为此,韦伯

---

① Ritzer, G., Professionalization, Bureaucratization and Rationalization: the View of Max Weber, *Social Forces*, 1975, (53): 627-634.

先是在《新教伦理和资本主义精神》中，突出说明了宗教意识在塑造清教徒乃至整个西方人行为方面的重要作用；后来又在《经济与社会》中强调，在某种程度上，一种统治体制是依赖人们对其合法性的认可而获得维持的，这种认可一般说来压倒了无所不在的社会经济方面的差异。显然，韦伯企图通过自己的研究表明，精神或观念的因素同样具有塑造社会结构的力量。①

　　韦伯对马克思的错误批评，一部分来自马克思主义"信徒"的歪曲宣传，另一部分来自韦伯本人对马克思的错误解读。韦伯对马克思的了解主要是通过阅读桑巴特和考茨基的著作所获得的②，而这些著作以及拉法格等人的著作确实存在着以肤浅的方式解释马克思的问题，以至马克思本人曾经宣称过，自己不是这种意义上的"马克思主义者"③。另外，韦伯在建构自己的理论时，总是期望在任何情况下都能够保持自己完全独立的学术立场，拒绝屈从于任何人的任何思想和路线。当然，这并不意味着他在建构自己理论时拒绝吸取前人和同时代学者思想中有益的养分。只不过这样的吸取是有保留的吸取，是在批判和审视他人思想的前提下的吸取。作为这样一位标新立异的思想家，韦伯意识到，自己社会结构理论的生命力只能以与马克思不同的方式彰显，否则就有可能被笼罩在马克思的光辉之下。无论什么原因，韦伯对马克思的误解是毋庸置疑的。实际上，马克思的唯物史观既与历史唯心主义根本对立，也与庸俗的唯物主义迥然不同。恩格斯曾针对当时庸俗唯物主义盛行的现象写道："根据唯物史观，历史过程中的决定性因素归根到底是现实生活的生产和再生产。无论马克思或我都从来没有肯定过比这更多的东西。如果有人在这里加以歪曲，说经济因素是唯一决定性的因素，那么他就是把这个命题

---

　　① 周晓虹：《西方社会学历史与体系》（第一卷），上海人民出版社 2002 年版，第 392 页。
　　② 苏国勋：《理性化及其限制——韦伯思想引论》，上海人民出版社 1988 年版，第 319 页。
　　③ 《马克思恩格斯全集》第 35 卷，人民出版社 1971 年版，第 385 页。

变成毫无内容的、抽象的、荒诞无稽的空话。"①从马克思主义经典作家的表述和韦伯接触马克思主义的实际情况来看,可以肯定,韦伯一方面对马克思抱着应有的尊敬,另一方面对马克思社会结构理论某些基本观点的解读又是错误的,或起码是不完整的。②

2.韦伯没有始终贯彻社会结构分析主观与客观相统一的起点。韦伯在社会结构研究的出发点上主张研究个人社会行动的主观意愿,并且把主观意愿与他人之间的联系作为判断个人的行为是否符合社会行动的标准,主张开展社会结构研究要运用沟通、体验和投入的肯定主观性的理解诠释方法。但是,韦伯最终还是像涂尔干实证主义一样,把社会结构研究归结为对客观性的追求,并提出了价值中立的原则,即主张把研究者自己的价值原则排除在社会结构研究之外,以此保证社会结构研究的客观性,认为唯其如此才能确保社会结构理论的科学性。因此,尽管韦伯认识到社会行动具有主观性,实际的社会行动是主观与客观的统一,但是就像马克思批判费尔巴哈那样,由于没有把社会生活放到实践基础上去考察,韦伯最终找不到把社会行动的主观同客观统一起来的有效方式。③

3.韦伯的理想类型和理性化在现实的社会结构中无法实现。韦伯关于资本主义社会结构是形式的合理性和实质的非合理性的结论,在哲学上意味着现实的社会结构是非合理性的。根据韦伯的观点,人们在认识社会结构时主要是借助于一种特殊的思维模式,即他所说的理想类型,但这样一来,就等于把合理性的模式强加到现实的社会结构之上,从而在主观上把社会结构解释成合理性的。但是,在现实中,社会结构本身是一个自在之物,是理性无法达到的彼岸世界,而自在之物则是理性所永远无法组织的零散、纷乱的客观实在。在这个意义上可以说,在研究者分析和解释现实社会结构的过程中,随着

① 《马克思恩格斯文集》第10卷,人民出版社2009年版,第591页。
② 周晓虹:《西方社会学历史与体系》(第一卷),上海人民出版社2002年版,第393页。
③ 郑杭生、刘少杰主编:《马克思主义社会学史》,高等教育出版社2006年版,第58页。

研究者理性成分的不断增加，其非理性的因素也必然愈来愈多地呈现出来。这种合理性与非理性的相互关系始终贯穿在韦伯的社会结构理论之中，可以帮助研究者在一定程度上把经过理想类型所整理过的、系统化的各种社会结构要素顺利地理性化，确定这些要素发挥作用的范围。但是，在这些狭窄的和人为的社会结构领域之外，广泛的、客观的社会生活和社会现实仍然是非理性的。因此，在韦伯的内心深处永不安宁的正是这两种对立思想的冲突：一方面作为一个理性主义者，韦伯始终坚持根据最高的和最根本性的理性原则来认识和把握社会结构；另一方面作为一个自由主义者，他目睹了资产阶级的残酷压榨和疯狂掠夺所导致的人类相互残杀的战争。他清醒地看到，由于对资本主义理性化的追逐，人类社会同时也正在面临着严重威胁自由主义根基的残酷现实，而他本人也痛苦地感受到他不能为自己的任何一种理想找到真正的科学依据，同时由于其阶级地位的局限，他又拒绝运用其他先进的方式论证自己理性化的可能性，从而使自己最终陷入悲观的"铁笼"。[①]

古典社会结构理论主要是指马克思、涂尔干和韦伯三人的社会结构理论思想。之所以说它是"古典"的，不仅是因为它确立了社会结构理论所关注的基本论题和核心观念，促成了各种社会结构理论流派与方法传统的最终形成，而且在很大程度上它还左右了社会结构理论的发展序列和学术传承关系，从而在一定意义上使这一时期的社会结构理论成为以后各种社会结构理论思潮和流派的发源地。[②] 如特纳所说，当代所有社会结构理论"都以社会学的早期理论大师为渊源，从社会学发展的第一个百年中吸取结构的概念或者至少是结构的理论意向"[③]，马克思、涂尔干和韦伯的社会结构理论对于他们之后的

[①] 苏国勋：《理性化及其限制——韦伯思想引论》，上海人民出版社 1988 年版，第 326—327 页。

[②] 文军主编：《西方社会学理论：经典传统与当代转向》，上海人民出版社 2006 年版，第 35 页。

[③] ［美］乔纳森·特纳：《社会学理论的结构》（下），邱泽奇等译，华夏出版社 2001 年版，第 146 页。

社会结构理论研究具有深远的影响。

马克思、涂尔干和韦伯虽然作为生活在同时代欧洲的三位杰出思想家,共同受到当时他们所处的社会结构的性质以及自然科学和社会科学方法论的影响,都以现代性作为自己思想体系的逻辑起点,并且都力图从社会结构与社会行动的关系中认识和把握社会结构的奥秘,寻求人类社会发展的根本动力和路径。他们三位作为同时代的思想家,彼此影响,互有启发,特别是韦伯一直是在与马克思的对话中发展自己的理论的。① 但是,由于他们研究的出发点不同,以及观察的视角和方法不同,他们对社会结构研究提供了三种不同的研究模式。米切尔说:"涂尔干的主要成就是将社会学和人类学结合在一起,并创造出一些有助于这两个学科以旧有的方式共同发展的共同概念。而韦伯的成就则更为深远,因为他将社会学思想的科学传统和德国学术界的历史传统结合在一起。如果说涂尔干的主要兴趣是社会结构的分析,而韦伯的贡献则是通过社会过程的分析来了解社会结构。"②表 2-2 从社会结构的本体论、认识论、方法论以及动力论等不同层面对古典社会结构理论的这三种模式进行了简短的比较。③

表 2-2　西方古典三大社会结构理论的比较

	涂尔干社会结构理论	韦伯社会结构理论	马克思社会结构理论
本体论	整体论 社会事实	个体论 社会行动	整体与个体的结合 社会关系

① C.Wright Mills,*The Sociolgical Imigination*,Lodon:Oxford University Press,1959,p.48.

② Michell,G.,D.,*A Hundred Years of Sociology*,Chicago:Aldine Publishing Company,1968,p.84.

③ 本体论是对事物存在的真实性问题的回答:人类的日常生活世界中各种现象或行为是否存在着一种真实、永恒不变的本质? 如果有,那么这种真实、永恒不变的本质是什么? 认识论要解决的是研究方法的理论体系问题,即:研究者应该运用何种立场与态度,与被探究的社会现象产生互动关系,才能了解现象的真实本质? 方法论要解决的是知者与被知者之间的关系问题,即:这些人类日常生活的社会世界中各种现象与行动的真实本质,应该通过何种方法与策略才能被发现或被验证?

续表

	涂尔干社会结构理论	韦伯社会结构理论	马克思社会结构理论
认识论	通过功能分析 发现社会结构	通过理想类型来 分析社会结构	通过个体与社会的 互动和人的社会实践 揭示社会结构
方法论	实证主义/ "把社会事实当物来考察"	人文主义/ 理解、解释	批判主义/ 实践
动力论	社会分工	理性化	矛盾运动

　　从本体论来看,涂尔干和韦伯把社会结构认识上的整体与个体二元对立起来了。不同的是,涂尔干以社会事实作为社会结构分析的起点,认为社会整体优先于个人。而韦伯则刚好相反,他强调要以个人的社会行动作为社会结构分析的出发点,认为社会整体在本质上仅仅只是个体社会行动的派生物,只有通过对个体的分析才能认识和把握社会整体。马克思则从"现实的人"出发,既把人置于劳动实践和社会关系之中,又以"现实的人"作为社会结构研究的起点,第一次实现了个体与社会整体的二元统一。

第三章　现代西方社会结构
理论的建构与发展

现代西方社会结构理论建构与发展时期主要是指以古典时期的三大社会结构理论传统为基础,详尽阐述和发展各种社会结构理论立场的时期。其主要流派有帕森斯所开创的结构功能主义社会结构理论、列维-斯特劳斯开启的结构主义社会结构理论和阿尔都塞的结构主义马克思主义社会结构理论。

第一节　帕森斯的结构功能主义
社会结构理论

塔尔科特·帕森斯(Talcott Parsons,1902—1979)是美国现代社会结构理论的奠基者,20世纪中期颇负盛名的结构功能主义的典范代表。帕森斯的学术生涯长达半个世纪之久,他对古典社会结构理论进行了现代重建,特别是他关于社会行动和结构——功能分析的思想对社会结构理论和社会学具有重大影响,对其他社会科学如政治学、管理学、人类学、社会心理学等也产生了广泛影响。帕森斯在学术界的影响不仅在他生前是巨大的,而且在他的理论鼎盛时期期过去十多年以及他逝世多年以后,帕森斯的结构功能主义仍然是学者们讨论的主题。对此,特纳认为,"帕森斯或许是他那个时代最重要的理论家,再也不会有哪种理论能如此显要地占据社会学理论的阵地"。①

在 1937 年出版第一部著作《社会行动的结构》时,帕森斯声称,他的思想主要受到马歇尔、涂尔干、帕累托和韦伯等人的影响。② 这部著作标志着帕森斯结构功能主义的崛起。在此之后,他陆续出版了一系列在社会结构理论界具有重要影响的著作,如《社会系统》(1951)、《关于行动的一般理论》(1951)、《经济与社会》(1956)、《现代社会的结构与过程》(1960)、《行动理论和人类状态》(1978)等。帕森斯对社会结构理论最大的贡献是建立了一套完整的关于结构—功能分析的理论。帕森斯的结构功能主义社会结构理论,在第二次世界大战以后曾一度被西方社会结构理论界公认为是社会结构理论的主导或统治范式。在 20 世纪 40 年代中期至 50 年代末这段时期,西方社会结构理论在帕森斯的结构功能主义基础上实现了短暂的理论统一。

一、 系统分析: 社会结构研究的主要方法③

与学术研究的其他领域一样,在社会结构理论领域里,对于理论研究和经验研究之间的关系以及两者在研究中的作用与地位,一直处于激烈的争论之中,难以达成共识。关于这一问题的争论观点大致可以分为"经验论"与"唯理论"两大派系。其中,经验论者非常强调经验观察在社会结构研究中的重要性,认为只有通过对社会结构的经验观察,才能够科学认识社会结构。所有

① [美]乔纳森·特纳:《社会学理论的结构》(下),邱泽奇等译,华夏出版社 2001 年版,第 30 页。

② 高宣扬:《当代社会理论》(下),中国人民大学出版社 2005 年版,第 926 页。吉登斯指出,在美国社会结构理论建设的黄金时代,马克思社会结构理论曾被忽视过。帕森斯在建构其结构功能主义时,没有能够充分采纳马克思关于资本主义现代社会结构的理论,才使他未能充分发展关于"分裂"(schism)的观念,未能正确解决资本主义现代社会结构内部的"冲突"与"和协"的关系问题。(Giddens, A.1982:55)

③ 宋林飞:《西方社会学理论》,南京大学出版社 1997 年版,第 86—87 页;周琪:《当代西方社会结构——理论与现实》,中国社会科学出版社 1995 年版,第 54—56 页。

的命题、理论都是在对经验事实或经验陈述进行归纳、概括的基础上所获得的结果,而这种通过归纳和概括得到的知识,只有继续在经验事实的支持下才能有效地发挥作用,也就是说,一切脱离经验事实的命题和理论都是无效的、不可信的。与经验论者正好相反,唯理论者非常强调理论思维的重要性,认为具体的个别经验事实与普遍性的理论知识没有必然的逻辑联系,单纯依靠对经验事实的归纳和概括永远不能获得具有普遍性的理论知识,只有经过理论思维的"跳跃"才有可能得到具有普遍性的理论知识。另外,如果没有理论的指导,经验观察也必然是盲目的,甚至是毫无意义的。在社会结构理论研究领域中,实证主义者可以看作是经验论者的近似样本,而许多终身以理论研究为主业的社会理论家如韦伯、舒茨、帕累托乃至孔德、斯宾塞等人,都可视为唯理论者的近似样本。之所以说是"近似样本",是因为在社会结构的实际研究中,很少有研究者会持经验论或唯理论这两种极端的立场,绝大多数研究者一般都是徘徊在这两种立场之间,或强或弱地倾向于其中的某一极。

在社会结构理论研究"经验论"与"唯理论"的对立中,帕森斯毫无疑问是倾向于唯理论一边的。"与任何其他的美国社会学家不同的是,帕森斯毕生更多地从事发展一种高度抽象和概括的理论,而轻视大部分所作的收集和分析经验材料的比较平庸的工作。"①帕森斯戏谑地称自己是一个"不可救药的理论家",并将自己的方法论称为"分析性现实主义",意即他的工作目的是要建立一套能够帮助人们理解社会现实的分析性的概念框架,而不是去具体地描述经验现实本身。帕森斯把构造这样一种分析性的概念框架看作是社会结构理论研究的首要任务。他认为只有首先建立起逻辑上完善的概念框架之后,才有可能进一步据此去提出操作意义,形成命题陈述和指导经验观察。

帕森斯终生致力于能够解释社会结构的巨型理论的建构。他构造理论的主要方法是系统分析。帕森斯社会结构理论的核心词是"系统"。帕森斯把

---

① [美]D.约翰逊:《社会学理论》,南开大学社会学系译,国际文化出版公司1988年版,第498页。

系统作为一个看待和把握社会现象的结构，主张把社会当作一个系统来加以认识和分析。在《社会行动的结构》一书中，帕森斯把理论及其研究对象都看作是系统。他认为，系统是由一些相互关联的单位组成的。理论的单位是概念，概念是理论相互联系的组成部分，理论的本质是一个"理论系统"。同样，对象也有单位，即组成部分、性质和特点等，它们之间的结构关系使对象成为实际的对象。因此，对象也是系统。在理论和对象中，帕森斯认为，理论应当成为对象分析的指导。对象的属性与某一特定的理论有关，注意力应直接放到对象的属性上。帕森斯主张把理论当作社会结构经验观察的武器，反对先观察和收集资料，然后从观察的结果中归纳出理论。他似乎并不重视具体的经验证据，因为在他的研究成果中很难看到理论概念和经验社会问题之间的联系，尽管他不仅进行理论写作，而且也评论经验社会问题。

帕森斯用系统的方法分析社会结构，可以从以下三个方面来理解：

首先，研究者要从社会结构纷繁复杂的经验现实中抽象出某些能够反映社会现象主要特征的要素，并将这些要素范畴化。也就是说，帕森斯主张把对象的某些属性抽象出来或选择出来用于与理论概念相一致的研究。这种强调范畴体系的系统方法，体现了帕森斯对韦伯采用理想类型的方法分析社会结构的吸收与继承。在帕森斯看来，建立一种概念体系比提出一种抽象的命题体系更为重要，因此，他主张首先把概念运用到与现实社会结构体系同构的分析体系之中。帕森斯在1961年的一段声明中明确地表达了他对理论抽象性的偏重，他说："一般在使用'理论'时，它的含义往往是模糊的，这个词常常被用来指我们上面所称的一个问题的解决方法，例如，'少年犯罪理论'。在现在的上下文中，提到'理论'，我指的是一个抽象命题的逻辑体系，这样一个逻辑体系根本不具有直接的经验内容。一个（系统）原型是具有组成古典机制理论的不同因素的系统。"[①]由于帕森斯的理论假定是关于有机的对象，他认

---

① 周琪：《当代西方社会结构——理论与现实》，中国社会科学出版社1995年版，第54页。

为在有机系统的研究中,抽象是必要的。他运用亚里士多德"一只离开一个活体的手就不再是手"的观点,来说明一个有机体的一部分脱离了它所属于的物体之后就不再是原物了。帕森斯所要求注意的是,虽然一个组成部分不能从一个有机实体移开,但是在进行分析时,这个部分又可以暂时同它所属于的对象分离,仿佛它是一个独立的事物。由于他把所有其理论所论及的对象都划归为有机系统,而在分析中这个部分又可以同它所属于的对象分离,所以他的社会结构理论具有抽象性的特点。

其次,社会结构存在着不同层次的系统,其复杂性程度各不相同,系统分析的目的就是要揭示出处于不同层次的各个系统之间的相互关系,并通过概念把这种关系概括出来。在提出和分析社会行动的基本单位及其构成要素之后,帕森斯又对这些基本单位与要素是如何构成更高一级的并且相互作用的系统展开进一步分析。帕森斯在他中期的社会结构理论研究中主要致力于这一问题的研究。在《社会系统》一书中,帕森斯将社会总体系统划分为个性系统、文化系统和社会系统三个子系统。帕森斯主要用"需求—定式"来解释个性系统的形成。他提出,行动者要从客观世界获得自己需要的东西,对一个或者更多客体进行行动的定式,进而使"基本行动"中的行动者、目的、情境、规范等要素,以行动者为载体通过一体化形式呈现出来,即形成个性系统。关于社会系统的形成,帕森斯主要采用"角色期待"来说明。他指出,各个行动者相互之间对对方都有一种角色期待,并且每个行动者也都意识到这种角色期待的存在。行动者对对方的行动取向在很大程度上取决于对对方的期待和对方对行动者的期待。在帕森斯看来,角色期待使参与行动的每个行动者个体具有共同的价值和目的,维持某一时期建立的角色期待就使社会实现了一体化,即形成社会系统,而在社会系统内部,又包含价值观、规范、集合体和角色组成等子系统。[①] 帕森斯只是用一个概念来表示文化系统,而对文化系统一

[①] 周琪:《当代西方社会结构——理论与现实》,中国社会科学出版社 1995 年版,第 59 页。

体化未做具体说明。帕森斯使用行动"模式变项"、"功能系统"等概念来解释个性系统、文化系统和社会系统的统一性。

最后,帕森斯社会结构理论的系统分析法是一种"整体论"。这种"整体论"的方法要求把纷繁复杂的社会现象联系在一起加以认识和分析。帕森斯曾经明确指出:"长期以来,我一直有这样一种兴趣,即把社会(总体结构)系统看作一个整体来研究。"①将每一个具体的系统看作是必须按照社会整合概念来分析的问题系统,这是帕森斯所有理论的基本前提和背景。通过整体论的路径,帕森斯把社会结构研究中的种种问题都与"结构""功能""冲突""过程""变迁"等相互有关的范畴有机地联系一起来。简而言之,帕森斯认为,只有用概念和范畴将问题置放在更大的系统中,才能有效地进行社会结构理论研究。因此,帕森斯多次强调要把社会结构当作整体来进行研究。

二、 社会行动：社会结构理论的逻辑起点

社会是一个由相互联系、相互制约的各个部分、各个层次构成的有机整体,这是传统功能主义关于社会结构的基本观点。在帕森斯以前,传统功能主义的社会结构理论研究者大都认为,社会结构是一个完全独立并超越于个体之外的客观实体,而忽视了个体的社会行动与社会结构整体之间的相互作用。但是,帕森斯在继承和吸收了韦伯关于社会结构是个体社会行动的集合的思想的基础上,克服了传统功能主义社会结构研究中只重视宏观而忽视微观,即只重社会整体不重个人的缺陷,从而使传统功能主义的社会结构理论更加完善。

与韦伯一样,帕森斯也主张以社会行动为起点,从社会行动入手来分析社会结构,并试图通过多方面的综合来构建一个更一般的行动分析框架。在帕森斯看来,分析社会行动不是要考虑指导和控制行动的价值、规划和动机,而

---

① 〔美〕塔尔科特·帕森斯:《现代社会的结构与过程》,梁向阳译,光明日报出版社1988年版,第1页。

是要把行动控制解释为有机的精力、个性、社会和文化之间的关系。① 帕森斯主要是从"意志—环境"两个维度来解释社会行动的。他指出,个体行动时,行动者必须首先对自己的行动动机和行动的环境,即条件做出评估,也就是说,个体对行动的主观决策不仅是个人意志的结果,而且还要受到社会规范、情景等因素的制约。在他的系统分析方法指导下,他认为,虽然行动是个体的,但行动本身是一个包括目的、规范、条件、手段和主观努力等多种要素在内的具有系统属性的过程,单纯把其中的某一类要素或属性抽出来对行动进行描述和分析是不合适的。因此,行动还应该被描述为集体、机构和社会的行动。

帕森斯把社会行动的基本单位称为"单位行动"。根据他的系统论层次性的原则,"单位行动"还可以进一步进行划分,主要包含了个性、文化、社会和行为有机体四个分析要素。其中,个性是指行动者行动的动机,而不是他的身体;文化提供价值、符号和知识;社会提供行动的一般规则;有机体则提供行动所需要的精力。帕森斯把这四个要素也列为行动的子系统。他认为,子系统赋予行动意义。当一个人行动时,他的行动对于他来说具有个人角度、文化角度、社会角度和有机体角度四种类型的意义。但是,帕森斯的行动理论所强调的重点是行动的文化意义。当任何个人进行"单位行动"时,通过行动者对其动因和行动被预期发生的条件的估价,这四个方面的意义被表达出来,估价是从这四个角度来作出的。

从帕森斯对行动概念的这些解释和说明中,我们可以看出社会行动系统的有机体性质。帕森斯主张,"社会体系的结构不能直接以行动者状况为依据来推导,它要求对众多行动者互动所引起的复杂纠葛进行功能方面的分析"。② 这种系统的、功能的方法会考虑到功能需求的条件。他说:"社会整合

---

① 周琪:《当代西方社会结构——理论与现实》,中国社会科学出版社 1995 年版,第 56 页。
② [美]乔纳森·特纳:《现代西方社会学理论》,范伟达主译,天津人民出版社 1988 年版,第 82 页。

的功能需求及其众多行动者起作用所必备的条件,就像是一种系统的'单位'强使别人充分完善地为整合而存在。"①从帕森斯的这段表述可以看出,尽管帕森斯试图以微观行动来作为他社会结构理论的逻辑起点,尽管他的行动分析框架中既继承了韦伯对微观的关注,又吸收了传统功能主义对宏观的强调,在一定程度上具有较大的包容性,但是,在总的系统理论的指导下,帕森斯却更加倾向于强调个体行动的文化意义,即强调行动受社会规范所制约的一面。由于对系统的偏好,个体为实现行动目标所做的各种主观努力就被或多或少、有意或无意地忽略了,从而使行动者最终成为一个其内部主观状态不明的"黑箱"②。在帕森斯中期结构功能主义色彩最浓厚的著作《社会系统》中,这种内部努力状态不明的行动,通过"社会化"而被逻辑地演绎成为"规范性行动",从而使个体的行动沦为简单的角色执行过程。简而言之,在形成自己的功能分析方法之后,帕森斯对于作为社会结构研究起点的社会行动,他所侧重的不再是基于个人主观意志的单个行动,而是行动的系统性质。

帕森斯对社会行动作了七个假定:

(1)行动包含动因和精力的释放;

(2)行动发生在一定的环境中;

(3)行动指向达到目的;

(4)行动者运用手段来达到目的;

(5)行动者可以选择手段和目的;

(6)环境、动因、对手段和目的的选择受到规则的制约;

(7)存在着行动的条件。

其中,关于手段和条件的区别,帕森斯认为,如果一个行动者可以控制影响他行动的事物,那些事物便是手段;如果行动者不能控制它们,它们便是

---

① [美]乔纳森·特纳:《现代西方社会学理论》,范伟达主译,天津人民出版社1988年版,第82页。

② Alexander,J.,*Action and Its Environments*,Columbia University Press,1988,p.109.

条件。

环境由物质的、文化的、社会的和非社会的物体所组成,但是行动者要根据对这些物体的评价来界定这些物体是否为其行动的环境。因此,在这个意义上可以说,环境又具有一定的主观性。如果一个行动者想要实现目的,他必须估价如何把物体当作手段或目的来使用,并组织他的精力,以便获得手段和达到目的。帕森斯的社会行动理论假定,一个行动者从动因(个性)、价值(文化)、规则和作用(社会)、精力(行动有机体)四个不同的,但又相互关联的角度制定行动计划,每一个角度都是一个行动的子系统,每个子系统都发挥相应的功能。①

帕森斯认为,行动不能单独发生,任何个人的行动都是社会系统行动中的一环。比如,自我与他人两个行动者,两者之间的行动互动就将形成一个简单的社会系统。行动互动只有在一定的环境中才能进行,这使行动者的动机具有价值性,也就是说,行动者是为了实现一定的目的而行动的。因此,行动者一方面寻求妥当的途径,在社会规范允许的范围之内增加实现一定目的的机会,另一方面也会避免困扰,减少阻碍。在帕森斯看来,行动者有普遍性—特殊性、自致性—先赋性、情感性—情感中立性、广泛性—专门性和自我取向—群体取向五种可能的行动途径,而行动者一般在行动之前就已经做出了抉择。这些可能的行动途径,也被称为"模式变项"。帕森斯用个性系统、文化系统与社会系统进一步说明行动途径的抉择。在个性系统上,它们是行动者在一定情境中选择某种行动类型的能力,同时,它们是行动者的"需求—定式"分类。在社会系统上,它们是确定行动者角色的基础,同时,它们又是人们在互动过程中满足角色期待的分类。而在文化系统上,它们是社会价值的标准,也是规范价值准则的分类。

帕森斯认为,行动途径的五组"模式变项",包含了社会行动中所有可能产

①　周琪:《当代西方社会结构——理论与现实》,中国社会科学出版社 1995 年版,第 56—57 页。

生的二择一的选择。"普遍性—特殊性""情感性—情感中立性""自我取向—群体取向"这三组抉择,反映了行动者的取向方式;"广泛性—专门性""自致性—先赋性"反映了社会客体本身的状况。行动者的动机取向,在"情感性—情感中立性""自我取向—群体取向""广泛性—专门性"等变项中抉择;价值取向在"普遍性—特殊性""自致性—先赋性""自我取向—群体取向"等变项中抉择。从动机取向到价值取向,再到社会客体,社会行动始终在这些变项中选择。基于任何行动者都必须在模式变项中进行选择,个性系统、文化系统与社会系统等子系统由此得以"集合"构成一个统一的社会总系统。①

三、 社会系统：社会结构理论的核心主题

社会系统是帕森斯社会结构理论的核心主题,在帕森斯社会结构理论中占有十分重要的地位。

帕森斯认为,社会系统是社会行动的必然结果。当具有各种倾向的行动者根据他们各自不同动机取向和价值取向进行互动时,这些行动者相互之间就开始逐渐形成协定,建立起互动模式,并将这一互动模式制度化。在帕森斯看来,这种制度化的互动模式就是社会系统。互动模式制度化的形成方式具体如下:(1)具有各种倾向的若干行动者进入互动环境;(2)行动者的倾向反映了他们各自不同的需要结构;(3)行动者相互调整各自的倾向,具体的互动过程催生了规范;(4)规范作为行动者调整各自取向的具体方式出现时,也受到文化模式的制约;(5)规范反过来调节之后的互动,并使这种互动更加稳定。正是在这一过程中,互动模式的制度化才得以建立、维持或改变,也就是说,社会系统才能够得以形成与维续。② 帕森斯认为,互动模式制度化的过程也是单位行动转向社会系统的过程。

---

① 宋林飞:《西方社会学理论》,南京大学出版社 1997 年版,第 90—91 页。
② [美]乔纳森·特纳:《社会学理论的结构》(上),邱泽奇等译,华夏出版社 2001 年版,第33 页。

在通过模式变项描述单位行动之间的互动制度化形成社会系统之后,帕森斯又进一步把分析的重点由社会结构转向功能,加强对社会结构的功能分析。他把社会系统视作一个能够满足某些基本要求的功能的结构,发展出用结构功能主义命名的宏观社会结构理论。

帕森斯认为,行动系统乃至整个社会总系统都具有一些大致相同的基本要求,而满足这些要求是系统生存不可或缺的前提条件。帕森斯提出了著名的 AGIL 功能模式作为分析社会系统结构的基本工具。帕森斯认为,功能是控制系统内部结构与过程运行,即维持社会均衡的重要条件,相互关联的不同功能构成"功能系统"。帕森斯所说的"功能系统",主要包括四种功能子系统:(1)适应(adaptation),主要是指系统从环境中获取必要的设备和工具,然后将得到的设备和工具在整个系统中进行分配,并能够顺应环境,或者对环境有积极作用的情境改造过程;(2)目标达成(goal attainment),指确立目标及其优先顺序,并调动系统资源来实现这些目标;(3)整合(integration),主要是指协调系统各部分之间的关系;(4)模式维持(Latent pattern maintenance),指消除行动者内外部的紧张,确保行动者表现适当的特征。①

AGIL 代表着社会系统的四个基本功能要求,也是整个社会系统得以建立和维续的基本生存条件。一个社会系统能否生存与稳定,就在于这一社会系统是否执行 AGIL 功能及其执行效率的高低。AGIL 模式主要包含以下四个方面的意义:(1)功能分化。社会总系统的每一个部分都对应着一种功能,而它的任何子系统的每一个部分也都可以分成四个部分并分别对应一种功能。这种分化过程可以依次不断进行。(2)功能对应。如图 3-1 所示,社会行动系统对应于社会功能系统:行动有机体系统执行适应功能;个性系统执行目标达成功能;社会系统执行整合功能;文化系统执行模式维持功能。同时,社会制度系统也与功能系统相对应:经济制度执行适应功能;政治制度执行目标达

① 宋林飞:《当代西方社会学》,辽宁教育出版社 1990 年版,第 93 页。

成功能;法律制度执行整合功能;家庭制度执行模式维持功能。(3)功能动态。当社会系统的功能执行由 A ——→G ——→I ——→L 时,社会系统就会向前发展,而某种功能出现"紧张"则表明社会系统不同功能之间的动态关系的开始。所谓紧张,是指一个社会系统的现行状态与期望状态的不一致。为了减缓紧张,社会系统的目标达成动机能量就会活动起来并开始单向流动,引导功能系统就会经历一个从适应阶段到整合阶段,再到目标达成阶段的总的趋势。(4)功能交换。社会总系统中所有与"适应"相关的行动和制度结构,组成"目标达成"的子系统,同样也组成整合和模式维持的子系统。各个功能子系统之间可以相互跨越边界输入或输出,因此,信息与能量在各系统之间得以交换。①

A   G

行动有机体	个性系统
文化系统	社会系统

L   I

图 3-1　社会系统的 AGIL 结构及功能对应

这种系统的功能分析的方法同样可以用于组成行动系统的子系统。帕森斯的"社会系统"概念和 AGIL 功能分析模式,不仅体现了社会结构的行动性质,而且也体现了社会行动的结构性质和功能性质。但是,帕森斯更为重视的是社会行动的结构性质,也就是说,帕森斯更加强调社会行动受社会结构制约的一面。②

帕森斯对社会系统进行功能分析,其主要目的是为了说明和论证社会结构的整合与均衡。帕森斯认为,任何社会结构都具有一定程度的自我均衡能力,并且这种自我均衡能力依赖于社会总系统内部各个子系统的整合程度以

---

① 宋林飞:《西方社会学理论》,南京大学出版社 1997 年版,第 93—94 页。
② 杨善华、谢立中主编:《西方社会学理论》(下),北京大学出版社 2006 年版,第 37—38 页。

及各个子系统之间关系的和谐程度。帕森斯提出："整合有两种意义：(1)指系统内各部门的和谐关系，使系统达到均衡状态，避免变迁。(2)指系统内成分的维持以对抗外来的压力。"①根据帕森斯的这段论述，只有当社会系统内部有足够的行动者能够按照角色期待进行行动，同时，社会系统还必须避免破坏社会系统最基本秩序的社会行动发生，也必须避免因对行动者提出过分要求而导致形成冲突性的文化模式，社会系统才能达到整合。如果说整合是社会系统达到均衡的条件，那么，均衡就是社会系统运行的最终目标。为了达到并维持一定程度的均衡，社会系统不仅不能与行动者的动机需求和行动能力相冲突，而且还必须要具备一整套应对潜在风险的有效规范。将均衡视作社会系统运行的最终目标，这并不意味着帕森斯把均衡等同于社会系统现实。在一定意义上可以说，帕森斯只是把均衡作为韦伯式的社会系统的理想类型，认为社会系统应该朝着均衡的方向运行。根据帕森斯关于社会系统均衡的观点，社会结构变迁就是缩短社会结构现实与社会结构均衡目标之间的差距。②

帕森斯在早期的社会结构研究中提出，社会化机制、社会控制机制和文化系统可以促进社会系统整合与均衡，但是在社会现实中，社会化、社会控制以及文化系统并不总是能够成功地实现社会系统的整合与均衡，因此，帕森斯在其学术生涯的后十年主要从事社会结构变迁研究。

四、　社会分化：社会结构变迁的基本形式

由于在早期的社会结构理论著作中，帕森斯很少谈论社会结构变迁问题，西方很多社会结构理论研究者批评帕森斯的理论不彻底，根本不能说明社会

---

① Talcott Parsons, The Theory of Action in Social System and Evolution, New York: Harber & Row, Publishs, 1977, p.36.

② 宋林飞：《西方社会学理论》，南京大学出版社 1997 年版，第 97—98 页。帕森斯的结构功能主义社会结构理论形成于美国与世界经济危机阶段，他本人深受罗斯福新政的影响。他惧怕社会经济动荡，因此力图以自己的理论，特别是关于社会整合和社会均衡的理论，为维持秩序作出贡献。

结构变迁的过程。作为对这些批评的一种回应，帕森斯在晚年开始着手研究社会结构变迁。①

帕森斯关于社会结构变迁的研究，主要有三种视角：一是异常行动。帕森斯早期在微观层次上论述过社会系统内部的变迁。他用"紧张"这一概念说明社会系统内部不同功能之间的失衡。从实质上来说，人们之间的互动其实是不同角色之间的互动。之所以造成紧张，主要是因为人们无法达到对方或自己本身对自己的角色期待要求，或者一个人在社会系统中必须同时扮演两个或多个相互冲突的角色。帕森斯认为，紧张会导致异常行动的产生，异常行动不仅是对角色期待的抗拒和对社会规范的违背，而且还必然会破坏社会互动过程甚至造成社会系统失衡。面对这种风险，社会系统通常会使用社会控制的手段来校正异常行动。由紧张到异常行动，再到社会控制，从而最终导致社会系统内部产生变迁。二是交换。帕森斯认为，在社会系统内部各子系统之间，或者在不同的社会系统之间，信息或能量交换过量或不足，都会引起社会系统内部结构或外部结构的变化。例如，动机能量过量，会影响行动者的角色扮演与社会规范结构变化，并最终改变文化价值的取向。而价值信息供量不足，就会导致规范冲突或社会失范的产生，从而引起社会系统的改变。三是社会分化。这是帕森斯关于社会结构变迁最重要的视角。②

帕森斯指出，社会分化是社会结构变迁的基本形式。从总的趋势来看，社会结构总是从功能重叠的简单结构向功能分化的复杂结构不断演进。推动社会分化的主要原因在于社会结构的功能需求和由此造成的结构性紧张。每个社会结构都有自己相应的功能需求，而当这些功能需求不能得到充分和有效的满足时，就会对社会结构造成一种压力，迫使社会结构通过社会化、社会控制以及文化系统等手段来进行自我调整和校正，重新形成一种功能更加分化、

---

① 杨善华、谢立中主编：《西方社会学理论》（下），北京大学出版社 2006 年版，第 45 页。
② 宋林飞：《西方社会学理论》，南京大学出版社 1997 年版，第 106 页。

更加有效的结构安排,从而推进社会结构逐渐变迁。①

帕森斯认为,社会分化主要包括四个基本环节:(1)分化。在这个环节里,一个社会系统或单位被分解成若干个子系统或单位,每一个新的子系统或单位的结构及其功能,不仅同原来系统的结构及其功能不同,而且各个子系统或单位之间在结构和功能上也是不同的。(2)适应能力上升。适应能力主要是指一个社会系统克服各种紧张和压力而实现目标的能力。作为社会结构分化的结果,社会子系统或单位的资源相比分化之前有所增加,束缚也相对减少,从而使社会子系统或单位的适应能力得到提升。(3)包容。在这个环节里,帕森斯强调社会结构要摒弃以个人地位为背景的标准,接纳由各种各样的人组成的社会子系统或单位。在帕森斯看来,一个社会结构只有包容各种新的子系统或单位,它的基础才能更加稳定,其功能效率才能提高。(4)价值概括化。这一环节是对社会分化而产生的各种新的子系统或单位予以肯定或认可,并使之逐步"合法化"的过程。尽管帕森斯的社会结构理论一贯强调的是稳定和协调,而不是矛盾和冲突,但是"冲突"的因素在他的概念分析框架中仍然可以得到一定程度的显现。当社会系统的适应能力不能持续上升、不能包容其他系统或单位,或者价值难以概括化的时候,冲突便有可能随之发生。

为了清楚地描述人类社会发展原始、中间和现代三个阶段的进化模式,帕森斯做了雄心勃勃的努力。与早期强调社会系统和个性系统之间的整合问题不同,在对人类社会发展的进化模式研究中,帕森斯则更多的是侧重于从文化系统和社会系统的内部分化、它们相互之间的分化以及整合过程中的问题出发展开分析。当文化系统和社会系统之间,以及各个子系统或单位之间分化加深时,问题也随之产生,而社会发展进化的每一个阶段在一定程度上正是对这些问题的反映。如此看来,帕森斯并没有放弃

---

① 杨善华、谢立中主编:《西方社会学理论》(下),北京大学出版社 2006 年版,第 45 页。

其早期对行动系统内部和各子系统之间整合问题的关注,而是将这样的关注进一步用来分析特定的历史过程。对社会变迁的分析,实际上是帕森斯尝试把社会行动和社会系统作为分析工具来观察和说明人类社会历史发展的过程。①

帕森斯认为,人类社会发展是一个由简单到复杂、不断向前推进的进化过程。帕森斯的社会进化论主要是建立在三个假设的基础之上:(1)人类社会是按照一定的方向发展的,这个方向就是向前推进,即沿着初等社会向中等社会、高等社会的方向逐步向前发展。(2)西方社会结构是现代社会唯一的来源。帕森斯认为,现代社会结构产生于17世纪的一种社区意识。在最早开始现代化的英国、荷兰、法国,社区取得了一系列的重要发展,而这些发展极大地促进了这几个国家的社会整合。尤其在英国,当时宗教、政治、经济、社会的分化程度已经相当高。市场经济发展,宗教的包容度增加,议会与民主权力相等,议员在社区中具有影响力,行政与立法机构的分化等都有助于未来民主化的实施。现代化再向前一步,西方各国就出现分化,英国、德国相继开始工业革命,而法国则走向了民主革命。(3)美国是人类社会进化程度最高的国家。美国有效地实现了工业革命与民主革命的统一,因此,美国不仅是现代资本主义社会的楷模,而且也是整个人类社会的典范。这无疑暴露了帕森斯美化美国资本主义社会的理论实质。②

五、 与马克思社会结构理论的比较及其评价

帕森斯一生都致力于建立一种能够解释一切社会现象的"巨型"社会结构理论。他综合了古典社会结构理论家的思想,发展出了一种独特的结构功能分析方法。帕森斯的结构功能主义社会结构理论曾一度占据了西方社会结

---

① [美]乔纳森·特纳:《社会学理论的结构》(上),邱泽奇等译,华夏出版社2001年版,第40—41页。

② 宋林飞:《西方社会学理论》,南京大学出版社1997年版,第106—109页。

构理论主流地位数十年,然而,由于他把社会看成是均衡的,这是不切实际的乌托邦式的空想,明显具有保守性的理论倾向,逐渐暴露出其不能充分解释社会现实的弊端,从而最终被其他的社会结构理论流派所替代。①

帕森斯对社会系统进行功能分析的主要目的是促进社会系统稳定与维持社会秩序。在帕森斯的社会行动理论中的"行动",实际上不是指纯粹的个人、集团或阶级的独立的行动,而是指社会系统在整体意义上的行动,即是文化系统和社会规范控制下的行动。帕森斯所说的社会行动中可供抉择的"模式变项",实际上也是社会系统所创造和决定的。而帕森斯的社会系统理论,更是以"整合""均衡"作为社会功能运作的基础和归宿,详细解释如何适应社会和维持社会秩序。因此,帕森斯的社会结构理论在一定程度上迎合了资产阶级统治者维护统治的需要,却忽视和回避了资本主义社会现实中经常发生的罢工、暴动、冲突和革命等具体问题。帕森斯关于社会系统控制等级结构关系的思想,认为社会系统可以通过自身的自我调节和修复机制来减少、消除社会系统解体和越轨的危险,从而过分夸大了资本主义社会现实的合理性和永久性。

帕森斯是以社会行动为出发点来构建自己的社会结构理论的。巧妙的是,帕森斯虽然没有直接颂扬资本主义社会制度,但是,他的概念和理论却可以绕过所有基本的社会核心问题而直接说明资本主义社会的各种现实。在这个意义上可以说,强调社会结构的协调一致和均衡本性是帕森斯社会结构理论的总倾向,这不仅为资本主义社会阶级合作与阶级调和提供了一种理论基础,而且也隐藏着为现行的资本主义社会制度和现存生活方式提供了辩护。帕森斯社会结构理论的意识形态意义,在于为资产阶级"稳固的统治形式"作论证。②

综上所述,帕森斯的社会结构理论是为社会分层和社会不平等辩护的,而

---

① 文军主编:《西方社会学理论:经典传统与当代转向》,上海人民出版社 2006 年版,第129 页。

② 宋林飞:《西方社会学理论》,南京大学出版社 1997 年版,第 109 页。

马克思的社会结构理论则是主张通过阶级斗争实现人的自由平等。两者的分歧主要表现为以下几个方面：(1)帕森斯社会结构理论把社会看作是一个有各种自身需要的系统，这些需要必须被满足；马克思社会结构理论则把社会看作是为争夺权力和特权而进行斗争的场所。(2)帕森斯社会结构理论强调社会成员的共同利益；马克思社会结构理论则强调他们之间的利益冲突。(3)帕森斯社会结构理论认为社会舆论是社会统一的基础；而马克思社会结构理论则认为阶级统治才是社会统一的最重要的因素。①

第二节　列维-斯特劳斯的"无意识"结构主义社会结构理论

列维-斯特劳斯(Levi-Strauss,1908—2009)，是法国结构主义运动的领袖人物。他最早把索绪尔的"同时态"研究方法和弗洛伊德精神分析学中的"无意识"通过对人类学的研究而运用到社会结构研究领域。他的"无意识"结构主义社会结构理论，强调要通过社会现象表面的杂乱无章去发现其中起制约作用的整体结构，力图根据一些神话、传统和其他史前资料，去发现人类心智的结构原型，从而揭示当代的民族、政治、经济和法律等社会结构。列维-斯特劳斯曾被推举为自萨特以后法国学术界最有影响力的思想家，无疑也是第二次世界大战后西方最主要的思想家之一。②

列维-斯特劳斯的"无意识"结构主义社会结构理论是在 20 世纪 40 年代末到 50 年代系统建构起来的，并在五六十年代取代了存在主义的地位，开始在法国广为流传，并很快波及整个西方世界。一般来说，列维-斯特劳斯毕生的研究可以分为原始社会结构研究和神话学研究两大部分，代表作有《亲属关系的基本结构》(1949)、《结构人类学》(1958)、《野性的思维》(1962)、《神

---

① 周琪：《当代西方社会结构——理论与现实》，中国社会科学出版社 1995 年版，第 70 页。
② 李幼蒸：《结构与意义》，中国社会科学出版社 1996 年版，第 143 页。

话学》(1964—1971)、《结构人类学》第二卷(1973)等。

一、"无意识"：社会结构产生的根源

结构主义把结构作为哲学的基本范畴,认为世界上万事万物都是以结构的方式存在的。在结构主义论者看来,世界在本质上不是由事物组成,而是由关系组成的,事物只是这些关系的支撑点。列维-斯特劳斯把弗洛伊德的精神分析概念,尤其是其中的"无意识"概念引进到他对人类学的研究之中,提出社会与文化现象可以区分为无意识和意识两个不同的过程,其中,意识的过程是指对经验现象进行科学的描述,而对社会现象背后的结构所进行的分析则属于无意识的过程。列维-斯特劳斯认为,社会现象本身是纷繁复杂、杂乱无章的,只有首先掌握这些现象的结构,才能从根本上认识它们的秩序。结构主义又将社会现象的结构划分成表层结构和深层结构两种不同的类型,用表层结构表示社会现象的外部联系,人们通过一般的感觉就可以认识这种外部联系;而对于表示社会现象内部联系的深层结构,仅依靠一般的经验和感觉却难以认识到,人们只能根据一定的理智模式才能获得对它的认识。

在《结构人类学》一书中,列维-斯特劳斯提出,研究结构就是借助某种模式来分析社会关系。在一些具体现象的基础上建立起来的可以显示结构特点的模式,不仅可以作为认识客观社会现象的结构的工具和手段,而且模式一旦建立起来,它就将脱离这些具体现象而能够独立地发挥作用。在列维-斯特劳斯看来,被称为"无意识"的理论模式可以避免求助于社会现实而达到认识社会结构及其来源的目标。列维-斯特劳斯甚至更加肯定地认为,相对于直接根据某种具体的文明形象建立起来的其他结构分析模式,"无意识"社会结构分析模式作为一种适用于各种文明现象的一般分析模式,其有用性不应该受到质疑。

在列维-斯特劳斯看来,结构是一切社会现象在逻辑组织中所固有的一种真实属性。用模式来认识社会结构,实际上就是用人脑特有的"无意识"功

能模式作用于杂乱无章的社会现象,使本身杂乱无章的社会现象得以条理化和秩序化,从而进一步描绘出各种社会现象之间的关系。在《原始的思维》一书中,列维-斯特劳斯明确提出,社会结构的基本特点表现为无意识性,即人脑的无意识性活动。从实质上来看,社会的结构不是社会固有的,而是人类心智的产物,在其本性上是人脑的结构化潜能对混沌繁杂的外界事物的一种整理和安排。也就是说,结构是先验的,是作为人的心智的一种"无意识"能力投射于文化现象和社会现象的必然产物。因此,在这个意义上可以说,社会结构产生的根源就在于这个"无意识"的存在。

"无意识"是人的心智的不变规律,隐藏于人的心灵结构的最深层,并决定着社会结构的统一性和不变性。也就是说,社会结构就是人的智力的结构或理性的结构,是一些蕴含着人的无意识活动的普遍规律的外在模型。正是基于这一观点,列维-斯特劳斯认为,社会结构理论研究者的主要任务是分析社会现象的"无意识"因素。在研究社会现象的结构时,研究者首先要揭示出处于深层的"无意识"结构,只有把隐藏在每一种社会现象或文化现象中的"无意识"结构揭示出来,才能获得解释其他社会现象或文化现象的有效原则。列维-斯特劳斯认为,不仅亲属关系、夫妻关系、家庭关系的结构、神话传说的体系以及各种社会惯例、习俗的结构等属于"无意识"结构,而且经济也属于"无意识"活动的结果。任何历史现象的大量积累的背后都隐藏着一种确定的"无意识"结构,所有这一切社会结构都以各种不同的方式同人的心灵深处的"无意识"联系在一起。① 因此,在列维-斯特劳斯那里,社会结构是"无意识"的生成物,社会结构在整体上呈现为"深层—表层",即"无意识—社会现象"的二元结构模式。其中,"无意识"隐藏在结构深层,显现于结构表层的社会现象是对"无意识"的反映和体现。

列维-斯特劳斯认为,亲属关系的结构和语言关系的一样。亲属关系中

---

① 徐崇温:《结构主义与后结构主义》,辽宁人民出版社 1986 年版,第 27—29 页。

诸如夫妻、兄弟、姊妹、父子等成分，也像语言中的词一样，不同的词的结合可以组成句子，而各个亲属的成分结合在一起就形成亲属关系。由词结合而成的句子，外在呈现的只是语言的表层结构，但是在其背后还隐藏着语法上的深层结构。亲属关系也是如此，它只是一种社会关系的表层结构，在它的内部还有更深层的亲属结构，而亲属结构中最基本的则是"女人的交换"，通过女人的中介而产生婚姻关系，其意义在于杜绝乱伦而形成文明社会的婚姻关系。①

作为人的一种心智范畴，"无意识"具有明显的先验性特征。"无意识""不仅先于个人的经验而存在，而且制约着人的理性思维"②。由于"无意识"的这种先验性特征，社会结构只是人的心智过程的表象。列维－斯特劳斯假定人首先存在一种参与编码模式的"无意识"心智。比如，"互惠"就是一个普遍存在于人的大脑神经之中的无意识符码，并且先于社会其他所有物质和文化结构而存在。也就是说，列维－斯特劳斯把人的心理形态视作文化和物质形态的潜在原因。列维－斯特劳斯的社会结构理论主要是通过建立在人脑的生化结构基础上的普遍心智过程来认识文化现象和社会现象的，把"无意识"作为社会结构产生的根源。③ 列维－斯特劳斯认为，"无意识"反映的是社会结构内部各要素之间稳定的深层次关系，而作为其表象的社会结构的意义都是由"无意识"先验规定着的。对于个体来说，"无意识"的先验性表现为个体精神的"无意识"活动。列维－斯特劳斯曾指出，"所谓'集体意识'将还原为普遍法则在个人的思想行为层次上的若干时间样态，即精神的无意识活动"。④ 因此，"无意识"先验性地存在并产生了社会结构的集体意识。作为

---

① 徐崇温：《结构主义与后结构主义》，辽宁人民出版社 1986 年版，第 16 页。

② 文军：《无意识结构与共时性研究——列维－斯特劳斯的结构人类学精要》，《理论学刊》2002 年第 1 期。

③ ［美］乔纳森·特纳：《社会学理论的结构》（下），邱泽奇译，华夏出版社 2001 年版，第156 页。

④ ［法］克洛德·列维－斯特劳斯：《结构人类学》，张祖建译，中国人民大学出版社 2006 年版，第 70 页。

社会整体中的个体成员,其思想和行为表现总是在不自知的状态下遵循社会集体意识的规定。如个体行为总是遵循社会集体约定俗成的社会行为、社会文化和社会习俗等既定方面的要求。

二、 亲属关系: 社会结构研究的出发点

列维-斯特劳斯是以亲属关系为出发点来研究社会结构的。当列维-斯特劳斯运用发轫于索绪尔的结构语言学中的观点和方法来研究社会结构的时候,他首先着手的就是对亲属关系的研究。列维-斯特劳斯认为,人类社会中人的关系的建构,从根本上说就是以两性关系及其人口再生产作为基础的。当人类从自然状态向文明状态过渡的时候,人类与动物的最大区别就在于,人与人之间的关系不像动物与动物之间的关系那样,不受任何社会规范的约束。人之所以不同于动物,最重要的就是形成了调整人与人之间的关系的社会规范,而调整人与人之间关系的第一种,也是最原始的社会规范,就是关于在两性关系领域中的亲属关系的规范。由此可以看出,列维-斯特劳斯显然是把两性关系看作为人与人之间最自然的一种关系,而两性关系又是形成亲属关系的最重要的一环。[1]

由于年代久远和资料有限,唯一可以作为原始社会文化中亲属关系研究依据的,只有自原始社会以来人们口头传说中大量传播的神话故事。所以,列维-斯特劳斯以在巴西人类学田野调查中所收集的大量关于印第安人的神话故事为基础,对原始社会文化,特别是对亲属关系进行深入研究。列维-斯特劳斯认为,神话故事虽然是由口头语言表达出来的,但却反映了语言的深层结构。他对神话中所有关于亲属关系的各种论述进行分类,分析各类论述的关系的转化模式,最后概括出可以体现亲属关系的最一般性的结构模式。[2]

---

[1] Lévi-Strauss,Claude.La vie familiale et sociale des Indiens Nambikwara,*Journal de la Société des Américanistes*,1948(37)1-131.

[2] 高宣扬:《当代社会理论》(下),中国人民大学出版社 2005 年版,第 769 页。

列维－斯特劳斯强调,在研究亲属关系结构的过程中,研究者必须抛弃拉德克利夫－布朗的结构功能分析法。拉德克利夫－布朗是英国社会结构理论功能学派的重要代表人物,他主张从整体的角度来定义结构,认为结构是指在一个较大的整体中,各个组成部分之间的配置或组合方式。根据拉德克利夫－布朗对结构的这一观点,他从结构最简单的单个家庭开始分析亲属结构,认为家庭是由纯粹生物学意义上的父亲、母亲及其孩子所形成的基本单位。对此,列维－斯特劳斯反对拉德克利夫－布朗把亲属关系的基本结构只是简单地归为男女的"二人际关系"。在列维－斯特劳斯看来,拉德克利夫－布朗不仅将亲属关系中所包括的不可或缺的丰富的社会性和由生物学血源性所形成的复杂的相互交错关系完全忽视了,而且更重要的是,拉德克利夫－布朗还完全忽视了亲属关系中所隐含的由自然和文化相互渗透所形成的并且能够改变亲属关系结构的内在因素。

与拉德克利夫－布朗的结构功能分析不同,列维－斯特劳斯强调,只有借助模式理解社会关系才能对社会结构进行研究,[①]而要分析亲属关系结构,就不得不从使亲属关系得以建立起来的"婚姻模式"入手。这表明,列维－斯特劳斯是以找出隐藏在亲属关系背后并促使亲属关系得以形成和运作的最基本因素之间的关系,作为研究亲属关系结构的基本原则。男人和女人虽然是构成亲属关系的基本因素,但丈夫和妻子之间的关系并非只是单一的男人和女人的二元关系,而是还应该包括那些使男人和女人可以结成夫妻的可能条件,也就是还应该包括男人向女人所在的那个群体提供一定的条件使男人和女人得以结亲的因素。由此可以看出,列维－斯特劳斯实际上是把亲属关系作为一种"社会关系"来理解的。亲属关系结构所反映的不仅是单纯的男人和女人之间的二元关系,更不仅局限于男人和女人之间的生物学血缘关系,而是一种建

---

① Lévi-Strauss, C.: Structural Anthropology, Vol. I, *trans, from Anthropologie structural I*, by Jacobson C. & Schoepf B.G., New York: Penguin, 1967, p.289.

立在一定条件基础上的"社会关系"，因此，人们必须从整个社会结构的高度来分析亲属关系。

丈夫、妻子以及能够为男人提供女人的群体和男人为这个群体所提供的条件等，共同构成了亲属关系的结构。这意味着列维-斯特劳斯是在更广阔的社会关系网络中来观察亲属关系的，尤其强调了为男女婚姻关系的形成提供可能条件的社会关系网在亲属关系结构研究中的地位和作用。列维-斯特劳斯所概括的"亲属原子结构"关系主要包含夫妻关系、父或母子关系、兄弟姊妹关系、母舅和外甥或父叔和侄子的关系。"亲属原子结构"是由血缘关系、亲缘关系和继嗣关系三种内在关系相互交错运作加以保障的。这三种关系虽然贯穿于一切亲属关系结构之中，但是，由于依靠血缘关系、亲缘关系和继嗣关系这三种关系所连接的亲属原子结构各项之间的距离不同，从而使亲属关系结构又进一步发生复杂变化。

在列维-斯特劳斯看来，亲属关系结构的基本特征实际上是语言和整个人类社会文化活动中所隐含的思想运作模式的一种外在表现。列维-斯特劳斯说："亲属模式、婚姻规则以及某类亲属之间的类似规定性态度在地球某些地区的重复出现，使我们相信，在亲属和语言中，那些观察到的现象，都是最一般，然而是隐含的规则的结果。"①从这段论述可以看出，列维-斯特劳斯研究亲属关系结构的真正目的，并不仅仅是要找出构成亲属关系的基本因素及其各因素之间的内在关系网，更重要的是要根据亲属结构中的这些基本因素及其相互关系进一步探索支配亲属关系得以形成和发展的心灵运作模式，从而最终深入揭示出促使人类长期稳定地、无意识地所遵循的亲属关系结构原则中最根本的内在因素。因此，亲属关系结构是列维-斯特劳斯进行社会结构结构研究的出发点和基础。

---

① Lévi-Strauss, C.: Structural Anthropology, Vol.I, *trans, from Anthropologie structural I*, by Jacobson C.& Schoepf B.G., New York: Penguin, 1967, p.34.

三、 共时性：社会结构分析的方法论特征

列维-斯特劳斯把发轫于索绪尔的同时态语言学中的结构主义方法论运用到人种学和人类学的研究之中,构建了在方法论上具有显著的共时性特征的社会结构理论。

在索绪尔看来,一个名词和一个事物之间的联结,是虚妄而不真实的。语言学符号所统一起来的,不是物和名词,而是概念和它的声音。当人们说"草"的时候,首先与其发声相联系的是"草"的概念,而不是"草"这个概念名下的现实社会中各种各样的"草"的实体。声音与概念之间的关系取决于"能指"和"所指"两个系列内的关系。索绪尔解释说,概念最初是无,是一种被它同其类似的价值的关系所决定的一种价值,如果没有它们,其意指作用就不存在。"价值的概念方面(即所指),完全是由语言的其他项目的关系和差异构成的,价值的物质方面(即能指)也可以这样说,重要的事情在于字并不只是声音,而是可以使这个字和一切其他字区别开来的语音上的差异,因为差异支撑意指作用。"① 语言包含"能指"和"所指"两个既相互平行又相互依存的系列,这两个系列都由、要素之间的关系声音和概念组成。这些关系和要素本身是由差异产生的。索绪尔在此基础上进一步区分了语言与言语的差异。在索绪尔看来,语言是一种普遍的社会现象,存在于社会的深层结构,而言语则属于一种具体的个人现象,因此,语言相对于言语来说具有优先性。索绪尔创造性地提出了共时性和历时性两个概念。其中,共时性是指语言在任何一个特定的时间内所构成的关系,历时性则是指语言的进化,共时性对于历时性来说具有优先性。② 另外,索绪尔还强调,语言符号的"能指"和"所指"的关系是任意性的(即非固定性的)和约定性的,二者之间并没有任何内在的联系。

相对于历时地从时间上的变化研究语言符号,索绪尔认为语言学更应该

---

① ［瑞士］索绪尔:《普通语言学教程》,高名凯译,商务印书馆 1980 年版,第 115 页。
② 徐崇温:《结构主义与后结构主义》,辽宁人民出版社 1986 年版,第 10、12 页。

同步地从语言符号静止的相互之间的排列和交换的关系来研究它们。索绪尔的这种"同时态"语言学的主要特征是共时性分析。语言符号同相应的心理映象是互相对立的。如果说，历时态语言学理论把语言设想成思想的一种表现，那么，同时态语言学则更加倾向于关注能够在形式上进行分析的符号，而这些符号只有放在总的语言符号体系之中才能够得以被理解。因此，在索绪尔的同时态语言学那里，由于语言首先被看作为一个体系或结构，而这个整体性的体系或结构是优先于整体的各个组成部分的，即各个组织部分的重要性是次于语言整体的。根据索绪尔的这一观点，语言的意义并不存在于言语者表述的思想中，而是存在于语言符号本身的体系之中。索绪尔还认为，人在理性上具有一种先验的结构能力，而这种先验的结构能力可以在意识中对人的行动发挥支配作用，因此，任何一种由人类行动构成的社会现象，无论它在表面上如何，都蕴含着它的性质和变化受到一定的"结构"的支配。正是基于这个意义，索绪尔被称为结构主义之父。①

列维－斯特劳斯在 1945 年发表的《语言学的结构分析和人类学》论文中和在 1962 年出版的《野蛮人的心灵》一书中，首先把索绪尔开创的同时态语言学方法应用到人类学研究，提出固定不变的"结构原型论"。列维－斯特劳斯认为，这种结构原型也是现代民族、政治、文学、法律等的基础结构。因此，列维－斯特劳斯总是力图根据史前的神话故事、习俗、图腾等资料，通过对原始社会的、半开化的人的思想过程的研究，揭示出人类心智的结构原型。但是，在语言的能指和所指的关系上，列维－斯特劳斯的观点与索绪尔不同。索绪尔认为能指和所指是两个彼此平行的、没有优先次序的系列，而列维－斯特劳斯则竭力强调能指对于所指的优先性。②

从历时性来说，作为一个过程的社会生活是不能被认识的，但是从共时性来说，社会生活作为同时相互依存和相互联系的几个体系的聚合体，却是可以

---

① 徐崇温：《结构主义与后结构主义》，辽宁人民出版社 1986 年版，第 14 页。
② 徐崇温：《结构主义与后结构主义》，辽宁人民出版社 1986 年版，第 16、17 页。

被认识的。列维-斯特劳斯认为,共时性分析是认识社会现象的主要原则和方法。列维-斯特劳斯承认,社会生活的某些方面,无疑含有历时态结构,但这些方面的研究比较浮躁,可能还会引起产生其他问题。他在原则上不否认研究社会发展过程的重要性,但尤其偏爱共时性的分析方法。同时态的现象具有一种相对的同质性,而相比历时态的现象的异质性来说,这种同质性使研究社会现象变得更加方便,正是在这个意义上,列维-斯特劳斯认为只有共时性分析法才是分析社会现象的真正有效的方法。列维-斯特劳斯在批判萨特的存在主义重视历史的倾向时指出,社会组织之间的差别,只是由于成分组合方法的不同;人类心智是各种组合的储藏所,因而就无所谓其发生和起源的问题。各种组合的可能性条件都是一样的,时间序列内的社会差异只是时间内差异特殊的实例而已,历史变化则只是不同变体之间的转换。[①]

与以往任何"结构"的概念不同,列维-斯特劳斯的结构主义不仅仅满足于从静态或形式方面来揭示社会结构,而且更为重要的是要揭示出产生和不断再生产结构的基本动力及其运作的基本模式。从根本上说,列维-斯特劳斯所说的"结构"概念,主要是指各种文化和艺术产品所赖以产生和再生产的人类心智的创造运作模式。列维-斯特劳斯认为,"社会结构"同经验事实本身没有关系,而只与根据经验事实所建构起来的模式存在关系。"社会结构"和"社会关系"关系如此密切,但却经常引起混淆,列维-斯特劳斯要求人们对这两个概念加以区别。列维-斯特劳斯强调,社会关系虽然是建构社会结构的模式时所依据的基础,然而,这并不意味着社会结构可以化约成某一特定社会中的社会关系的总和。因此,社会结构不能成为社会研究的一个独立的特殊领域。和目前流行于其他领域中的结构分析方法一样,社会结构分析也不是必须应用于任何类型社会研究中的一种方法。在列维-斯特劳斯看来,"社会结构"与"社会关系"之间的问题关键在于究竟什么样的社会关系模式具有

① 徐崇温:《结构主义与后结构主义》,辽宁人民出版社 1986 年版,第 41—43 页。

被称为社会结构的资格。这并不是一个人类学意义上的问题,而应该是隶属于一般科学方法论的问题。列维-斯特劳斯认为,所谓"结构",主要是指符合以下四个特征的社会关系模式:(1)整体性。在构成系统的所有因素中,如果其中没有什么因素发生改变,那么,其他任何一个因素都不会产生变化。(2)可变性。对于某个既定的社会关系模式而言,其秩序存在发生任何变化的可能,而其所产生的变化则是相似类型的另一种或多种模式转变的结果。(3)可预见性。当组成系统的一个或多个因素发生某种变化时,人们能够预见这种社会关系模式将可能产生什么样的变化或反应。(4)可理解性。社会关系模式必须建立在可以被观察到的经验事实之上,并且能够被人们所理解。同时,列维-斯特劳斯也进一步指出了,所有这些特征并非就是对"结构"内涵本身的界定,它们只是运用结构分析方法在观察和探讨各种社会现象时所呈现出的一些主要特征而已。

在区分社会结构和社会关系的基础上,列维-斯特劳斯又相应地提出了分析社会结构的方法论原则:(1)作为一个整体,社会结构不仅是各种特定的社会关系的总和,而且这些社会关系是根据一定的规律联系在一起的。(2)社会结构是由各种特定的成分联结在一起所构成的,而这些成分都是社会结构不可或缺的重要的组成部分。换句话说,任何一种社会结构既不能被还原成为另一种社会结构,也不能推断出另一种结构。(3)同一层次的不同社会结构之间的关系是和谐的,并且这种和谐关系的规律能够被人们所发现。①

在对社会结构进行分析的过程中,列维-斯特劳斯由于过度强调共时性在一个特定的体系中的作用和遵循共时性分析法的原则,这在一定程度上消除了时间因素在理想化的社会结构模型中的影响。

四、 交换：社会结构形成的途径

列维-斯特劳斯借鉴了语言学家雅克布森关于在语言中潜在的精神思维

---

① 徐崇温:《结构主义与后结构主义》,辽宁人民出版社 1986 年版,第 25—27 页。

是以二元对立形式出现的观点,比如好/坏、男/女、是/非、黑/白、人/非人等,认为二元对立的潜在精神现实是由一系列可以用来产生多种不同的社会形式——语言、艺术、音乐、神话、价值、信仰等的"内在符码"或规则,组织或调节而成。① 列维-斯特劳斯把二元对立性用于对社会结构中亲属关系、婚姻习俗、饮食方法、图腾象征、神话等表层结构方面的考察之中,并以此寻求其深层的基本结构。比如,在研究各大洲原始社会组织时,他将包括部落、氏族和村落在内的社会群体划分成两个不同的半族,"双方成员的相互关系包括从最亲密的合作一直到隐而不彰的敌视态度,往往这两种行为兼而有之"。② 在分析宗族关系基本结构时,他也是首先将社会成员划分为可以与之结婚的和不可以与之结婚的两个范畴。通过二元对立的分析模式,列维-斯特劳斯实现了对纷繁复杂的社会现象暂时的秩序化。

然而,二元对立的双方本身是矛盾的、不相容的,列维-斯特劳斯认为,只有经过交换才能将对立的双方统一于社会结构的整体之中,并达到二者的相互均衡。1949 年,列维-斯特劳斯在其经典著作《宗族的基本结构》一书中重点考察了亲族规则是如何规范婚姻的。他的结论表明,交换是一个"千差万别的社会行为所具有的共同性质",并提出了代价原则、制约原则和互惠原则三个普遍的结构性的交换原则。③ 因此,在一定意义上可以说,双方的对立是交换的前提,而交换也理所当然成为理解列维-斯特劳斯社会结构理论的关键词。在列维-斯特劳斯看来,整个社会都是以交换为基础而建立起来的,交换是社会结构形成的重要途径。

列维-斯特劳斯在《宗族的基本结构》一书中分析了交表婚姻模式的形成

---

① [美]乔纳森·特纳:《社会学理论的结构》(下),邱泽奇等译,华夏出版社 2001 年版,第156 页。

② [法]列维-斯特劳斯:《结构人类学》,张祖建译,中国人民大学出版社 2006 年版,第12 页。

③ [美]乔纳森·特纳:《社会学理论的结构》(下),邱泽奇等译,华夏出版社 2001 年版,第157 页。

和意义。他反对经济学对交表婚姻实质所作的功利主义解释。列维-斯特劳斯指出，弗雷泽"描述了贫穷的澳大利亚土著人由于没有物品拿来交换而不知如何娶到妻子"，并且发现交换方式是解决这一难题的方法，即"男人用自己的姐妹来交换得到妻子，因为这是最廉价的方法"。与此相反，在列维-斯特劳斯看来，人们必须从实现更大社会的整合来看待交表婚姻模式，重要的是交换关系本身所具有的意义而不是用来交换的具体东西。于是，列维-斯特劳斯抨击了弗雷泽功利主义的观点，即假设社会行为的首要原则是经济上的。这种假设同社会结构是突生现象的观点相抵触，而社会结构的运行是依据其不容更改的法则和规律进行的。①

列维-斯特劳斯也反对用心理学来解释交换过程。心理行为主义者无视人类和动物行为法则中的真正区别。由于人类拥有价值观念和行为准则等文化遗产，这使得人类在行为和社会组织方面与动物具有本质上的区别，尤其在社会交往中不同于动物。因为动物对于何时、何地、与谁、如何进行社会交往是不受任何价值观和行为准则所支配的，而人类在任何情境中的交往行为则都必须遵循一定的价值观念和准则。人们通过学习了解并遵循交往行为方式的规范，这在很大程度上保证了人类在交换原则上的特殊性。另外，列维-斯特劳斯认为，虽然人类的心理需要是通过社会化实现的，但是，由于社会交换是对社会组织类型作为自成一格的实体存在的一种反映，交换行为必然受到一定的社会规范和价值观的影响。因此，人们不能仅仅从满足心理需要或者个人的动机来理解交换，而只能用交换对规范、价值观的影响及其后果来解释交换行为过程。②

列维-斯特劳斯强调，对立的双方要顺利实现交换，必须遵循以下三个基

---

① ［美］乔纳森·特纳：《社会学理论的结构》（上），邱泽奇等译，华夏出版社 2001 年版，第264 页。

② ［美］乔纳森·特纳：《社会学理论的结构》（上），邱泽奇等译，华夏出版社 2001 年版，第264 页。

本的交换原则:(1)代价原则。所谓代价原则,是指所有的交换关系都包括的个体为实现交换所付出的代价。但是,这种代价不同于经济学和心理学对代价的解释。在列维-斯特劳斯看来,交换中的代价主要应归因于影响交换决策、行为的社会风俗、社会规范、法律和价值观等社会因素。个体本身并不直接承担这些代价,因此,列维-斯特劳斯所说的代价从实质而言可以归于"社会秩序"。(2)制约原则。所谓制约原则,是指用于社会交换的所有稀缺和价值高的物质性资源(如妻子)和符号性资源(如尊重和威望),在交换时受到社会规范与价值观的制约。如果社会上的某种资源丰富或价值不高,那么在交换时这种资源就不会受到控制,但是,这种资源一旦变得稀缺和价值提升后,其交换立刻就会受到控制。(3)互惠原则。所谓互惠原则,是指在交换关系中获得资源的一方,作为回馈要为提供这些资源的另一方给予其他有价值的东西。列维-斯特劳斯认为,在交换中存在许多不同的由社会规范和价值观规定的互惠模式,其中,"相互的"和"单向的"是两种最一般的互惠交换形式。一般来说,互惠是相互的,社会规范要求受惠方为施惠方提供的直接报酬,但在某些情况下,互惠也可以是单向的。这种单向的互惠交换模式主要是指一些间接交换模式,也就是指交换的双方不能直接互惠,而只能通过第三者,甚至第四、第五者等其他群体来达到互惠。这两种互惠交换形式不仅都受到社会规范和价值观的制约,而且也都存在许多次属的交换网络形式。①

　　列维-斯特劳斯认为,这三个交换原则提供了一组更有用的概念,可以用来描述交表婚姻模式,因为,现在可以根据代价原则、制约原则和互惠原则从更大的社会结构的功能需要来看待这些模式。特定的婚姻模式和其他亲属关系组织的特征不再只用个体间的直接相互交换观点来解释,而是也可以用个体与社会之间单向交换的概念来加以说明。这样,通过将交换行为的分析从直接的和相互的交换模式中解放出来,列维-斯特劳斯提出了一个具有尝试

---

　　① [美]乔纳森·特纳:《社会学理论的结构》(上),邱泽奇等译,华夏出版社2001年版,第264—265页。

性的交换理论来解释社会整合与社会团结，并且指出了各种直接和单向的交换次级形式是如何影响和加强了不同类型的社会整合与社会组织。

列维-斯特劳斯反复强调，作为分析交换关系的主要变量，包括社会规范、价值观等都是社会结构的重要构成因素，而不是单一的个人动机。社会系统中的交换关系并不总是表现为个体之间的直接互惠，而是延伸到交换的社会复杂网络。由此可以看出，一方面，这些交换过程是由社会整合与社会组织所引起的，另一方面，它们又促进了社会组织的各种形式。① 这样交换就成为社会结构形成的途径。

五、 与马克思社会结构理论的比较及其评价

列维-斯特劳斯早年号称自己迷上了地质学的地层结构和马克思的社会结构、弗洛伊德的潜意识结构三位"情人"。他曾多次申明和强调马克思主义对他的影响。他说："马克思使我懂得了社会意识的欺骗性，因而必须进行更深入的研究去揭示社会意识的原动力。总之，马克思的这一功绩可以比作通过区分第一质量（即内涵的、不能为直觉感知的，但更接近真实的质量）与第二质量（即感觉器官对世界的虚假感知方式）而为物理科学的诞生所作的准备"②；"阅读马克思的著作对我的思想的形成，曾经起了根本性的作用"③。列维-斯特劳斯甚至把自己称作为"一个悲观的马克思主义者"，说道，"在我非常年轻的时候，我阅读过马克思的著作，马克思教会了我许多东西，我认为这些东西对于所谓'人文科学'来说是有决定意义的成果"④。由于受到马克思的启发和影响，列维-斯特劳斯的社会结构理论在以下三个方面明显蕴含了马克思的影子。

---

① ［美］乔纳森·特纳：《社会学理论的结构》（上），邱泽奇等译，华夏出版社 2001 年版，第265 页。
② 转引自徐崇温：《结构主义与后结构主义》，辽宁人民出版社 1986 年版，第50—51 页。
③ 转引自徐崇温：《结构主义与后结构主义》，辽宁人民出版社 1986 年版，第51 页。
④ 转引自徐崇温：《结构主义与后结构主义》，辽宁人民出版社 1986 年版，第51 页。

（1）两者具有共同的方法论原则。同马克思一样，列维-斯特劳斯也坚持不能孤立地分析社会关系，认为社会是一个系统的统一整体，必须考虑各个社会事物之间的相互关系。另外，列维-斯特劳斯和马克思都认为，在分析社会系统整体是如何产生和演变之前，必须先对社会系统内部的逻辑进行研究。这是他们研究社会结构两条共同的方法论原则。

（2）两者都认为社会结构是隐藏在社会关系背后的深层逻辑。马克思虽然提出社会结构是社会关系的总和，但是，这种社会关系的总和并不是可以直接看得见或观察得到的社会现实的数量聚合，并且这些社会关系还具有层次性，在社会结构整体中所发挥的作用和所处的地位是不一样的。同马克思一样，列维-斯特劳斯也把社会结构看作是存在于社会现象之间的可见关系之外的一种深层逻辑，认为正是这种深层逻辑决定了社会现象的表面秩序。

（3）马克思认为，生产力与生产关系之间和经济基础与上层建筑之间，存在决定与被决定的适应关系，但这并不意味着马克思把后者简单归结为前者的附带现象，因为马克思同时还明确指出，前者与后者之间还具有作用和反作用的关系。列维-斯特劳斯对此持类似观点。他认为，确定下层结构的重要性在于揭示社会现象秩序的规律。列维-斯特劳斯认为，实际上不是意识形态的复合导致社会结构的变化，而是社会结构的变化导致意识形态的复合。列维-斯特劳斯自己明确表达，他借助于对神话和"野蛮人的心灵"的研究，用人类心智深层的"无意识"继承和发展了马克思社会结构理论中的上层建筑理论。

尽管列维-斯特劳斯反复强调自己的结构主义理论得益于马克思，但不可否认的事实却是，列维-斯特劳斯的社会结构理论和马克思社会结构理论之间存在多方面的矛盾和对立。

（1）马克思社会结构理论的哲学基础是辩证唯物主义和历史唯物主义，而列维-斯特劳斯社会结构理论的哲学基础却是唯心主义和形而上学。在列维-斯特劳斯那里,社会结构只是反映"无意识"活动的普遍规律的模型,本质上属于一种智力的或理想的结构。这清楚地表明列维-斯特劳斯的社会结构理论是一种把思维、精神奉为世界本原的唯心主义,即一种理性主义的唯心主义。

(2)马克思主张无条件地承认自然界是不以人的意志为转移的客观存在,即承认社会结构的客观性,而列维-斯特劳斯却认为社会结构则是存在于"无意识"的"先验所指"。①

(3)马克思社会结构理论认为人民群众创造了历史,而列维-斯特劳斯结构主义社会结构理论却把历史的主体归结为一种非人结构的从属性代理人。在列维-斯特劳斯看来,理解社会结构,最重要的不是作为主体的人的有意识的活动,而是作为这些有意识活动的先决条件的"无意识"的结构。②

(4)马克思社会结构理论把社会客体置于时间和空间之中,对社会结构既进行共时性的关系分析,又进行历时性的过程分析。而列维-斯特劳斯社会结构理论把共时性原则加以绝对化,反对把社会客体放在其形成发展的过程中加以考察,主张把它当作一些封闭的、在空间上孤立的东西,把社会结构看成是脱离了时间和地点的不变的完备的东西,并据此而把历史看作是一些凝固片段的链条,是一些相同结构的重复。③ 列维-斯特劳斯虽然也认为人类社会沿着一定的方向进化,不同的社会生活形式表明不同的社会发展阶段,但是这种观点与马克思本人的思想相比相差甚远。值得注意的是,列维-斯特劳斯却把这种否定历史的观点强加于马克思本人。列维-斯特劳斯声称,马克思仅仅只是认为人类社会历史是伴随着阶级斗争的出现而开始的,但他并没有认识到阶级斗争将随着人类社会的向前而不断延伸。马克思用"亚细亚

---

① 徐崇温:《结构主义与后结构主义》,辽宁人民出版社1986年版,第53页。
② [英]戴维·麦克莱伦:《马克思以后的马克思主义》,李智译,中国人民大学出版社2004年版,第331页。
③ 徐崇温:《结构主义与后结构主义》,辽宁人民出版社1986年版,第47页。

生产方式"这个概念来指称上古社会和原始社会,而上古社会和原始社会在同一地点用同样的"亚细亚生产方式"名称偶然地自生自灭,从而在本质上被打上了静止不变的烙印。因此,马克思所说的社会结构是不受历史在时间上所控制和影响的。列维-斯特劳斯的这一观点表明,他完全违背了马克思所强调的社会发展是普遍范畴的观点,而自认为人类社会进步只不过是某些社会偶然出现的特殊存在方式。

第三节　阿尔都塞的结构主义马克思主义社会结构理论

路易·阿尔都塞(Louis Althusser,1918—1990),是法国著名的哲学家和社会学家,也是结构主义马克思主义最重要的代表人物。阿尔都塞运用结构主义方法重新解读马克思的著作,提出了一系列新理论新观点,在一定程度上保卫了马克思主义和捍卫了马克思主义的科学性。他的理论产生了广泛的影响,"整个1968年一代人把阿尔都塞的范畴运用到每一个知识领域,……阿尔都塞的思想是那个时代的一部分"。① 通过对马克思社会结构理论的"解读",阿尔都塞也强调社会结构研究的重要性,他曾提出:"一旦认识了社会整体的结构,我们就能理解在历史时代概念中自身反映出来的历史概念同这个历史时代概念之间的表面上'毫无疑问'的关系。"②阿尔都塞的社会结构理论主要蕴含在《保卫马克思》(1956年)、《读〈资本论〉》(1965年)等著作中。

一、"过程辩证法"和结构因果观:社会结构研究的方法论

阿尔都塞批判地吸取了黑格尔的"过程的辩证法"和结构主义,为社会结

---

① [法]弗朗索瓦·多斯:《解构主义》,季广茂译,金城出版社2012年版,第203页。
② [法]路易·阿尔都塞、埃蒂安·巴里巴尔:《读〈资本论〉》,李其庆、冯文光译,中央编译出版社2008年版,第84—85页。

构研究找到了新的方法论指导。

阿尔都塞认为,黑格尔辩证法是一种"过程的辩证法",之所以称为"过程的辩证法",即一种目的论的辩证法,是因为它表现为观念通过自身运动,通过否定之否定的内在结构来实现自身,回归自身。因此,在这样一种辩证法中,过程是至上的,运动发展本身是神圣的,其余的一切都从属于这个川流不息的过程。在这个辩证运动的过程中,人在任何阶段都不可能作为主体驾驭这个异化的过程。从目的论的角度看,"异化过程的唯一主体,是在它的目的论中的过程本身"。这样,黑格尔所认可的唯一主体,就是"无主体的异化过程",而不是"实体即主体"。"既然过程没有主体,过程本身就是主体"①,这是阿尔都塞认为经过马克思对黑格尔辩证法进行"扬弃"后继承下来的哲学范畴。在阿尔都塞看来,"历史无主体"是黑格尔辩证法的积极因素,必须看到和承认其理论价值。

依据黑格尔"过程辩证法"的思想,阿尔都塞对"主客体统一论"进行了批判。"有一种说法很高雅,这就是说在黑格尔那里,历史是'人的异化的历史……这就是说,历史是一种异化过程,有一个主体,而这个主体就是人'。"②但是,阿尔都塞认为这个观点即使按照黑格尔的原意,也并不表明异化发端于人类历史。因为根据黑格尔的逻辑,历史不过是自然的异化,而自然又不过是逻辑观念的异化。因此,在黑格尔那里,历史的主体只能是绝对观念过程本身,历史的异化归根结底不是主体的人的异化,而是绝对精神的异化。这样,对黑格尔来说,"历史肯定是一个异化的过程,但这个过程并没有以人作为主体"③。因此,阿尔都塞认为,历史就是历史,它既无主体也无人性。

---

① [法]路易·阿尔都塞:《马克思与黑格尔的关系》,转引自《马克思主义研究资料》1984年第 5 期,第 218 页。

② [法]路易·阿尔都塞:《马克思与黑格尔的关系》,转引自《马克思主义研究资料》1984年第 5 期,第 216 页。

③ [法]路易·阿尔都塞:《马克思与黑格尔的关系》,转引自《马克思主义研究资料》1984年第 5 期,第 216 页。

另外,阿尔都塞还吸收结构主义的方法,以便使自己的社会结构理论得以确立。阿尔都塞发现,结构主义认为,结构具有不以人的意志为转移的"客观性"。在社会历史领域,个人与社会的关系如同词与上下文的关系。个别思维者只是社会交流网络中的一个节点,他没有独立性。由于一切社会现象的性质和变化,都被结构所制约和规定,因此,人的一切行为都受着结构的支配而不能支配结构,人只能体现结构的作用而不能改变结构的作用。[①]

根据结构主义的这一基本观点和论证方法,阿尔都塞提出了关于社会结构理论上的两种根本对立的因果观,一种是线状的因果观或表现的因果观,一种是结构的因果观。阿尔都塞分析了这两种因果观不同的表现形式及其特征:

"线状因果观"(thready causality)可以追溯到笛卡尔。这种因果观认为社会结构整体是由它的各个组成部分之和构成的,把因果关系归结为一个物的影响及其对于其他物的效力,因此,它只能描写社会结构中一个因素对于另一个因素的影响,而不能说明社会结构整体对于各个局部的作用。在阿尔都塞看来,这是一种机械论的因果观。"表现因果观"(expressional causality)是由莱布尼茨首先表述而由黑格尔加以发展的。这种因果观虽然考虑到社会结构整体对于它的各个局部的影响,但却不是把社会结构整体看成一个结构,而是通过预先假定社会结构整体可以被还原为一个内在的精神整体的本质,认为各个局部无非是这个整体的现象的表现。根据莱布尼茨的这种因果观,每个要素实际上都是作为一个单子在社会结构整体中的表现。[②]阿尔都塞认为,表现因果观把社会结构整体对局部的影响简单化了。

在20世纪60年代,结构的本体论化是很时髦的事情,它使阿尔都塞改变了简单机械的因果观。在此之前,对社会现象的解释一直局限于简单的单线

---

① 郑忆石:《阿尔都塞哲学研究》,广西师范大学出版社2017年版,第113页。

② 郑杭生、刘少杰主编:《马克思主义社会学史》,高等教育出版社2006年版,第227—228页。

因果反映观的范围内。一切都必须出自经济学,因此,上层建筑被视为经济基础的简单转换。① 阿尔都塞既不赞同线状因果观,也不满意于表现因果观,他在结构本体论化的影响下创造性地提出了另一种类型的因果观,即"结构因果观"。

阿尔都塞认为,"结构因果观"(structural causality)既保持整体结构对局部结构或其他组成要素的决定作用,又坚持局部结构或其他组成要素对整体结构的相对独立性。同线状因果观、表现因果观相比较,结构因果观最主要的区别在于以下两个方面:(1)结构是一个内在于社会结构诸要素之中的原因,而不是独立于社会结构诸要素之外的原因;(2)结构存在于社会结构诸要素及其相互关系的整体之中,而不是部分地存在于社会结构当中的某个要素或某种关系之中。

二、 无主体的过程:社会结构理论的基本出发点

阿尔都塞从结构因果观出发,对社会结构展开了分析。他指出,社会是一个复杂的结构系统,在这个复杂的结构系统中,各层次内部、诸要素之间的相互作用,构成了极其复杂的相互关系。决定社会发展过程的,不是某种因素,而是社会结构中各层次内部、诸要素之间的相互关系。这种相互关系是客观的,它决定人的活动。因此,社会的主体是"结构"而不是人,历史不存在个人的"主体",而是关系的结构整体。也就是说,社会历史是一个"无主体的过程"。这是阿尔都塞社会结构理论的基本出发点。

值得注意的是,阿尔都塞所讲的社会历史是"无主体的过程",只是意味着人不是社会历史的主体,但对于社会历史本身来说还是有主体的。从结构主义的社会观、历史观出发,阿尔都塞进一步阐发了他关于社会结构"主体"的观点。他认为,既然社会的"主体"是结构而不是人,社会是无主体的过程,

---

① [法]弗朗索瓦·多斯:《结构主义史》,季广茂译,金城出版社 2012 年版,第 368 页。

那么,个人不过是社会关系、社会结构中的"基本要素",是关系的"承担者"或结构的"效应物"。在资本主义社会中,社会的无主体性表现得尤为明显。在资本主义社会里,生产关系的结构决定着生产者所占有的位置和所承担的功能。这个观点虽然是阿尔都塞在解读马克思《资本论》时所得出的结论,但实际上是阿尔都塞借助马克思的思想来表述他自己的社会结构理论。阿尔都塞认为,在社会结构中,人不是具有主动性的主体,而只是被动的载体。人之所以是载体,是因为人只是生产功能的"支持者"、特定社会关系的"承担者"和特定社会结构位置的"占据者"。社会结构的真正主体,是关系的结构尤其是生产关系的结构。因为正是关系尤其是生产关系的结构,决定了人之所以为人以及人在社会中应当占据的位置、应当发挥的作用、应当承担的责任和应当具有的功能。因此,如同不能把社会看作是主体的过程一样,也不能把社会关系、生产关系归结为人与人之间的关系。因为社会、历史是凌驾于人之上的生产关系结构的演变过程,人在这个过程中,始终只是载体而永远不会成为主体。[1]

社会作为无主体的结构,其演变是一个自然的过程,而这个演变的实现,不是通过人而是通过总的结构和其他小的结构之间的相互作用实现的。所以,社会作为一个大的结构总系统,又是由无数小的结构子系统组合而成的。如果一个大的结构总系统不能把一些小的结构子系统结合为一个整体,社会就会分化瓦解。这样,在社会结构的演变过程中,人由于必然受到结构的支配而永远不可能获得自由成为社会的主体。

与强调个人绝对自由的现代西方人本主义思潮相反,阿尔都塞以"过程的辩证法"和结构主义唯结构客观、科学的观点[2]为依据,强调"无主体的过程"是他关于社会结构理论的基本出发点。

---

① 郑忆石:《阿尔都塞哲学研究》,广西师范大学出版社 2017 年版,第 114 页。
② 结构主义认为只有结构是客观的和科学的,主张把结构本体化,承认结构对人的优先性。

三、 矛盾的多元决定：社会结构发展的动力

结构主义认为,社会结构就其构成来说,是多元的、静态的、共时的。阿尔都塞吸收和运用这些基本观点,并从弗洛伊德的精神分析学那里借用了"多元决定"这个名词,来形容社会结构发展的动力。在弗洛伊德的精神分析学中,多元决定是指一种神经性疾病是由许多原因同时发挥作用而形成的。阿尔都塞将多元决定移植到社会结构领域,提出了"矛盾的多元决定"论,认为社会结构是在矛盾的多元决定共同推动下得以发展的。也就是说,在阿尔都塞看来,社会结构是在经济的、社会的、政治的、法律的各种制度,风俗、道德、艺术、哲学等一切构成社会的诸要素之间,既相对自主又相互作用的矛盾运动过程中不断形成发展的。

阿尔都塞对这一问题的基本思路是:①

(1)社会是由多种矛盾构成的复杂统一体。

(2)复杂的整体统一体具有一定的结构。

(3)复杂的整体统一体由于结构矛盾的不平衡性,而其中的主要矛盾和矛盾的主要方面决定了社会结构必然是一个具有多环节主导结构的统一体。社会结构的存在、性质、本质以及社会结构各矛盾之间的关系都是由这种主导结构所规定。复杂的社会整体结构,在一定程度上其实就是社会主导结构。

(4)社会复杂整体与其内在的结构矛盾是相互决定的。社会结构整体中的每种矛盾既决定着社会结构整体,同时又被社会结构整体所决定;社会结构整体既决定着其内在的所有矛盾,同时又被其内在的所有矛盾所决定。

(5)社会结构整体中的主导结构随着各种矛盾关系的变化而不断变化,进而导致矛盾在社会结构整体中斗争和冲突的地点也不断发生变化。

(6)社会结构整体发展就是由一种主导结构向另一种主导结构转化的

---

① 郑忆石:《阿尔都塞哲学研究》,广西师范大学出版社 2017 年版,第 229 页。

过程。

阿尔都塞具体论证了社会结构发展是矛盾的多元决定所引起的结果。①

第一,社会结构发展是由多种矛盾融合而致的,不仅仅是生产力与生产关系之间矛盾的结果。"生产力和生产关系之间的矛盾,足以决定把革命'提到议事日程上来',它却不能只靠它本身的直接作用,来激发起一种'革命的形势',更不能激发起革命的爆发和革命胜利的形势。"②这段论述表明,除了生产力和生产关系存在矛盾之外,社会结构中还另外存在其他一些形势和潮流,尽管这些形势和潮流在根源和方向上与革命风马牛不相及,甚至是与革命绝对对立,但是,生产力与生产关系之间的矛盾只有同它们结合在一起融合为一种统一的破坏力,才能真正成为爆发革命的动力。在这种统一的破坏力中,生产力和生产关系是社会发展的基本矛盾,而其他的矛盾,如前面所说的"形势"和"潮流",却并不是生产力和生产关系基本矛盾的纯粹的现象。它们既从属于生产关系,又从属于各种上层建筑,"并不作为一个纯粹的现象而'消失'在一个简单的矛盾的内部的统一中"③。因此,阿尔都塞认为,社会结构的发展是由包含生产力和生产关系基本矛盾在内的多种矛盾融合而致的结果。

第二,社会结构整体与其中的构成要素和矛盾具有相互决定的关系,并且这种关系处于复杂变化之中。阿尔都塞指出:"马克思向我们指出了'一条链的两端',并且说,必须对这两端分别加以研究……一端是,生产方式的(经济的)最后的决定作用;另一端是,上层建筑的相对独立性及其特殊的作用力。"④这段话表明,在阿尔都塞看来,经济基础和上层建筑是决定和被决定的关系。"经济决定着历史的进程,不过是最后地、归根到底地决定的","所谓'归根到底是经济'的这种决定因素,决不是作为单独的时钟而敲出声音的",⑤而是

---

① 徐崇温:《结构主义与后结构主义》,辽宁人民出版社1986年版,第109—112页。
② [法]路易·阿尔都塞:《保卫马克思》,顾良译,商务印书馆1984年版,第99页。
③ [法]路易·阿尔都塞:《保卫马克思》,顾良译,商务印书馆1984年版,第100页。
④ [法]路易·阿尔都塞:《保卫马克思》,顾良译,商务印书馆1984年版,第101页。
⑤ [法]路易·阿尔都塞:《保卫马克思》,顾良译,商务印书馆1984年版,第112—113页。

在经济、政治、理论等主要因素之间的相互作用的转换中发挥决定作用的。这意味着经济对其他各种非经济因素的决定程度，同这些非经济因素本身的自主及其相互之间的依存程度，以及这些非经济因素的特定的效力的程度紧密相关。经济因素能够决定它本身在特定时间内在一个社会结构中是决定的还是非决定的因素，并在自己是非决定性因素的时候能够决定上层建筑中具体哪一个因素成为决定性因素。因此，不是生产力和生产关系之间的一个单一的经济矛盾支配着社会结构中的每一个要素或矛盾，而是在社会结构整体中有一个存在于社会结构所有方面，并能在其内部发挥效力的体系。"作为不在场的效力，结构被界定为造成了某个结果的不在场的原因，它已经超越了它的每个组成因素，其方式与能指超越所指的方式无异。"①这表明，发挥决定作用的因素，不是单方面的，而是复杂多样的。但是，上层建筑的自主性是相对的，而不是绝对的，它们的特殊效力并不取代经济的第一性。

第三，社会结构整体中每一个相对独立的要素，都有相对独立的历史，都有着自身发展的规律性和连续性。除了经济发展的历史之外，社会结构的总体发展还有意识形态的历史，政治上层建筑的历史，科学技术的历史等，而这些历史是不能被还原的。阿尔都塞认为，社会结构整体中"不存在能被用来衡量一切历史的唯一的线状时间连续性"②。这意味着历史过程的任何一个横断面所显示的并不是社会结构原始的、无所不在的本质，而仅仅只是多元决定的社会复杂结构的一个特殊的局面。作为社会结构整体的本质的横断面是根本不可能被获得的。正是在这个意义上，阿尔都塞将历史分解成了若干异质性单元，瓦解了历史。

由此，阿尔都塞认为，既然经济基础和上层建筑等各个社会结构要素都是决定的和被决定的，那么，社会结构发展就是多元决定的，而不是黑格尔的一

---

① ［法］弗朗索瓦·多斯：《结构主义史》，季广茂译，金城出版社 2012 年版，第 379 页。

② ［法］路易·阿尔都塞、埃蒂安·巴里巴尔：《读〈资本论〉》，李其庆、冯文光译，中央编译出版社 2008 年版，第 104 页。

元决定的;既然上层建筑的自主性是相对的而非绝对的,经济也只是具有归根到底意义上的决定作用,那么,社会结构发展就是多元决定论,而不是各个要素具有平等决定地位的多元论。在这一点上,阿尔都塞批判了列维-斯特劳斯的结构主义在社会结构中的分析,认为他把社会结构的每个要素看作在力量上是均等的观点是不恰当的,真正的马克思主义者必须坚持经济在社会结构中的主导支配地位。

四、　意识形态:社会结构维系的纽带

意识形态是阿尔都塞思想体系的重要概念之一。他主要是从两个不同的层面谈及和运用意识形态的。

一方面,在认识论的层面上,阿尔都塞把意识形态作为科学的对立面,高举科学的旗帜对意识形态进行讨伐。意识形态与科学的对立建立在以下原则之上:"意识形态"即是错误、神秘和应该被拒斥;而"科学"则是与客观真理自然一致,并且带着正面的情感色彩的光环。一般来说,在阿尔都塞的著作中,"意识形态"是作为贬义修饰语出现,而"科学"作为褒义修饰语出现。[1]　正是为了捍卫马克思主义的科学性,阿尔都塞主张通过"症候阅读法"重新对马克思主义文本进行解读,提出马克思的著作以 1845 年的《关于费尔巴哈的提纲》和《德意志意识形态》[2]为分水岭出现了"认识论的断裂",并把马克思的思想发展划分为两个

---

① 　[波兰]亚当·沙夫:《结构主义与马克思主义》,山东大学出版社 2009 年版,第 33 页。

② 　关于阿尔都塞认为的马克思"认识论的断裂"的分界线标志,参见徐崇温:《结构主义与后结构主义》,辽宁人民出版社 1986 年版,第 96、98 页;郑杭生、刘少杰主编:《马克思主义社会学史》,高等教育出版社 2006 年版,第 225 页。阿尔都塞在《保卫马克思》中谈到马克思"认识论的断裂"时表述前后不一致。但本书赞同徐崇温提出的阿尔都塞关于马克思认识论的断裂是逐步完成的观点,阿尔都塞把马克思写于 1845 年的《关于费尔巴哈的提纲》和《德意志意识形态》作为马克思"决裂的"著作。阿尔都塞认为,从这时开始,马克思和一切把历史和政治建立在人的本质的基础上的理论相决裂。这是同过去的决裂,主要包括以下三个方面:第一,这是一种建立在完全新的概念基础上的历史和政治理论,这些概念就是社会结构、生产关系、上层建筑、意识形态、经济的"最终决定作用"和不同的上层建筑的相对自主性;第二,这是对一切哲学人道主义理论的彻底批判;第三,这是把人道主义本身规定为一种意识形态。

主要的时期,即在此之前为决裂以前的意识形态时期和决裂以后的科学时期。

另一方面,在现实层面上,阿尔都塞又特别强调和突出意识形态在社会结构中的社会功能,正如他自己曾经说过的:"我一点也不指责作为社会现实的意识形态。"①"意识形态是具有独特逻辑和规律的表象(形象、神话、观念或概念)体系,它在特定的社会历史中存在,并作为历史而起作用。"②阿尔都塞的这段论述表明,意识形态并不提供给人们恰当的认识工具,而是一种受特定利益原则支配的思想意识形式。因此,意识形态是一切社会整体的有机组成部分,为一切社会所必需。在这个意义上可以说,意识形态对社会结构的维系起着至关重要的作用。

在阿尔都塞看来,意识形态之所以能够成为维系社会结构的纽带,与其自身特性有着密不可分的联系。

(1)意识形态具有客观性。意识形态作为社会生活的有机组成部分,其存在是不受人的主观意志所决定的,因为"在任何社会中,尽管表现形式可以变化万端,但始终有一种基本的经济活动、一种政治组织和一些意识形态形式(宗教、伦理、哲学等)。意识形态因此是一切社会总体的有机组成部分。种种事实表明,没有这些特殊的社会形态,没有意识形态的种种表象体系,人类社会就不能生存下去。人类社会把意识形态作为自己呼吸的空气和历史生活的必要成分而分泌出来",即使到了共产主义社会,虽然意识形态在内容、形式和功能等多方面将会发生很多变化,但是,意识形态本身始终不会消失。"历史唯物主义不能设想共产主义社会没有意识形态,不论这种意识形态是伦理、艺术或者'世界的表象'。"③"意识形态既不是胡言乱语,

---

① [法]路易·阿尔都塞:《保卫马克思》,顾良译,商务印书馆1984年版,第251页。
② [法]路易·阿尔都塞:《保卫马克思》,顾良译,商务印书馆1984年版,第201页。
③ [法]路易·阿尔都塞:《保卫马克思》,顾良译,商务印书馆1984年版,第226页。

也不是历史的寄生赘瘤。它是社会的历史生活的一种基本结构。"①因此,那种以为意识形态将被科学所代替或从世界上消失的想法,实际上不过是人的一种空想。

(2)意识形态具有普遍性。阿尔都塞认为,意识形态作为人类生活的空气、历史生活的必要成分、社会生活的基本结构,是无所不在的。任何个人出生以后,都不可避免地要落入意识形态的襁褓之中,在意识形态世界中思考问题,"在这个世界中成长起来,在这个世界中学会行动和生活,同这个世界'打交道',又从这个世界中解放出来"②。

(3)意识形态具有强制性。意识形态作为"人类'世界'的一个客体,是人类世界本身"。从这个意义上可以说,意识形态在其本性上不是意识的一种形式,不是供人们自由选择的,而是强加于人们身上的,是人们必须接受的东西。意识形态是社会结构的一种表象体系,这些表象在多数情况下是以形象或概念表现出来的。它们首先是作为社会整体结构的一个组成部分而强加于社会中的绝大多数人,而不是通过人们的"意识"发挥作用。也就是说,意识形态表象在大多数情况下与"意识"没有关系,它们通常是以一种被感知、被忍受和被接受的文化客体,通过一个不为人们所知道的过程而直接作用于人。③

(4)意识形态具有虚假性。阿尔都塞认为,意识形态在本质上是虚假的,它是就虚假的、幻想的现实提出问题,以神话的、想象的方式体现着世界,通过幻想的、颠倒的关系反映着社会现实。"意识形态所反映的不是人类同自己生存条件的关系,而是他们体验这种关系的方式;这就等于说,既存在真实的关系,又存在'体验的'和'想象的'关系。在这种情况下,意识形态是人类依附于人类世界的表现,就是说,是人类对人类真实生存条件的真实关系和想象

---

① [法]路易·阿尔都塞:《保卫马克思》,顾良译,商务印书馆1984年版,第226页。
② [法]路易·阿尔都塞:《保卫马克思》,顾良译,商务印书馆1984年版,第44页。
③ [法]路易·阿尔都塞:《保卫马克思》,顾良译,商务印书馆1984年版,第202—203页。

关系的多元决定的统一。在意识形态中,真实关系不可避免地被包括到想象关系中去,这种关系更多地表现为一种意识形态(保守的、顺从的、改良的或革命的),甚至一种希望或一种留恋,而不是对现实的描绘。"①从阿尔都塞的这段论述可以看出,意识形态虽然就其存在而言是客观的,但就其内容的本质而言则是主观的,它更多地服从于人的利益和需要而不是符合事物的客观本性。

意识形态不仅具有认识的、实践的和社会的功能,而且"作为表象体系的意识形态",其"实践的和社会的职能压倒理论的职能(或认识的职能)"②。意识形态的实践的和社会的职能在社会结构整体中实际上发挥着维系社会结构的纽带作用,这种维系纽带作用主要体现在以下两个方面:

第一,帮助人们"认识自己在世界和历史中的作用"。阿尔都塞认为,意识形态涉及人类对人类社会的体验,人们是"通过并依据意识形态,在意识形态中体验自己的行动",只有"在意识形态的这种无意识中,才能变更他们同世界的'体验的'关系,并取得被称作'意识'的这种特殊无意识的新形式。"③从阿尔都塞的这段话可以看出,人们只有通过意识形态才能认识自己在世界和历史中的地位和作用。

第二,帮助人们调整与生存条件的关系。阿尔都塞认为,意识形态可以调整社会关系。"在阶级社会中,意识形态是统治阶级根据自己的利益调整人类对生存条件的关系所必需的接力棒和跑道。在无阶级社会中,意识形态是所有人根据自己的利益体验人类对其生存条件的依赖关系所必需的接力棒和跑道。"④这也就是说,"在阶级社会里,意识形态能够能动地作用于统治阶级本身,促使其改造并有助于改变其态度,从而使统治阶级适应其真实的存在条件"⑤,而在无阶级社会中,"为了培养人、改造人和使人们能够符合他们的生

---

① [法]路易·阿尔都塞:《保卫马克思》,顾良译,商务印书馆1984年版,第203页。
② [法]路易·阿尔都塞:《保卫马克思》,顾良译,商务印书馆1984年版,第201页。
③ [法]路易·阿尔都塞:《保卫马克思》,顾良译,商务印书馆1984年版,第203页。
④ [法]路易·阿尔都塞:《保卫马克思》,顾良译,商务印书馆1984年版,第205页。
⑤ [法]路易·阿尔都塞:《保卫马克思》,顾良译,商务印书馆1984年版,第205页。

存条件的要求……人类必须不断地改造自己,以适应这些条件"①。但是,这种适应不是消极地放任自流,而是在符合生存条件的要求的监督和指导下实现的。而这个符合生存条件的要求的表现形式就是意识形态。换而言之,人们只有通过在意识形态中衡量差距、体验矛盾,才能最终能动地解决各种矛盾。无阶级社会中的人正是在意识形态中体验着与社会关系的适应或不适应,并依靠意识形态去改造自己的意识、态度和行为,从而逐渐符合自己的任务和生存条件。② 这样,意识形态在调节和整合功能的基础上得以成为维系社会结构的纽带。

五、 与马克思社会结构理论的比较及其评价

作为结构主义马克思主义最重要的代表人物,为了抵制当时国际共产主义运动中泛滥的人道主义思潮,同时也为了克服把马克思社会结构理论等同于经济决定论、进化论等的教条主义理解,阿尔都塞运用结构主义方法重新解读马克思著作,强调从研究社会总体结构着手阐述马克思主义社会结构理论,这使他在一定程度上捍卫了马克思社会结构理论的科学性,恢复了马克思社会结构理论在西方社会结构理论领域中的地位和影响。正是基于如此,阿尔都塞在西方马克思主义学术界获得了很高的荣誉,他的著作曾被称作是"马克思主义的文艺复兴"的标志。美国学者埃里克森对阿尔都塞还作了超越马克思本人的颂扬:"如果可以说,马克思只是奠定了马克思主义理论的基石的话,那么,阿尔都塞则在恩格斯、列宁、葛兰西和毛泽东所作贡献的基础上促进了这一理论的某些关键性因素的发展,从而使它得到了更加完善的创立。"③

尽管如此,阿尔都塞因其思想的局限性遭到了许多人尖锐的批评,有人

---

① ［法］路易·阿尔都塞:《保卫马克思》,顾良译,商务印书馆 1984 年版,第 205 页。

② ［法］路易·阿尔都塞:《保卫马克思》,顾良译,商务印书馆 1984 年版,第 205 页。

③ ［美］埃里克森:《阿尔都塞与革命马克思主义的复兴》,《理论评论》1982 年第 30 期。转引自徐崇温:《结构主义与后结构主义》,辽宁人民出版社 1986 年版,第 60—61 页。

说，"阿尔都塞同马克思主义很少有共同点"①；也有人说，阿尔都塞"在承认马克思的著作几乎全都是以黑格尔的影响为标志时，又说马克思断然地同黑格尔相决裂，并同马克思的原文的明确性是相对立的，声称马克思并不真正在说他正在明确说的东西，这是一种打着反教条主义的旗号的非常特别的教条主义"②。阿尔都塞的社会结构理论，或者说他理解的马克思社会结构理论，与马克思本人的社会结构理论在很多方面存在很大差异，有的观点甚至完全违背了马克思的思想。

（1）在本体论上，阿尔都塞认为社会结构是"无主体"，这就与马克思社会结构理论中的"主体"观点存在显著不同。

无论是在创立唯物史观之前，还是创立唯物史观之后，马克思都始终没有抛弃过社会历史主体的观点。只是随着马克思科学的历史观的确立，与青年时期仅从人的本质出发看待主体相比较而言，马克思所说的这一"主体"开始具有根本不同的性质。在《1844年经济学哲学手稿》中，马克思通过对异化劳动的分析，逐渐深化了对主体的认识，认为作为社会历史主体的人不再是一种抽象的自我意识和抽象的理性，而是具体的从事物质生产的劳动者。在《神圣家族》中，马克思明确提出了"历史活动是群众的活动，随着历史活动的深入，必将是群众队伍的扩大"③的经典命题，开始把群众的主体作用提高到历史规律的高度加以认识。在《德意志意识形态》中，马克思进一步把人的全面发展与人类社会生产方式、生产力的发展要求相联系，找到了人的全面发展的现实依据和理论基础。在《关于费尔巴哈的提纲》中，马克思则以总结的形式确立了人作为社会历史主体的地位，提出只有"从主体方面去理解"人的活动，才能真正了解感性世界和揭示出一切对象性事物的秘密。在此之后的许多重要著作中，马克思仍然是通过把人的主体作用与历史的客观规律相结合

---

① 徐崇温：《结构主义与后结构主义》，辽宁人民出版社1986年版，第62页。
② 徐崇温：《结构主义与后结构主义》，辽宁人民出版社1986年版，第62页。
③ 《马克思恩格斯文集》第1卷，人民出版社2009年版，第287页。

的方式来进行对人类社会历史的考察的。而在《哲学的贫困》中,马克思再次系统阐述了社会历史的主客体关系,不仅明确指出从事现实活动的人是社会历史的主体,而且还通过人既是"剧中人"又是"剧作者"的比喻,十分形象地说明了人的主体地位与历史客观规律之间的辩证关系。在为总结 1848 年欧洲革命经验教训而写的《路易·波拿巴的雾月十八日》中,马克思更是直接提出"人们自己创造自己的历史"的命题,从而明确肯定了人的社会历史的主体地位。①

由此可见,阿尔都塞关于社会结构"无主体的"的观点根本不是马克思的,而是他自己的观点以及是他强加于马克思的。

(2)在方法论上,阿尔都塞"多元决定"的矛盾动力论与马克思主义辩证法之间存在着显著的不同。

马克思主义辩证法强调,在复杂的矛盾体系中存在主要矛盾与次要矛盾的区别,而在每一个矛盾的双方中,又存在矛盾的主要方面与次要方面的区别。这两种情况的差别性或特殊性,是矛盾力量不平衡性的表现。马克思将社会结构发展的根本原因,归结为其内在矛盾和矛盾对立面的统一与斗争。在《哲学的贫困》中,马克思指出:"两个相互矛盾方面的共存、斗争以及融合成一个新范畴,就是辩证运动。"②后来,马克思在《资本论》中又再次强调:"黑格尔的'矛盾'"是"一切辩证法的源泉"③。

阿尔都塞从复杂整体的结构形式和矛盾不平衡性的"原始法则"出发,阐述了主次矛盾相互决定作用和"发展是主导结构重组"的思想。阿尔都塞有关以不平衡性作为矛盾动力论的观点,具有不可调和的内在矛盾:一方面,阿尔都塞承认社会结构矛盾发展的不平衡性的绝对性,强调主要矛盾是支配社会结构整体的主导结构,体现着社会结构复杂整体的本质特征。这似乎与马

---

① 郑忆石:《阿尔都塞哲学研究》,广西师范大学出版社 2017 年版,第 152—155 页。
② 《马克思恩格斯文集》第 1 卷,人民出版社 2009 年版,第 605 页。
③ 《资本论》第 1 卷,人民出版社 2004 年版,第 688 页。

克思主义关于主要矛盾和矛盾的主要方面在事物发展过程中起决定作用的思想是一致的；但另一方面，阿尔都塞又认为，在社会结构复杂的矛盾中，无论是主要矛盾还是次要矛盾，它们既都决定着社会结构整体，又同时被社会结构整体所决定。阿尔都塞由此得出了多个矛盾彼此相互决定的多元决定的矛盾动力论。阿尔都塞的这种"多元决定论"在实质上消解了之前认同的主次矛盾之间的不平衡性以及主要矛盾和矛盾的主要方面的决定作用。阿尔都塞从结构变化的角度，强调探讨由各种矛盾和矛盾的各个方面及其相互关系的变化，以及由这些变化而引起的社会整体复杂的结构变化，这在一定程度上与马克思辩证法中承认结构的变化是质变的一种形式的思想有一定的相似性，从而具有一定的合理性。但是，阿尔都塞据此将结构变化视为社会结构发展的根本动力，这既不符合社会结构变化、发展的实际，也违背了马克思辩证法的基本观点。因为任何复杂的社会整体结构变化的根本原因，总是由于其内部各种既对立又统一的矛盾以及每一矛盾的双方共同所引起的。如果没有每一矛盾内部的两个对立面之间的对立与统一，没有各个矛盾之间的对立和统一，那么，社会结构整体内部的各种矛盾和矛盾着的各个方面及其相互关系，就无法产生能够在根本上导致社会结构整体变化发展的重组。

总之，阿尔都塞虽然强调了社会结构是由多种矛盾构成的复杂整体，但却拒绝用对立与统一的原理对矛盾和矛盾结构做进一步分析；虽然强调了矛盾不平衡性的地位和意义，但却又把主导结构看作社会结构普遍的模式；虽然强调矛盾和矛盾的主要方面的转移和变化，却用"多元决定"消解了矛盾的主次之分。因此，阿尔都塞并没有真正正确地理解和掌握马克思主义辩证法，而将其纳入到结构主义的轨道，并由此得出了具有浓厚的结构主义特色的"多元决定"的矛盾动力论观点。①

（3）在认识论上，阿尔都塞对"意识形态"的理解和他关于马克思"认识论

---

① 郑忆石：《阿尔都塞哲学研究》，广西师范大学出版社 2017 年版，第 230—234 页。

断裂"的观点,既自身自相矛盾又不符合马克思的意识形态思想。

从早期著作到《德意志意识形态》再到晚年著作,马克思不仅一直在运用"意识形态"这一概念,而且一直用其来指称"虚假的意识"。马克思即使在成熟时期也是"屈从"于"意识形态"的①,并没有出现阿尔都塞所说的"断裂"。在马克思看来,从发生学—功能性的角度来说,"意识形态"即"资产阶级的意识形态"。"虚假的意识"是由资产阶级的利益所决定的,它以扭曲颠倒的方式解释社会事实,将现实的社会关系虚假化和神秘化。但是,随着社会生活的不断发展变化,意识形态的斗争在整个阶级斗争中的地位日益突出,"无产阶级的意识形态"也变得越来越明确。

从对"意识形态"概念的定义来看,阿尔都塞虽然一方面说,"意识形态是个表象的体系,但这个表象在大多数情况下与'意识'毫无关系;……意识形态根本不是意识的一种形式"。② 但是在另一方面,阿尔都塞又说,意识形态是"虚假的意识"。他在《保卫马克思》一书中,用"自由"这一资产阶级的意识形态为例,并通过这个词的两种含义,即资产者的自由和所有人的自由,说明意识形态把剥削者和被剥削者两者都神秘化了。③

为了捍卫马克思主义,阿尔都塞以马克思主义纯粹科学性的名义对马克思主义中的意识形态进行讨伐,主张"科学必须拒斥'包围'它的意识形态"④。但同时,阿尔都塞又强调,意识形态是"永恒的",它是每一种社会形式都不可缺少的社会生活的组成部分,即便在共产主义社会中,它将比现在发挥更为重要的作用。阿尔都塞甚至还嘲笑"纯粹"科学是不可能的神话。在

---

① ［波兰］亚当·沙夫:《结构主义与马克思主义》,袁晖、李绍明译,山东大学出版社 2009 年版,第41页。
② ［法］路易·阿尔都塞:《保卫马克思》,顾良译,商务印书馆 1984 年版,第202—203页。
③ ［法］路易·阿尔都塞:《保卫马克思》,顾良译,商务印书馆 1984 年版,第204—205页。阿尔都塞在《列宁与哲学》中明确地把意识形态看作"虚假的意识"。
④ ［波兰］亚当·沙夫:《结构主义与马克思主义》,袁晖、李绍明译,山东大学出版社 2009 年版,第42页。

实践—社会功能方面,阿尔都塞"把意识形态提升到了能够相对自主地发挥作用的层面上,使它无法被机械地化约为支撑物。但是,把意识远远地甩在一边也意味着,作为跨历史的结构,它已经生长过度了"。① 这些都说明了阿尔都塞对"意识形态"的理解是自相矛盾的。也正因为如此,阿尔都塞被其他学者严厉地斥责为"以不负责任的态度运用哲学语言"②。

尽管对于捍卫马克思社会结构理论的科学性和推动其发展,阿尔都塞作出了一定的贡献。他关于意识形态是"虚假的意识"和"永恒"的观点,与马克思社会结构理论关于意识形态的观点基本一致,对当前我们加强意识形态教育和引导,维护国家意识形态安全具有一定的启示。但是,阿尔都塞根据结构主义的"症候阅读法"对马克思文本进行重新解读,宣称"马克思本人并没有充分理解他自己的思想和他所发动的科学革命的重要性"。这样一来,阿尔都塞不仅把马克思本人从未说过的东西强加于马克思头上,而且还把马克思本人明确宣布信奉的东西强行说成是马克思在实际上所反对的东西。这不能被看作是发展马克思主义、推进马克思主义的慎重态度。以至于到最后,阿尔都塞自己公开宣告存在"马克思主义的危机",这标志着他长期以来鼓吹的"结构主义的马克思主义"社会结构理论的最终破产。

---

① [法]弗朗索瓦·多斯:《结构主义史》,季广茂译,金城出版社 2012 年版,第 382 页。
② [波兰]亚当·沙夫:《结构主义与马克思主义》,袁晖、李绍明译,山东大学出版社 2009 年版,第 43 页。

第四章　现代西方社会结构
理论的反思与解构

　　20 世纪 60 年代末,以德里达、福柯为主要代表的后结构主义社会结构理论家,他们大部分之前都是结构主义者,也都自觉或不自觉地从马克思那里继承了很多东西,但他们不再把对马克思社会结构理论的重新解释作为己任,不再囿于马克思社会结构理论的既有框架,甚至也不再刻意渲染自己的学说同马克思社会结构理论的关系。可以说,在这一流派的社会结构理论中,马克思社会结构理论的影响已退回到背景中或已变成了潜台词。①

第一节　德里达的解构主义社会结构理论

　　雅克·德里达(Jacques Derrida,1930—2004),法国著名的哲学家,是西方解构主义的代表人物。1966 年 10 月,在一次有关结构主义的国际学术研讨会上,德里达发表了以《人文科学话语中的结构、符号与游戏》为主题的演讲,他首次使用"解构"一词并将矛头直指当时风头最盛的结构主义的"结构"概念,意指拆解传统的结构。此次演讲后,立即在法国兴起了一个被称为"解构主义"或"后

---

　　①　夏光:《后结构主义思潮与后现代社会理论》,社会科学文献出版社 2003 年版,第 49 页。

结构主义"新的学术派别。德里达"是法国第一个对结构主义持保留意见的人。他的解构作为一场运动,削弱了结构主义的发展"。① 德里达的解构主义社会结构理论主要蕴含在《写作与差异》(1967)、《论文字学》(1967)、《声音与现象》(1967)、《散播》(1972)、《马克思的幽灵》(1993)等著作之中。

一、 解构：社会结构研究的方法

德里达的名字首先是与"解构"这一概念相联系的,甚至可以说,"德里达"与"解构"差不多是同义语。解构既是一种理论,也是一种实践,它是德里达进行社会结构研究的重要方法。②

"解构"(deconstruction)一词最初是来源于海德格尔《存在与时间》中的"destruktion",原意指拆解或揭示。海德格尔借用这一术语来批判传统的形而上学,甚至将"拆解"形而上学作为自己的基本任务。海德格尔使用这一概念的目的不是为了否定形而上学体系,而是要通过"拆解"的方式自由地展现形而上学。从这个意义上来说,在海德格尔看来,"拆解"蕴含着肯定的因素,或者带有积极的建设性要求。

虽然海德格尔的"拆解"是对传统哲学的一次沉重打击,具有一定的进步意义,但是,德里达认为,海德格尔的"拆解"也存在缺陷,它在本质上是传统存在论的一种变形。海德格尔没有找到西方传统形而上学思想的真正源头,这导致他不能从根本上彻底地解构历史。另外,在海德格尔的理论体系中,他虽然重点分析了传统本体论与西方语言之间的关系,但是他并没有进一步拆解二元对立的思维模式,这导致他不能对传统形而上学的思想基础进行真正彻底的批判。正是基于这两个方面的原因,德里达认为,海德格尔只不过是借用现象学的方法把形而上学隐去,使被形而上学所遮蔽的存在问题得以敞开和呈

---

① 勒内·马若尔接受弗朗索瓦·多斯访谈时所言。参见[法]弗朗索瓦·多斯:《解构主义史》,李广茂译,金城出版社 2011 年版,第 23 页。

② 夏光:《后结构主义思潮与后现代社会理论》,社会科学文献出版社 2003 年版,第326 页。

现出来。这是一种新的形而上学,在实质上与传统意义上的形而上学属于一种共同的东西,即它们都是通过"逻各斯中心"和"声音中心论"来进行的。

在对海德格尔"拆解"概念进行批判的基础上,德里达创造性地提出了自己的"解构"概念。德里达的策略是"解"与"构",这既意味着破坏,又意味着建设。① 解构既是"破"又是"立",是"破"与"立"的统一。德里达的目的是要"解构"西方的传统形而上学,更具体地来说,是要实现对西方传统形而上学中以"逻各斯"或"在场"为中心的二元对立的等级结构的解构。西方哲学中一直有一种形而上学的传统。从古希腊时期的德谟克利特、柏拉图,到近代的康德、黑格尔,再到现代的海德格尔,他们都认为一切知识或事物都存在一个绝对的"逻各斯"或"在场",正是这一绝对的"在场"或"逻各斯"支配着整个人类社会和自然界,使人类社会生活和自然界的一切都处于稳定而有序的状态。由此看来,西方传统形而上学在实质上就是"逻各斯中心论"和与之相辅相成的"声音中心论",属于一种"关于在场的形而上学"。② 德里达通过"解构"完成了对西方传统形而上学传统彻底的摧毁。

德里达认为,"在场"不仅表示事物的本原、实质的存在,而且更意味着事物的本原、实质是意义的来源或基础,而意义则是通过人的意识并且在人的语言沟通中所获得的。从这个意义上来说,德里达所说的"在场",实际上是指事物的本原、实质或本质相对于意识和语言的在场。③

"逻各斯"(logos)作为古希腊文化中的一个重要概念,它的基本含义产生于当时流行的"诡辩术",特指人们在辩论中通过发出来的声音或说出来的话所表示的人的理性和事物的本质。在德里达看来,作为一个概念,逻各斯意味着语言(即声音、说话)、人的理性和事物的本质以及它们相互之间的一致性,

---

① [法]弗朗索瓦·多斯:《解构主义史》,李广茂译,金城出版社 2011 年版,第 25 页。
② 夏光:《后结构主义思潮与后现代社会理论》,社会科学文献出版社 2003 年版,第 327 页。
③ 夏光:《后结构主义思潮与后现代社会理论》,社会科学文献出版社 2003 年版,第 328 页。

而这种一致性还应该蕴含着真理或知识。逻各斯的这种一致性主要包含了两个方面的含义:一是思维与存在,即理性与客观事物之间的同一性;二是思维与语言,即思维与对思维的再现之间的同一性。简而言之,德里达所说的"逻各斯中心论"就是表示人的思维与事物的本质和人的语言之间的直接同一性。相对神话而言,辩论术是一个根本性的进步。在对事物本质的解释中,神话是以寓言、传说和想象为基础的,而辩论术则诉诸公开辩论和人的理性。但是,在当时的辩论中,哲学家们必须假定事物本质的存在或"在场",并假定事物的本质对人的理性来说是可以认知的,并且能够再现于人的语言。正是在这个意义上,强调从"逻各斯中心论"出发的哲学的形而上学在本质上就是"关于在场的形而上学"。[①]

作为语言、理性和事物本质的三位一体,逻各斯包含了声音,因此,他认为,"声音中心论"是"逻各斯中心论"的一部分,"逻各斯的在场"实际上是指事物本质和人的理性在话语或声音中的在场。作为再现逻各斯或表达意义的语言,在声音(即说话)与文字(即写作)的对比中,声音处于中心地位。

逻各斯中心论和声音中心论以理性与事物、语言之间的同一性的假定作为研究的根本出发点,把逻各斯的在场与缺席、声音与文本对立起来,并通过这两种对立确立了逻各斯和声音在整个意义体系中的中心地位。德里达认为,逻各斯中心论和声音中心论不仅是西方传统形而上学的重要内容,而且更重要的是它们还代表了形而上学的基本特征。因此,德里达力图通过对逻各斯中心论和声音中心论的解构来实现对形而上学的解构。[②]

德里达是从逻各斯中心论和声音中心论的内在矛盾出发着手对它们进行解构的。德里达认为,声音与文本的关系从一开始就是双向和双重的:一方

---

① 夏光:《后结构主义思潮与后现代社会理论》,社会科学文献出版社 2003 年版,第 329 页。

② 夏光:《后结构主义思潮与后现代社会理论》,社会科学文献出版社 2003 年版,第 338 页。

面,文本在一定程度上对逻各斯的在场和声音的真实性构成了威胁,由于逻各斯和声音的缺失,文本是否忠实于逻各斯和声音的原始形式无法知晓。另一方面,真理是永恒的,真正的意义应该是能够重复的,而文本是真理重复和记忆的最好形式。① 由此可以看出,德里达对"逻各斯中心论"和"声音中心论"的解构实际上是它们的自我解构。

德里达对现代西方结构主义社会结构理论中的逻各斯中心论和声音中心论的传统进行了解构。列维-斯特劳斯把非西方文明作为社会结构研究的出发点,认为那些土著人与自然相接近并且不为利润和技术所驱使,他们没有历史的概念而生活在永恒的现在中,他们的思维是神话式的或未被启蒙的。在列维-斯特劳斯进入印第安人部落之前,该部落的人对写作或文字一无所知,他们生活在原始的和平状态。而当他把文字引介该部落之后,知识和权力的不平等分配就产生了——正是部落的首领率先用文字来服务于自己的权力。自从有了文字,该部落就再也无法回到其纯粹的原始状态,而不得不接受从文字中产生的新的社会秩序。德里达对列维-斯特劳斯的这一观点提出了质疑和解构。德里达沿用列维-斯特劳斯本人提供的证据说明,早在文字引入之前该印第安人部落就已经有了"文明"的社会关系,社会不平等和等级差异是该部落日常生活的一部分,否则部落首领不可能率先掌握写作并运用达到权力效应。德里达认为,在写作和文字被引进之前,某种更广义的"写作",即原有的社会关系已经在发生作用了。因此,西方与非西方、写作与无写作的对立,完全是列维-斯特劳斯虚构的。②

---

① 夏光:《后结构主义思潮与后现代社会理论》,社会科学文献出版社 2003 年版,第 332 页。德里达证明了倡导声音中心论的柏拉图本人是声音中心论的第一个解构者。柏拉图以"对话录"的形式把苏格拉底的哲学思想保存下来;换言之,他不得不在逻各斯和声音不在场的情况下通过写作来再现在场。他的记录或多或少是苏格拉底的哲学思想,但他并不能完全保证其记录与苏格拉底的哲学思想完全一样,更不能保证在后人对其记录的解释中不会有误解、歪曲和篡改。

② 夏光:《后结构主义思潮与后现代社会理论》,社会科学文献出版社 2003 年版,第 340 页。

德里达提出，解构所遵循的逻辑不是彼此对立、非此即彼，而应该是非此非彼、亦此亦彼。① 从他对列维-斯特劳斯结构主义社会结构理论的解构可以看出，德里达的解构不是对传统的二元对立的结构的解除，也不是将二元对立中的中心与边缘的关系颠倒过来，他只是揭示了任何二元对立本身的不稳定、不确定和可逆转的状态。

二、 语言符号的"延异"：社会结构分析的起点

"延异"，是德里达在对索绪尔语言符号的"差异"进行解构时所创造的一个新术语。延异在德里达的解构主义理论体系中具有非常重要的地位，与强调语言和思想一致性关系的逻格斯中心论正好相反，它表示意义不断被消解的状态。

"差异"（difference），是索绪尔在语言学理论中用于描述语言符号性质和状态的词语。索绪尔认为，"能指"和"所指"的关系，正如字和物之间的联结一样，是任意的，因此，语言符号也是任意的，它主要是通过与其他一切符号区分开来的差异而获得意义的。

然而，德里达认为，索绪尔语言学的"差异"思想是不彻底的。一方面，索绪尔强调符号的所指与能指之间具有一种平行互补的差异关系，所指不能决定能指；另一方面，索绪尔又认为符号的所指和能指的关系就像一枚硬币的正反两面，两者密不可分，不仅所指优先于能指，而且能指完全依附于所指。此外，德里达还认为，索绪尔的"差异"仅仅是指语言符号内部所指和能指之间的差异关系，却没有涉及符号与事物之间的差异关系，即没有把差异扩展到语言符号之外的客观的现实世界。也就是说，符号不能在字面上代表它所意指的事物，产生出作为在场的所指，因为符号既然是符号，就只是所指事物的替代品。因此，描写永远不是再现在场，而总是推迟所指事物的再现在场，从而

---

① Jacques Derrida, *Of Grammatology*, *Baltimore*, MD: John Hopkins University Press, 1976, p.lxxii.

使符号成为拖延(defer)和差异(differ)的奇怪的双重运动。

为了从根本上弥补索绪尔的"差异"的这一局限性,德里达创造性地提出了"延异"(différance)这一术语,它既包含了差异之意,又包含了拖延之意。[1]"延异"不是一种有限的差异,而是一种无限的差异。延异的这种无限性主要表现为它在内容上涵盖了索绪尔的"差异"之意,用来指代符号在所指与所指、能指与能指以及所指与能指之间所存在的空间差异关系,还用来指代各种语言符号因素本身的时间性差异关系,从而超出了索绪尔的"差异"的内涵。另外,延异不仅指代语言符号内部的所指或能指之间的差异关系,而且还指代语言符号与外部客观事物之间在空间和时间上的差异关系。索绪尔将语言和现实世界看作是分离的,他的"差异"仅指语言领域里不同的符号之间的差异。但是,德里达则把语言符号和现实世界看成是不可分割的统一体,认为如果没有语言符号,那么就无法将现实世界呈现出来。为了阐释这个观点,德里达甚至还提出过"事物本身就是符号"和"文本之外无他物"等观点。由此看来,德里达的"延异",无论是在内涵上还是在外延上,都大大超越了索绪尔的"差异",指代包含语言符号、客观事物在内的一切存在物之间的差异性。世界上没有任何事物可以避开"延异",所有的事物都是"差异的自由运动"的结果。也就是说,在德里达看来,"延异"是世界的本源之本源、基础之基础。而这种"延异"本身是差异的,是不完全的,是没有简单统一的"本源",它是差异的结构性的和无同一性的本源,因而它是没有统一性、没有终点、没有根基的本源,是无本源的本源。[2]

传统的哲学家们一直强调符号系统与意义之间的一致性,其目的不仅是为了掩盖语言符号所具有的社会文化本质,而且还力图通过语言符号进一步延伸到社会结构,并说明维续现存的社会结构秩序和等级关系的合理性。相

---

[1]　徐崇温:《结构主义与后结构主义》,辽宁人民出版社1986年版,第272页。
[2]　肖锦龙:《德里达的解构理论思想性质论》,中国社会科学出版社2004年版,第78—81页。

对而言,传统的哲学家们更加强调符号系统与意义之间的一致性,而忽略二者的差异性。但是,在现实中,符号系统与意义之间的差异是永久性存在的,永不间断地发生着作用,而一致性反而却是相对的。正是由于差异性的这种客观存在,语言符号系统才得以形成其内在的逻辑体系和灵魂。在德里达的解构主义思想中,他非常强调符号系统与意义之间差异的重要性,并且通过这个差异把传统的主体、基础等形而上学的概念消解掉了。德里达认为,符号系统和现实世界中存在的事物之间,以及人们所信仰的真理标准之间都存在差异,正是这种差异把这些事物之间的所有界限都划分清楚了。语言符号与现实客观事物之间的差异,不仅是永远不能被克服的,而且还成为一种流动的能量,推动思想不断自由发展。语言符号与现实客观事物的差异揭示了现实事物的本质,也为人类自由创造思想提供了强大的动力。

德里达坚持把语言符号的"延异"作为社会结构分析的起点,实现了结构主义社会结构理论从片面、静态、封闭、单一向全面、动态、开放、多元的转向。

三、 承认"他者"：社会结构研究的途径

德里达认为,西方传统形而上学往往假定有某种形式的"二元对立",并假定对立双方中的一方处于决定性地位的中心,而另一方是被决定的边缘,如以灵魂为中心的灵魂与肉体的对立,以善为中心的善与恶的对立,以人为中心的人与自然的对立,以本质为中心的本质与现象的对立,等等。在西方形而上学的传统中,似乎存在着中心论、二元论不变的结构性因素。这种等级化的结构与现实社会结构中的文化垄断和政治统治是相对应的。①

无论是胡塞尔的现象学还是海德格尔的本体论,它们都把自我和自我的思想和精神或灵魂看作世界的根本,将理论的焦点集中于自我和自我的思维、观察、经验、理解、担忧上,而自我之外的他者则被完全忽略了。它们用理性的

---

① 夏光:《后结构主义思潮与后现代社会理论》,社会科学文献出版社 2003 年版,第 97 页。

方式去概括和说明欲望,用"我"去推断他人的状况,用人和人的现在去揣摩上帝和未来,将他者完全归并到了自我之中。在德里达看来,胡塞尔和海德格尔是典型的自我中心主义者,他们完全忽略了人类生活活动中的极其重要的一面,即他者。① 而勒维那提出,哲学的重心是他者而不是自我,即哲学应该是以研究自我如何听命于和响应他者为目标的伦理学。勒维那的这种全新的思想将社会结构研究引向了一个全新的世界:它不是一个自我不断重复自己的世界,而是一个从自我不断走向他者以及从一个他者不断走向另一个他者的世界;它不是一个由自我主宰的单一的封闭稳定的世界,而是一个由若干"他者"自由组成的多元的开放变动的世界。② 在德里达看来,勒维那的这一思想虽然是对以往自我中心论的反叛和革命,但是,勒维那又从一个极端走向了另一个极端,极力否定自我而张扬他者。勒维那的这种从他者出发、用他者取代自我的思想不仅在本质上与传统的逻格斯中心论并没有本质区别,而且这种思想的可行性也是值得深刻怀疑的。任何一个人都不可能完全从他者的立场去体验事物,而只能是通过自我来观察、理解、认识、体验他者和世界。因此,勒维那想绕开自我而直接以他者的立场来理解现实世界,这显然只是一种美好但却根本不可能实现的哲学幻想。

德里达既不满意于以胡塞尔和海德格尔为代表的自我中心论,也对以勒维那为代表的他者中心论不以为然,他从解构的角度提出了一种关于人类思想意识的一种新观念,即:自我和他者之间的关系不是一方决定和兼并另一方的关系,而是双方平行互补的关系。③ 德里达试图解构这种等级结构,他不再用一个中心取代另一个中心,一种本源代替另一种本源,他认为现实世界处于一种多元性、流动性和开放性的状态,也就是没有中心、没有对立、没有边缘的

---

①　肖锦龙:《德里达的解构理论思想性质论》,中国社会科学出版社 2004 年版,第 114—115 页。

②　肖锦龙:《德里达的解构理论思想性质论》,中国社会科学出版社 2004 年版,第 117—118 页。

③　肖锦龙:《德里达的解构理论思想性质论》,中国社会科学出版社 2004 年版,第 123 页。

状态。他对现存体系中的他者予以特别的关注，认为自我与他者的对立是人为地、历史地建构的。① 德里达所说的"他者"（the other），是相对于"自我"的一个概念，指在现实世界中除了自我之外的一切客观存在。他者包括所有在现存的意义体系中没有被"再现"或没有被符号化的人和事物。在现存社会秩序中，所有处于边缘地位或被边缘化的人和事物都属于他者，例如吸毒者、同性恋者等。德里达认为，所有语言符号都是以他者为指涉性的，从一个他者传到另一个他者，永远没有终点。这也就是说，所有的他者都应该得到承认，而承认他者，首先就要承认他者的语言，即让他者具有说话的权利。② 对此，德里达曾经明确提出，他的哲学是以"表示对他者的尊敬"和"让他者说话"为意图的。③ 由此可以看出，德里达的解构主义理论并没有超出语言的范围，而他所倡导的在实质上只不过是一种语言中的政治。④ 从社会结构理论的角度来说，德里达的学说是对社会互动的媒介——语言所扮演角色的重新解释。确切地说，德里达的学说是对语言与主体之间、主体与主体之间的相互关系以及由这些关系形成的社会关系的重新解释。德里达试图通过引入"他者"的概念，对他者进行重新定位，使现存社会秩序成为一个承认他者并对他者的语言实行开放的体系。⑤

此外，德里达还提出，"声音中心论"与人类学中的人种中心主义，尤其是西方白人种族中心主义在本质上是密切相关的。当西方白人在谈论"有色人种"这个概念时，从不涉及白人自身，一般仅指黑人或黄种人。由此可见，在现实社会中，西方白人并没有把自己看成是具有某种种族特征的族群，比如白

① 夏光：《后结构主义思潮与后现代社会理论》，社会科学文献出版社 2003 年版，第 97 页。
② 夏光：《后结构主义思潮与后现代社会理论》，社会科学文献出版社 2003 年版，第 97 页。
③ Martin, Matrix and Line: *Derrida and the Possibilities of Postmodern Social Theory*. Albany: State University of New York Press, 1992, p.23.
④ Martin, Matrix and Line: *Derrida and the Possibilities of Postmodern Social Theory*. Albany: State University of New York Press, 1992, p.15, 131.
⑤ Martin, Matrix and Line: *Derrida and the Possibilities of Postmodern Social Theory*. Albany: State University of New York Press, 1992, pp.9–14.

色人种,而是自然而然地将自己与"人类"等同起来。也就是说,白人在种族族群的呈现中是缺席的,这说明西方白人文化在世界文化中依然处于主体地位。世界政坛、媒体和教育依然被西方白人所掌握和控制着。正是由于西方白人控制着世界的主要话语权,不断把除了白人自己之外的其他种族他者化,而从来不指涉白人自己,才最终导致了白人作为一个种族在关于种族族群的整个话语体系中的缺席。德里达认为,要突破这种种族族群的社会结构观,首先必须突破白人主导的字母文字的范围,而走向由字母和非字母文字等多元文字形式所组成的多元文字结构。也就是,人们只有走向字母文字的他者,才能突破白人主导的种族族群的社会结构观。

由此可以看出,德里达解构的后果不局限于语言,它还"涉及了所有的社会制度"①,"是有效或主动的干预","尤其是政治性和制度性的干预"②。与排外、压抑、边缘化和同化的实践相反,德里达的解构主义社会结构理论是对他者的承认,承认他者和他者的语言是进行社会结构研究不可回避的必然途径。

四、 民主: 社会结构研究的目标

德里达的社会结构理论通过承认"他者",最终旨向是民主。在德里达看来,民主是进行社会结构研究的终极目标。

德里达强调尊重他者,让他者有说话的权利,实际上倡导了一种以解构理论为基础的伦理。德里达的伦理中有两个核心概念,即"不可决定性"和"责任感"。其中,不可决定性是指在现存社会秩序下的不可决定性。不可决定性虽然并没有超出现存社会秩序的范围,但是,它又不是完全由现存社会秩序所决定的,仅仅只是在现社会存秩序情况下所作的不可能的决定。德里达认

---

① West,*An Introduction to Continental Philosophy*.Cambridge:Polity,1996,p.186.

② Bernstein,*The New Constellation:The Ethical-Political Horizons of Modernity/Postmodernity*.Cambridge,MA:The MIT Press,1992,p.197.

为，一个公正的或真正有意义的决定，必须充分考虑到现存社会秩序之外的若干他者，因为正是这些他者产生了不可决定性。如果没有这种充分考虑他者的不可决定性，那么就不可能真正实现社会秩序的公正。在现存社会秩序中，由于他者总是无条件地以其独特性而客观存在着，这就要求必须在一个无限公正的观念基础上对现存社会秩序的所有前提进行解构。这也就是说，不可决定性是一个无条件、无止境的永恒过程。德里达是从对他者的考虑出发来解构现存社会秩序的，"用他者的语言将自我与他者联系起来是所有可能的公正的条件"。① 因此，无论是解构的力量、运作，还是解构的动机，都是对现存社会秩序的无限超越。

德里达对他者的关注和考虑，实际上就是自我对他者的责任感的一种体现，而解构则意味着自我对他者责任感的增加。与此相反，一个完全为现有秩序所决定的决定，即一个在既定语境中可预知的决定，换句话说，就是一个不是在不可决定性情况下所作的决定，是没有责任感的决定。从这段表述可以看出，在德里达看来，对他者的责任感不是自我偶然的或次要的属性，而是先于自我的本质和自由而客观存在的。也就是说，自我内含了对他者的责任。他者的客观存在决定了现存社会秩序中所具有的不可决定性因素，而对他者的承认和考虑正是自我对他者负有责任感的必然体现。② 因此，"不可决定性"和"责任感"这两个概念，不仅是德里达从客观存在的他者和对他者的承认中进一步衍生出来的，而且也是德里达用来解构现存社会秩序的两个重要概念。

基于对"不可决定性"和"责任感"的理解，德里达把现存社会秩序与民主联系起来，对现存社会秩序进行了更深入的解构。德里达认为，现实社会中的

---

① Kearney, "*Derrida's Ethical Turn*", in *Working through Derrida*, edited by Gary B. Madison, Evanston, Illions: Northwestern University Press, 1993, p.36.

② 夏光：《后结构主义思潮与后现代社会理论》，社会科学文献出版社 2003 年版，第347 页。

民主处于某种悖论之中：一方面，民主意味着对社会中每一个他者的特殊性和可变性的尊重；另一方面，民主又意味着对所有他者，即所有不同个体之间的平等的无止境的追求。也就是说，民主既要绝对尊重每一个社会成员的特殊性，又要追求所有成员之间的绝对平等，这两个方面是永远不可能同时实现的悖论。因此，真正绝对的民主在现实社会中是不可能完全实现的，承认民主由于在现实中的这一悖论所导致的不可能性，就成为民主本身的一个必要条件。民主与解构是紧密相关、不可分割的。首先，对民主的确认，就是要维护社会中每一个他者进行批判、质疑和解构的权利；其次，没有民主就不可能进行解构，而没有解构也不可能有真正的民主；最后，解构促使民主超越其自身的限制得以不断提升，而民主则是实现自我超越的解构的动力。由此可以看出，德里达实际上是用解构的方法对民主进行了重新规定。德里达没有否定民主，但是，他认为，对现实社会中民主的超越是民主本身的一种内在要求，而超越现实社会民主的方法和手段只能是解构。德里达通过对不可决定性和责任感的强调，表明民主不是一个封闭的、同一的、有限的体系或秩序，而应该是一个以永远能够承认、包容他者为基础的开放的、多元的、无边界的体系或秩序。对于德里达而言，民主既没有决定性可言，也没有任何东西是可以预知的。民主意味着不可决定性、对他者的责任感以及对现存社会秩序的永恒超越。[①]

德里达对公正和民主的关注表明，他的解构主义不是与现实社会和具体实践风马牛不相及的语言游戏或"文本革命"。实际上，德里达以解构为方法，以语言符号的延异为起点，通过承认他者的途径对社会结构进行了分析和研究，最终实现使现存社会秩序朝着更激进的民主化方向发展。这使德里达的解构主义社会结构理论具有显著的伦理—政治意蕴。

---

① 夏光：《后结构主义思潮与后现代社会理论》，社会科学文献出版社2003年版，第350页。

五、 与马克思社会结构理论的比较及其评价

德里达与马克思的关系并不仅限于《马克思的幽灵》之中。早在 20 世纪初，德里达就开始关注马克思主义，但他并没有像那些教条的马克思主义者那样，把马克思主义当作既定的、一成不变的东西加以吸收和利用。

解构主义刚出现的时候，德里达的一些信徒企图论证它与马克思主义的相近性。德里达自己对他和马克思的关系说法并不始终一致。德里达在《写作和差异》中，说明了解构主义是把非同一性和差异的不同作用，看作是存在的较高级状态的；它不是把异质性和矛盾包含在神正论中，而是追随尼采，把生活同一定量的倾轧和暴力的不可避免性联结在一起，从而表明了它同马克思主义是不同的。但是，德里达又提出，他并不认为他说过任何同马克思主义不一致的东西。

德里达的解构主义社会结构理论与马克思社会结构理论至少在以下四个方面有相似性：①第一，关于资本主义社会中的个人与社会结构的关系。两者都从结构的角度来理解个人，都把个人看作是社会结构的一部分，都认为社会结构整体对个人有决定性的影响。第二，关于个人对结构的意识。马克思提出，在资本主义社会中，社会的意识形态掩盖或歪曲了社会现实的真相，人们往往会对社会现实产生"错误意识"。在这两种情形下，真实的社会结构都不能被意识到。列维－斯特劳斯曾谈到，真正的现实社会根本不是现实社会中表现最明显的部分。这道出了包括德里达在内的结构主义者和后结构主义者与马克思的共同心声。也就是说，在德里达和马克思两者看来，结构对于个人来说，都属于"无意识"领域。第三，关于社会结构的性质。马克思把它看作是人的异化，从人的规定上对社会结构作了批判性评价。而德里达认为，在马克思主义的诸多精神中，批判的精神始终在吸引着

① 夏光：《后结构主义思潮与后现代社会理论》，社会科学文献出版社 2003 年版，第50—57 页。

他。他曾明确表达:"求助于某种马克思主义的批判精神仍然是当务之急,而且将必定是无限期的必要的。如果人们知道如何使这种马克思主义的批判适应新的条件……那么这种马克思主义的批判就依然能够结出硕果。"①第四,关于社会结构的可变性。两者都认为社会结构不是一成不变的,而是可以超越和解构的。

德里达的解构主义社会结构理论与马克思社会结构理论的区别主要表现在以下三个方面:第一,在人道主义的问题上,德里达在批判萨特潜在的人道主义时,他说,一切事物的发生好像"人"这个符号没有什么根源,没有历史的、文化的、语言学的限定,甚至没有一个形而上学的限定。第二,在对待黑格尔的问题上,德里达认为仅仅使黑格尔头脚颠倒,会继续在相同的形而上学空间工作,因为否定他的名词并不能避开他的参考框架。第三,在唯物主义和唯心主义之间斗争的问题上,德里达不仅把反对声音中心论的斗争看成是高于反对唯心主义的斗争,而且还认为某些非唯心主义和反唯心主义的哲学,同样也是声音中心论的组成部分。②

德里达虽然是解构主义和后结构主义的重要代表人物,但其思想理论的成功是与结构主义的大获全胜是同步完成的。德里达声称,结构主义只是植根于形而上学概念中的整个西方思想中的一个插曲,而他本人就是要彻底"消解"西方形而上学的"言语中心论""声音中心论"传统。德里达因为随心所欲地玩着稀奇古怪而精妙绝伦的语言游戏而成为西方社会结构理论中最有争议性的一个人物,西方学术界对他的评价毁誉参半。有人说德里达是 20 世纪最重要、最卓越的哲学家之一,也有人说他是故弄玄虚、混淆视听的江湖骗子。德里达的解构主义受到批评最多,被认为是破坏有余建构不足。

---

①　[法]雅克·德里达:《马克思的幽灵:债务国家、哀悼活动和新国际》,何一译,中国人民大学出版社 1999 年版,第 122 页。

②　徐崇温:《结构主义与后结构主义》,辽宁人民出版社 1986 年版,第 288—289 页。

首先,在哲学领域,德里达对西方逻各斯中心论的解构虽然很激进,但是仍然存在一定的局限性。一方面,德里达把逻各斯中心论视作一种神学并对其展开批评,而德里达的批评却像是另一种形式的神学。英国批评家特富德尔在谈到德里达的解构主义时,说道:"解构主义声称以反神学为其宗旨,可是它自身却颇似一种宗教活动。"①德里达用来作为解构的一些概念,比如"延异""踪迹""他者""幽灵"等,这些概念本身也是一种玄而又玄、难以言说的东西,在一定程度上也未尝不是一个改头换面的上帝。另一方面,德里达的解构的目的虽然是要反对传统的二元对立和中心论,但是,德里达的解构在一定程度上却又制造了一种新的中心论和二元对立,也就是制造了中心与边缘二者之间的对立。德里达的解构的最终结果,就是把现存社会秩序中的中心变成边缘,而把现存社会秩序中的边缘不断推向中心。从这个意义上来看,德里达对传统形而上学中的逻各斯中心论的解构本身在实质上是一种新形式的逻各斯。

其次,在语言学领域,批评德里达的解构的声音也是不绝于耳。德里达认为,语言的本质不是由文字和事物、话语和先于话语产生并独立存在的客观现实之间的关系来确定的,而是由语言自己的内部结构所决定的。这样一来,德里达就将语言从现实社会的羁绊之中解放出来,使语言成为一种以自我作参考、独立自主的过程。根据德里达这种解构后的语言观,一切知识都只有通过描写才能被获得。也就是说,一切知识都要经过中介被组织在话语中,只有通过文字符号才能够同现实事物相联结而形成知识。这就意味着对直接知识的否定,认为人们同现实社会的关系必然而且唯一的是一种话语的关系。这显然是没有充足根据的。② 另外,德里达认为,文本不仅蕴含着某种意义,而且还体现着某种价值观念,因此,文本不是简单的白纸黑字。当文本被解构后,文本的意义虽然呈现出一种开放状态,但是,文本意义的明确性却也因此而消

---

① 陆扬:《德里达的幽灵》,武汉大学出版社 2008 年版,第 294 页。
② 徐崇温:《结构主义与后结构主义》,辽宁人民出版社 1986 年版,第 282—283 页。

失殆尽。这无疑会给对语言或文本的理解造成巨大的混乱。①

　　最后,在政治领域,德里达的解构主义有消极、无所作为的保守倾向。当代德国哲学家哈贝马斯评价以德里达为主要代表的后结构主义时,他说:"他们声称自己是从劳动和有用性解放出来的移心的主观性的显示,而且他们以这种经验站在现代世界之外,……他们的摩尼教的方式给工具理性并列了一个只有通过唤起才能接近的原则,而不论它是权力意志还是主权,是存在还是诗的酒神力量,这条路线从巴塔叶经过福柯直到德里达。"②有一些西方学者更是明确指出,德里达后结构主义这种天生的保守性,不能为克服当代资本主义社会的不完善性提供任何希望的政治含义,其根源在于德里达"被囚禁在结构主义之人格化的语言迷宫中"。③

　　德里达虽然按照自己的思想极力地驱逐传统形而上学中的理性,但是,理性却总是像幽灵一样徘徊在德里达的解构主义之中。在这个意义上来说,德里达所倡导的解构主义并不是一场很成功的反理性运动。德里达对自己的解构主义所招来的批评非常清楚,也从不回避。在1972年的一次访谈中,德里达曾亲自谈到人们对他的批评,他说:"这里,人们把我所斥责的东西又套在我的头上,好像人们已不急于批评或讨论我,而是首先站在我的位置上这样做。"④

　　总而言之,德里达虽然算不上是一个通常意义上的社会结构理论家,但不可否认的是,德里达的解构主义为理解西方社会结构理论和从理论上认识后现代社会状态提供了基础,也为超越现存秩序、关注社会的"他者"提供了一个特殊而难得的视角。

---

　　①　陆扬:《德里达的幽灵》,武汉大学出版社2008年版,第298页。

　　②　[法]尤尔根·哈贝马斯:《现代性同后现代主义的对立》,载《新德意志批判》1981年冬季号,第22期。

　　③　[美]海登·怀特:《话语的转义:文化批评文集》,董立河译,大象出版社、北京出版2011年版,第300页。

　　④　[法]雅克·德里达:《多重立场》,佘碧平译,生活·读书·新知三联书店2004年版,第61页。

第二节　福柯的后结构主义社会结构理论

米歇尔·福柯（Michel Foucault,1926—1984）,法国著名哲学家、社会思想家。哈贝马斯称福柯是当代对时代精神拥有最持久影响的哲学家,维恩认为福柯著作的发表是 20 世纪最重要的思想事件。福柯早期是结构主义的杰出代表,后来和德里达一起成为后结构主义的重要代表人物。他们的社会结构理论都体现了社会符号学和对一切第一原理的攻击的特殊结合。不同的是,德里达是通过对结构主义的基本假设提出质问而"消解"结构主义,而福柯则避开了后结构主义具有的语言学偏见,将批判的范围扩展到社会和政治领域,抛弃了结构主义关于权力要由结构上的前提来构成的要求。

福柯比较重视知识与权力的关系,认为权力是通过话语权呈现出来,并以各种规训的手段将权力渗透到社会的各个领域和要素之中,比如监狱制度、性问题等。福柯的社会结构理论主要集中在《疯癫与文明》(1961)、《词与物》[1](1966)、《知识考古学》(1969)、《规训与惩罚》(1975)、《性史》(1976)等著作中。

一、　边缘人：社会结构分析的出发点

福柯是以个人为出发点来分析社会结构的。具体来说,他是从处于社会边缘或被边缘化的个人出发来展开社会结构分析的。这一独特的研究出发点与福柯作为一个同性恋者和吸毒者的个人生活密切相关。[2]

福柯在大学期间就已开始有同性恋和吸毒的经历。他的同性恋似乎具有先天性。根据他后来的回忆,自能记事起他就被同性的人所吸引,幻想与同性

---

[1]　许多人认为福柯的这本书是结构主义时代取代存在主义时代的一个重要标志。

[2]　夏光:《后结构主义思潮与后现代社会理论》,社会科学文献出版社 2003 年版,第 193—194 页。

的人发生性关系,并且在很小的时候他就开始为男人们如何能生活在一起以共享时间、食物、房间、爱情、悲伤、知识和信任的问题所困扰。实际上,这个问题也就是社会如何看待和对待同性恋的问题。人类社会发展到现在,同性恋一直或多或少被视为一种变态的性行为,因而是被社会所歧视和压抑的。那么,社会为什么要歧视和压抑同性恋呢? 社会又是怎样控制对于同性恋者来说自然而然的性行为呢? 福柯认为,在社会中必定存在着某种结构以及相应的规范和价值,这种结构把同性恋者与非同性恋者、吸毒者与非吸毒者分割开来,并使同性恋者、吸毒者不被社会所接纳。在福柯的眼里,同性恋者和吸毒者的这种被区分开的状态也存在于疯子、罪犯、病人和工人阶级等所有处于社会边缘的个体或群体之中。疯人院、监狱、医院和工厂等制度构成了一种社会"空间",一种被划分为中心与边缘的结构性社会空间。

由此可以看出,福柯的理论视野并未局限于自身的同性恋和吸毒状态,他只是从处于与同性恋者和吸毒者类似的社会地位的个体或群体的角度来审视现代社会对中心与边缘的划分。这一特殊的视角使福柯的社会结构研究有了一个非同寻常的出发点。他曾说:"传统的社会学——即涂尔干的社会学——是这样提出问题的:一个社会是如何把不同的个人维系在一起的? 个人之间的符号沟通和情感沟通的形式是怎样的? 而让我感兴趣的是一个或多或少相反的问题,或者说是一个对同一问题的相反提法,亦即:一个社会是通过什么样的排除系统,把什么人排除在外,通过制造什么样的分界以及通过什么样的否定和拒斥的游戏才能够开始运作的?"[①]同时,福柯还认为,由于现代社会是一个理性化的世界、一个各种"真理的""统治体"、一种权力/知识的复合,因此,社会与个人的关系在其实质上来说就是权力/知识与其对象的关系。在这一点上,福柯也不同于韦伯。他表示,就"真理与禁欲"的关系而言,"韦伯所提出的问题是:如果某人根据真的原则而合理地行动并控制其自身的话,

---

①　Rajchman,Truth and Eros:*Foucault*,*Lyotard*,*and the Question of Ethics*.New York & London:Routlege,1991,p.105.

那么这个人需要摒弃自身的哪些东西？什么是理性的禁欲主义代价？而我的问题则相反：某些禁令是如何要求以关于个人自身的知识为代价的？一个人需要获得关于自身的什么样的知识才愿意有所摒弃？"①

这段论述更加直接地显示出福柯的出发点不是社会而是个人，并且是处于社会边缘或被边缘化的个人；他所关心的既不是涂尔干所关注的个人应该为社会的真理和禁令付出什么代价，也不是韦伯所关注的社会的真理和禁令让个人付出什么代价，而是社会是如何在真理和禁令的名义下让个人付出这些代价的。对于福柯来说，这些问题既是个人生活的实际问题，也是具有一般意义的社会结构问题。

二、 考古学和谱系学：社会结构分析的后结构主义方法论原则

考古学和谱系学是后结构主义话语理论的重要方法论。它们以其历史性和实践指向实现了对结构主义话语理论的反叛，是福柯前后两个时期进行社会结构分析时所侧重运用的方法论原则。②

1. 考古学

从词源上来说，考古学源于希腊文中的 archéologie，由 arkhaio 和 logia 两个词构成，是对关于古物的理论的指称。福柯运用 archéologie 来研究人类的思想纪念物，即精神现象。从福柯的著作《精神病与人格》到《话语的秩序》，考古学一直是他进行社会结构研究的主要方法。然而，考古学在福柯的著作里获得了新的意义，并成为他独特的分析手段。福柯对历史的考古式研究与考古学对历史的发掘不同，他不像考古学那样在现实世界里追溯古人的遗迹，而是通过对各个社会不同的历史档案的研究，找到不同知识领域得以产生的

---

① Foucault, *Ethics: Subjectivity and Truth*, *volume one of The Essential Works of Michel Foucault 1954—1984*, edited by Paul Rabinow.New York: The New Press, 1997, p.224.
② 刘少杰主编：《当代国外社会学理论》，中国人民大学出版社 2009 年版，第 159—164 页。

话语构成和事件,并根据这些话语构成和事件最终揭示出现实世界存在、扭曲和异变的根源。在一定意义上,福柯的"考古学"可以视作在时间过程中理解现实的"历史社会结构理论"。

虽然现实是历史的延续,可以在历史中捕捉到现实由来和嬗变的踪影,但历史并不存在所谓的规律和终极本质,相反,历史往往不仅存在断裂和碎片,而且往往还是以扭曲的异化形式存在和延续着。因此,福柯认为,只有在种种矛盾关系中,才能对现实和历史进行批判性的洞察和阐释。就此而言,福柯像马克思一样,在否定现实的前提下揭开了遮盖于其上的种种假象,找出了被人们忽视的真实规定性和网络联系。可以说,福柯在努力挖掘历史的差异性和断裂性,而不是追求方面的普遍性和连续性。

在《词与物》《知识考古学》等著作中,福柯就语词、陈述、话语、档案、文体等内容对语言问题展开了充分的论述。通过对语言的这些方面的研究,福柯不仅揭示了语言所指的事物与现实世界中的事物之间的关系怎样被语言建构起来的,而且还揭示了语言所指的事物与现实世界中的事物之间的关系又是怎样在语言的控制下延续或者发生断裂和异变的。福柯把这一过程称为"话语实践"。他指出,话语研究"揭示了另外一项任务。这个任务在于不把——不再把——话语当作符号的整体来研究(把能指成分归结于内容或者表达),而是把话语作为系统地形成这些话语所言及的对象的实践来研究"[1]。"谁在说话? 在所有说话个体的总体中,谁有充分理由使用这种类型的语言? 谁是这种语言的拥有者? 谁从这个拥有者那里接受他的特殊性即特殊地位? 反过来,他从谁那里接受如果不是真理的保证,至少也是对真理的推测呢?"[2]福柯的话语研究主要是围绕这些问题而展开的,因此,他所论述的语言问题实际上是提

---

[1] [法]米歇尔·福柯:《知识考古学》,谢强、马月译,生活·读书·新知三联书店1998年版,第61页。

[2] [法]米歇尔·福柯:《知识考古学》,谢强、马月译,生活·读书·新知三联书店1998年版,第62页。

出了说话者所处的群体、地位、角色、权力等人际间或群体间的网络关系问题。

话语实践的突出特点是人们面向实际过程的经验性,即"实证性"。福柯指出:"话语实践开始于个体化和获得自律性的时刻,因此也是陈述形成的唯一和同一系统起作用的时刻,或者还有当这个系统被转换的时刻,我们将这些时刻称为实证性的界限。"①所谓话语实践个体化,是指按照特殊的规则组织陈述,对某一特定的经验现象进行说明和表达。此时,话语实践并没有形成科学知识,但是,这种处于实证性或经验性层面上的陈述,尽管是科学知识或思想体系得以建立的前提和基础,却因不是观念系统而被思想史所忽视。福柯指出,考古学"分析实证性,是要指出话语实践根据什么规则可形成对象群、陈述整体、概念定义、理论选择体系"②。考古学在话语实践中揭示的规则被福柯称为:"它们是一致(或者不一致)的命题得以立足,相对准确的描述得以发挥,验证得以进行和理论得以展开的基础。它们构成诸如知识或幻觉,公认的真理或被揭穿的谬误,最终的成果或被克服的障碍那样起作用的东西的先决条件。"③也就是说,考古学要在实证性的话语实践中找出具有特殊性的规则。"考古学只是力图认真对待这些差别;力图理清这些差别,确定它们怎样分配,怎么样相互包容,相互依附和相互隶属,它们属于怎样不同的种类,简言之,就是要描述这些差别,并在它们之间建立起它们的差别的系统。"④

福柯不断地指出考古学要面向实践,要在实践层次上开展研究,他在讨论语词、陈述、话语和档案等方面的问题时,都不断地强调它们的实践性。考古

---

① 〔法〕米歇尔·福柯:《知识考古学》,谢强、马月译,生活·读书·新知三联书店1998年版,第241页。
② 〔法〕米歇尔·福柯:《知识考古学》,谢强、马月译,生活·读书·新知三联书店1998年版,第234页。
③ 〔法〕米歇尔·福柯:《知识考古学》,谢强、马月译,生活·读书·新知三联书店1998年版,第235页。
④ 〔法〕米歇尔·福柯:《知识考古学》,谢强、马月译,生活·读书·新知三联书店1998年版,第220页。

学的宗旨是要翻阅、审理那些以说出来的事件构成的档案,虽然这些档案收藏的不是哲学认识论和科学发展史的正文,但是它们蕴藏着哲学认识论和科学发展史展开的前提。翻阅这些档案就是对现在人们面对的各种思想观念和科学知识的"考古"。

在强调考古学方法的实践性的同时,福柯也强调了考古学方法的功能性。这两个方面是内在地联系在一起的,因为实践一定是要作用于某种对象的,并且会产生一定的结果。福柯在考古学的话语实践研究中,不仅揭示出各种具有特殊性的规则和网络关系,而且揭示了它们对所言之物的控制,也就是福柯学说的主题之一——语言和权力的问题。

2.谱系学

1970 年前后,福柯以"权力—知识—身体"三角关系为主要考察对象的谱系学分析,取代了他早年所倡导的知识考古学方法。谱系学方法与考古学方法之间最大的差别是后者将前者中仅暗含的东西,即知识与权力的纠缠关系,推到了前沿。考古学认为历史是由一系列的缺乏共同衡量标准的认识所组成,而谱系学则把历史解释成一系列无法相互比较的推论体系,认为它们与争取权力的斗争联系紧密,不可分割。也就是说,知识考古学仅仅局限于从话语本身来考察社会结构,而谱系学则更多的是将话语与权力联系起来展开对社会结构的考察。

谱系学不仅是一种分析方法,而且也是一种建立在尼采权力意志的基础之上的哲学观点。福柯用谱系学对现代历史主义及其宏大的哲学基础乃至整个西方形而上学传统进行了彻底批判。"对谱系学来说,就必须审慎克制:超出单一的合目的性去发现事件的独特性;在最料想不到它们发生的地方,在情感、爱欲、意识、天赋这些被认为毫无历史可言的东西中去侦伺事件;把握事件的重现,以便发现它们起不同作用的不同场合,但绝不寻找缓慢的演进线;甚至还要确定它们的缺漏点、未曾发生的时刻。"①由此可以看出,福柯的谱系学

---

① 　[法]米歇尔·福柯:《尼采、谱系学、历史》,转引自杜小真编选:《福柯集》,上海远东出版社 2003 年版,第 146 页。

是坚决反对历史中所谓的一致性和规律性的。它明确地告诉人们:这些一致性和规律性完全是"虚构"的。福柯的谱系学放弃了对所谓"深层""目的""规律"的探索,而专注于被认为是边缘和琐碎的历史细节。在谱系学中,历史上的一切事物都是可以作多元化理解的,每个事物都不只是存在单一的深刻意义、深层本质和终极目的。换句话说,每一种解释和理解都不是必然的、唯一的和绝对正确的。

谱系学方法充分体现了福柯对"现代性"的质疑。福柯指出,现代性主要有两种表现形式:(1)根据现在书写过去的历史。把现在的概念、制度、模式、利益或感觉强加到历史和其他时代中去,然后宣称在较早的时期发现这些具有现代意义的概念、制度等。(2)决定论。这种表现形式主要是指在过去的某一时期发现现在的核心,然后对从那一时期到现在发展变化的必然性给予说明。福柯认为,历史并没有一个明确的终极目的,因此,历史既不是具有普遍理性的进步史,也不是黑格尔意义上的由绝对观念展开形成的历史。确切地说,历史是从一种统治到另一种统治的戏剧,一部关于权力统治的没完没了并且重复进行的戏剧。

实际上,谱系学始终贯穿于福柯的社会结构研究工作。福柯认为,谱系学主要有三大领域:人们处在与真理领域、权力领域和道德领域的关系之中,这使人们分别得以把自己塑造为认识的主体、作用于他人的主体和伦理主体。这三个方面在《疯癫与文明》中都存在,只是有些模糊。在《临床医学的诞生》和《知识考古学》中,福柯主要研究了真理这个轴心。在《规训与惩罚》中发展了权力的轴心,而在《性史》中则展开研究了道德的轴心。①

总而言之,在福柯看来,谱系学是一种把握"差异"的方法,它打破了人们对纯粹目的、高尚本源、终极本质的幻想,主张从权力—知识—身体的视角来审视"实际的历史"。一方面,谱系学要考察作为说话的、劳动的、知识的和生

---

① Cours du janvier 1976, in Microfisca del potere, op.cit., repris in DE, vol.3, texte 193.

物的主体的个体是如何通过权力—知识被制造出来的;另一方面,谱系学还要考察某种话语是如何通过权力—知识在具有欲望的主体之间产生并散播开来的。在这两个考察的基础上,谱系学进一步揭穿种种"不可置疑的真理"的虚假面目,使人们习以为常的"熟悉"的过去看起来变得更加"生疏遥远"。

三、 权力及其规训：社会结构研究的主题

权力及其规训问题始终是福柯社会结构研究中的主题。

在《规训与惩罚》一书中,福柯运用谱系学方法提出了知识与权力相统一的新权力观,同时,他还对权力通过规训、监视及监狱等手段、技术和设施而运用行使的方式和过程也做出了独辟蹊径的概括。福柯指出,暴露于公共场景中的展示国家权力控制的仪式性惩罚的消失并没有减少权力对社会的控制,反而意味着其借助于工具理性的力量渗入人的精神与灵魂深处,因而现代资本主义表面上带来了人的"自由",实质上却意味着权力控制的无处不在。

福柯认为,知识同权力不仅具有正相关关系,而且权力还通过知识的建构与传播成为笼罩整个社会的规训之网。他指出:"我们应该承认,权力制造知识(而且,不仅仅是因为知识为权力服务,权力才鼓励知识,也不仅仅是因为知识有用,权力才使用知识);权力和知识是直接相互连带的;不相应地建构一种知识领域就不可能有权力关系,不同时预设和建构权力关系就不会有任何知识。因此,对这些'权力—知识关系'的分析不应建立在'认识主体相对于权力体系是否自由'这一问题的基础上,相反,认识主体、认识对象和认识模态应该被视为权力—知识这些基本连带关系及其历史变化的众多效应。总之,不是认识主体的活动产生某种有助于权力或反抗权力的知识体系,相反,权力—知识,贯穿权力—知识和构成权力—知识的发展变化和矛盾斗争,决定了知识的形式及其可能的领域。"①

---

① 　[法]米歇尔·福柯:《规训与惩罚》,刘北成、杨元婴译,生活·读书·新知三联书店2003 年版,第29—30 页。

福柯的这段论述主要包含了以下三个层面的观点:(1)知识是在权力的制约下形成和发展起来的,任何知识都不能脱离权力关系。(2)权力离不开知识,权力是在特定的知识背景和知识结构中形成的。(3)权力同知识密切相关,只有在权力与知识的联系中才能把握权力的作用与实质。从根本上来看,权力与知识的关系是一个持续的相互作用过程。然而,在对权力—知识关系的研究中,福柯又加进了身体的因素,形成了权力—身体—知识三维结构。按照谱系学的方法,身体既是知识的反映、分析对象,也是权力的具体作用对象,身体由此成为权力与知识的中介。福柯通过引入身体因素,把权力与知识关系置于社会过程之中,使对权力与知识的讨论超越了传统认识论或传统知识论。然而,福柯所说的身体,是指社会生活中具体的人,即作为感性存在的人开展各种经验活动,并且折射出各种历史条件和社会环境的影响。

福柯把以权力—身体—知识三维结构为基础建立的理论观点称为"微观权力物理学"。他说:"我们对这种微观物理学的研究提出以下的假设:施加于肉体的权力不应被看作一种所有权,而应被视为一种战略;它的支配效应不应被归因于'占有',而应归因于调度、计谋、策略、技术、运作;人们应该从中破译出一个永远处于紧张状态和活动之中的关系网络,而不是读解出人们可能拥有的特权;它的模式应该是永恒的战斗,而不是进行某种交易的契约或多一块领土的征服。"① 也就是说,权力是策略性和生产性的。

福柯考察了历史上的三种惩罚模式:第一,在中世纪末期和旧制度时期盛行的酷刑;第二,18世纪为反对酷刑而兴起的刑法;第三,现代监视技术和监狱设施等。通过对这三种惩罚模式的历史研究,福柯一方面揭示了权力的实现形式——惩罚在不同历史时期的表现方式和运行特点,另一方面也概括和

---

① [法]米歇尔·福柯:《规训与惩罚》,刘北成、杨远婴译,生活·读书·新知三联书店2003年版,第28页。

总结了历史记载的各种经验事实中所显示出的权力及其表现形式,指出它们都是受某种知识的影响而发生变化的。福柯提出,18 世纪末 19 世纪初以来,司法制度改革表面上去除了惩罚的严酷性,但并没有使惩罚变得更少,其形式的变化实质是使惩罚的效果更加深入彻底,从而促使规训权力进一步增长和扩张。[①]

　　福柯把规训权力的增长和扩张主要归因于层级监视、规范化裁决和检查三种技术的运用。层级监视是规训权力得以实现的首要方式。从实质来看,层级监视主要是通过模仿自然科学观察自然、控制自然的方法来实现对人的监视和控制;规范化裁决是通过内部惩罚来维持规训权力的手段;检查是在规范化目标的指导下通过定性、分类和惩罚的方式来达到对人进行监视的手段。这些技术、方式和手段通过对个人的行为、动作以及时间进行系统的分割,不仅监督和控制了人的态度和行为,还监督和控制了人的身体。福柯借用边沁的"全景敞视监狱"概念来描述现代规训社会的形成。在此监禁之地,完全的可见性把人群分割成一个个单元,根据严格的等级对人群进行复杂的重新安排,这些原则能够使每个个体都屈服于一种真正的权力经济学。很多社会规训机构,诸如监狱、学校、疯人院等,它们至今仍然具有敞视监狱的建筑形态,这些规训机构空间一方面以关押和惩罚个人为特征,另一方面的特征是权力可以轻松地运行。[②] 在一定程度上,"全景敞视监狱"是一个规训权力无处不在的"规训社会"产生的标志。

四、 主体: 社会结构理论发展的中心线索

　　福柯社会结构理论发展的中心线索是"主体"。[③] 福柯社会结构研究的主

---

　　① 刘少杰主编:《当代国外社会学理论》,中国人民大学出版社 2009 年版,第 176—178 页。

　　② [法]朱迪特·勒薇尔:《福柯思想辞典》,潘培庆译,重庆大学出版社 2015 年版,第 36 页。

　　③ 夏光:《后结构主义思潮与后现代社会理论》,社会科学文献出版社 2003 年版,第 197 页。

要工作可以归结为对主体的解构。据他在 1983 年对自己研究的总结,他多年来一直致力于从历史的角度来说明"在我们的文化中人是如何被变为主体的"①。也就是说,福柯极力要揭示的是作为个体的人、本真的人在现代文化中是如何被塑造成主体的。福柯认为,现实社会中的人是权力对个体的、本真的人进行奴役的产物,这一奴役过程就是"把人变成主体"的过程。福柯对主体的解构主要可以分为以下几个步骤:

1. 主体的诞生

福柯所说的人,不是社会学意义上的人,更不是生物学意义上的人,而是指作为主体或把人当作主体的主体观念。对于西方文化而言,人不仅仅是一个观念,更重要的是一种实践,即"把人变成主体"的过程。

在福柯看来,主体是由权力所构建的。在"把人变成主体"的实践中,实际上权力逐渐建构了人。换而言之,人是权力发挥作用的产物。福柯说:"这种权力形式作用于直接的日常生活,这种日常生活使得个体归于某类,标示其个性,使他与其个性连接在一起,将一种他必须承认而且别人必须承认他身上存在的真理法则强加于他。这是一种使个体成为主体的权力形式。"②进而言之,"个人是权力的一种结果,而同时,在它是权力的结果的意义上,有这样的传递作用:权力通过它建构的个人而通行"③。权力不仅建构了个人,并且它必须要建构个人,只有这样权力机制才能运行下去。也就是说,权力必须要对个体进行主体标准的改造,否则它自身也就不能顺利地运行。

在福柯看来,权力是一张无处不在的网络。权力关系或权力机制不仅创

---

① Michel Foucault, "*The Subject and Power*", afterword to Michel Foucault: Beyond Structuralism and Hermeneutics, 2ndedn, edited by H. Dreyfus and P. Rabinow, London: Harvester, 1983, p.208.

② ［美］德赖弗斯、保罗·拉比诺:《超越结构主义与解释学》,张建超、张静译,光明日报出版社 1992 年版,第 276 页。

③ ［法］米歇尔·福柯:《必须保卫社会》,钱翰译,上海人民出版社 1999 年版,第 28 页。

造了主体,而且这张无所不在的权力网络一直笼罩着所有的主体。正是在这个意义上,福柯把人的本质关系归结为权力关系,认为正是权力关系使个体的人、本真的人成为现实社会中的人。也就是说,正是权力关系将个体的人、本真的人塑造成现实社会中的主体的。如果脱离创造人的权力机制,脱离分析和评价人在权力关系中所扮演的角色、所处的地位和所发挥的作用,那么,人就不可能客观地界定人自己,也不可能正确认识人究竟是谁。

2. 主体的消解

福柯考察了"把人变成主体"的历史过程,并在此基础上提出了实现这一过程的"三种主体客体化方式":第一种是给予主体自身以科学探讨的地位;第二种是对福柯所称的"分离实践"中的主体的客体化。这种主体或是自身内部分离,或与他人分离;第三种是人把自己转变为主体的方法。这三种方式是改造本真的人的三个步骤,即设定标准、规训个体和标准内化。按照这样的逻辑,福柯所谓的"区分"实际上就是从现代社会中找出不合乎标准的人,然后,通过"规训"对这些人进行改造,而主体化则是现代个体进行自我教育即把现代社会设定的主体标准内化为一种自律性观念。

福柯讲的第一种客体化方式的任务,主要是把人作为科学研究的对象,找出其本质,并以此形成现代人的标准。第二种客体化方式的主要任务,是区分出"中心人"和"边缘人"、"标准人"和"不标准的人",找出边缘人和不合标准的人,并对其进行规训,即改造。"规训"不仅仅只是把边缘人和不合标准的人隔离在精神病院、医院、监狱,而且还要对他们进行治疗、改造,使其恢复到中心和标准之中。第三种客体化方式就是福柯所说的"主体化"实践。福柯提出,"恰好是一种理性化的过程构成了一个或多个主体。我把主体化称为一种程序,通过这种程序,我们获得了一个主体的构成,或者说主体性的构成,这当然只是一种自我意识的组织的既定的可能性之一"。① 按照主体标准,从

---

① 　[法]米歇尔·福柯:《权力的眼睛》,严锋译,上海人民出版社 1997 年版,第 119 页。

严格意义上说,所有本真的人都是不符合标准的,而主体化就是要把权力规训允许的主体标准内化为所有个体的、本真的人的自觉行为规范,从而使主体标准最终成为所有人的"自我意识"或"自我教育"。

由此可以看出,福柯不仅说明了主体如何被客体化的过程,而且还揭示了权力是如何通过道德的方式来干涉现代个体的、本真的人的"自我意识""自我教育"的根本实质。福柯认为,现代文化所提倡的所谓"个性塑造""成功心态""性格优势"等,实际上都是权力干涉现代个体的、本真的人的幌子。在这个意义上可以说,主体化既是资本主义道德的最大谎言,也是资本主义道德的最大秘密。主体化是以自我塑造的面貌出现的,这使现代社会中个体的、本真的人对主体化失去应有的警惕和反感,把主体化理解成"自我教育",自觉自愿地按照权力规训允许的主体标准来改造和完善自己,把自己塑造为资本主义道德所要求和希望的标准现代人。这样一来,现代社会中个体的、本真的人虽然被权力全面奴役,但却浑然不得自知,甚至还沾沾自喜。正是在这个意义上,继尼采提出"上帝死了"之后,福柯进一步宣布"人之死","人将被抹去,如同大海边沙地上的一张脸"①。

3.主体的重构

正是深刻洞察到了人消亡在权力的网络之中,福柯试图以局部斗争和生存美学作为方案来实现对人的重构。

福柯提出,局部斗争是针对权力的一种新的斗争形式,它是以反抗权力对身体的控制和改造,即规训作为对象的。具体来说,局部斗争是指现代个体的、本真的人,通过直接的方式,对与自己接近的并对自己直接发挥作用、有影响的境遇进行斗争。局部斗争不是现代社会中的所有个体都参与的斗争,也不是以彻底推翻权力对整个现代社会的统治为目的的,而仅仅只是现代社会中的独立的个体为了摆脱权力的规训而开展的具体斗争。由于知识与权力具

---

① ［法］米歇尔·福柯:《词与物》,莫伟民译,上海三联书店 2001 年版,第 506 页。

有正相关关系,在一定程度上,局部斗争又可以被视为反抗现代知识的斗争。"它们是与知识、能力、资格相联系的权力效应的对立面,是对知识特权的斗争。"①同时,局部斗争也不限于一个国家,而是在不同的国家都存在,不同国家之间的局部斗争相互联合,但发展又不平衡。总之,局部斗争的"主要目标不是攻击'这个或那个'权力制度、团体、高贵人物或阶层,而是攻击一种技术,一种权力形式"。② 这种技术就是规训技术。随着规训技术在现代社会的扩散,局部斗争逐渐成为主体重构的主要斗争形式。

福柯认为,在现实社会中,局部斗争具体表现为各种各样的形式。比如,妇女、新兵、犯人、同性恋者和病人争取解放、自由的运动,工人自治、女权运动、环境保护,所有这些人都在同权力规训进行某种反抗,因此,所有这些运动都属于局部斗争。特殊型知识分子或当代知识分子因为熟知知识—权力在某个领域运作的真相,在局部斗争中发挥着不可替代的关键作用。

针对以主体标准为基础的现代道德对人的严厉束缚,福柯提出了现代生存美学理论。福柯力图通过现代生存美学把伦理回归到现代个体与自我的关系上来,以美学的思想来指导生活,让个人的选择具有个体性,并以此摆脱主体标准的束缚。福柯认为,伦理学、个体道德实践应该独立,摆脱伦理与科学制度、法律制度、经济制度、政治制度乃至其他一切社会结构的决定性关系。福柯指出:"我们应该摆脱伦理观与其他社会结构、经济构成、政治结构之间存在着分析关系或必然联系的观点。"③福柯的意思不是说伦理与社会其他构成部分没有关系,而是说伦理不应该被其他社会制度或结构所左右、所决定,而应该建立自己的独立基础。

---

① 〔美〕德赖弗斯、保罗·拉比诺:《超越结构主义和解释学》,张建超、张静译,光明日报出版社1992年版,第276页。
② 〔美〕德赖弗斯、保罗·拉比诺:《超越结构主义和解释学》,张建超、张静译,光明日报出版社1992年版,第276页。
③ 〔美〕德赖弗斯、保罗·拉比诺:《超越结构主义和解释学》,张建超、张静译,光明日报出版社1992年版,第304页。

福柯的生存美学反对现代道德的强制性、规范性和统一性，主张现代个体拥有绝对自由的个人选择和个性创造的权力，或者说，现代社会应该在美学的指导下实现个人道德的多元化。对此，福柯明确说道："这种伦理的主要目的是美学目的，它主要是个人选择问题。"①这种个人选择是绝对自由的，它不受权力、知识、宗教或其他一切传统道德观念所影响，完全是源自个人主观的一种抉择。从本质上来看，这种绝对自由的个体选择实际上是个体的一种伦理创造，并且这种创造是生存美学不可或缺的。福柯强调，"现代人……是试图创造自己的人。这种现代性并不能把人从他自己的存在中解放出来；它迫使人面对创造自己的任务"。②

总的来说，福柯比较重视知识与权力的关系，认为权力是通过话语权呈现出来，并以各种规训的手段渗透到社会的各个领域和要素之中。福柯从处于社会边缘或被边缘化的个人出发，以考古学和谱系学为方法来展开社会结构分析。福柯社会结构理论发展的中心线索是"主体"，他认为现实社会的人是权力对个体的、本真的人进行奴役的产物，力图以局部斗争和生存美学为方案来实现对人的重构。

五、 与马克思社会结构理论的比较及其评价

福柯与马克思之间的关系是非常复杂的。福柯和其他后结构主义者一样，在自己的著作中很少直接谈论马克思，即便涉及对马克思的评论，也只是含糊其词或轻描淡写。事实上，在回答采访或在论坛中提出问题时，福柯对自己与马克思的关系却多次做过精彩的谈论。福柯曾宣称，他与马克思的某种立场是有一定距离的。尽管如此，由于"福柯的思想中一直活跃着一种马克思主义，这是一种继承下来的隐性遗产，虽然不那么显而易见，但却发挥着重

---

① Paul Rabinowled.*The Foucault Reader*,Harmondsworth：*Penguin*,1984,p.42.

② Paul Rabinowled.*The Foucault Reader*,Harmondsworth：*Penguin*,1984,p.42.

要作用"①,马克思社会结构理论对福柯的后结构主义社会结构理论仍具有深刻影响。

福柯的后结构主义社会结构理论在"隐性"继承马克思社会结构理论的同时,也与马克思社会结构理论有着显著的区别。这主要表现在以下几个方面:

(1)关于理论对现实的批判。马克思社会结构理论的突出特点之一,是认为现实在意识形态的控制下往往是被扭曲的,因而必须以否定的眼光审查和批判社会现实,进而促使整个社会由不合理向合理转化。综观福柯的所有著作,他所论述的社会现象几乎都是异化的、虚假的和与人性相悖的存在。这与马克思主义批判现实、改造世界的革命精神具有高度的一致性。② 和马克思社会结构理论一样,福柯的后结构主义社会结构理论对现代社会或现代性的批判也是全方位的。两者的区别主要在于:第一,马克思是从无产阶级的角度来进行批判的,而福柯始终是从个人或主体的角度来进行批判的;第二,马克思批判的目的是最终实现全人类的解放,而福柯所关心的只是个人的自由。

(2)关于统治和被统治现象的分析。和马克思社会结构理论一样,福柯的后结构主义社会结构理论的主题是现代社会中的统治与被统治的现象,即权力问题。但两者的思路却有着显著不同:在马克思看来,现代社会的阶级关系可以简化为资产阶级同无产阶级之间的关系,而福柯则认为"阶级关系"远不止表现为资产阶级与无产阶级的对立,而是更加复杂化了。除了工人阶级,福柯所说的被统治者还有疯子、犯人、病人、女人、儿童、学生、士兵和同性恋者等。福柯所说的统治者不是马克思所说的一些特殊的利益集团,而是现代社会中"匿名的",即无人格的制度化的知识—权力关系。相应地,福柯所说的统治也不仅仅限于经济剥削或政治压迫,而主要是指社会整体对个体、道德对肉体的建构和监管。

---

① 　[英]莱姆克等:《马克思与福柯》,陈元等译,华东师范大学出版社2007年版,第3页。
② 　刘少杰主编:《当代国外社会学理论》,中国人民大学出版社2009年版,第159页。

（3）关于对实践的强调。和马克思一样,福柯也特别强调实践的重要性。福柯多次指出考古学要面向实践,要在实践层次上开展研究。不同的是,马克思所说的实践是以生产劳动和社会斗争为主要内容的社会行动过程,而福柯讲的实践则是以言谈、对话和书写为主要内容的语言表达与交流过程。一般来说,作为社会行动的实践具有较强的感性或物质性色彩,而言谈、对话和书写实践则带有较强的理性或精神性色彩。但是,福柯并不这样看。他认为,言谈、对话是说出符号,书写是记录和写出符号,无论言谈、对话,还是记录和书写,它们都是可感知的具有物质性的活动,而且符号也是思想内涵和物质形式的统一,所以,话语实践不同于纯粹观念或意识形态层面上的精神活动,而进行话语实践的考古学也因此具有超越形而上学思辨的感性现实性。

由于存在这些区别,福柯对马克思颇有微词。不过,这并不妨碍福柯受惠于和赞赏马克思。他清楚地表明,"我经常引用马克思的概念、文字和表述,不过我不觉得有必要在脚注中注明引文出处。……现在,如果不使用直接或间接地与马克思的思想有关的一系列概念,如果不置身于由马克思所规定和描述的思想视野中,我们就不能研究历史"[①]。

福柯的后结构主义社会结构理论虽然在某些方面一定程度上发展了马克思社会结构理论,有一定的合理性,但也明显存在以下两个方面的局限性：

（1）关于权力的分析。福柯的权力分析方法具有片面性。福柯的知识—权力"共生"的结论抹杀了现代社会相对于传统社会在政治形式、权力结构方面的巨大进步。所谓文化、权力,最终指向的都是对社会中的人的改造,这种改造在其本质上是一种束缚。可以说,作为社会的人就不可能是本真的、原初的人,所以,马克思认为,人在其现实性上是各种社会关系的总和。在这个意义上讲,文化对人的束缚是不可避免的,不过,这种束缚也有量和形式的不同。

---

① Michel Foucault, *Power/Knowledge：Selected Interviews and Other Writings* 1972—1977, edited by Colin Gordon. New York：Pantheon. New York：Cornell University Press, 1980, pp.52-53.

福柯的权力分析,过于强调了现代社会中压抑和规训的一面,却忽视了其在自由、平等、法律等方面的诸多进步。因此,贝斯特和凯尔纳明确提出福柯的权力理论是"片面的"①。

从更深的层面来看,福柯的权力分析方法还存在着不能解决的根本性矛盾。福柯强调真理的历史性,在本体的高度上做出了"真理无疑也是一种权力"②的结论。"真理就是权力"蕴含的意义是:谱系学的本体将真理、权力和历史性三者融合在一起,真理、权力斗争都源出于此,并且,它们都是偶然性的、历史性的,并处于不停的流变之中。以"历史性"取代知识、科学的传统真理基础,实际上是取消了真理的确定性、必然性。因此,在这个意义上,"谱系学,准确地说是反科学"的③。

历史性否定了所谓固定的、独立的、可以作为基础的基础。以历史、历史性作为最高的本体,并作为真理的基础,这实际上是取消了知识的基础,使知识陷入一种无序、没有根基的混乱状态。知识之所以能成为知识,就在于其能用一种始终不变的、全面完整的方式来看待事物。所以,一旦知识的基础被取消,所有的话语就都能成为知识,这等于是取消了知识。而没有了知识,也就不存在对知识与权力关系的探讨。这是福柯权力分析方法中不能克服的根本性矛盾。

(2)关于主体的重构问题。福柯重构主体的方案有它的可取之处和积极意义,但是,局部斗争从一开始就是没有希望的,而生存美学更是片面夸大了现代个体的精神力量。因此,无论是局部斗争,还是生存美学,都不可能从根本上改变人在资本主义社会中被权力奴役的现实困境。

福柯倡导的局部斗争实际上是没有主体的斗争。在一次访谈中福柯被问道,在反抗权力的斗争中,到底是谁反对谁? 或谁是斗争的主体? 福柯承认这

---

① S.Best,D.Kellner,*Postmodern Theory:Critical Interrogation*,The Guilford,1991,p.69.
② [法]米歇尔·福柯:《权力的眼睛》,严锋译,上海人民出版社1997年版,第32页。
③ [法]米歇尔·福柯:《必须保卫社会》,钱翰译,上海人民出版社1999年版,第8页。

也是使他困惑的问题。但他最后说,"那是一切人反对一切人的斗争。在斗争中并没有直接预定的主体——如一个是无产阶级,另一个是资产阶级。谁反对谁呢? 我们都在互相反对,而在我们自身也总会有某些东西反对另一些东西"①。另外,福柯倡导的局部斗争也是一场永远没有终点、没有胜利的斗争。在福柯看来,斗争与权力是相互依存和共生的,换句话说,斗争在本质上是权力机制的一种策略。这样一来,所有的斗争最终就落入了权力的运转之中。在一定意义上说,局部斗争是权力的策略,只有通过斗争,权力才能在现实中实际发挥自己的效用。同时,为了应对局部斗争,权力又会随时通过策略的进一步调整,而把斗争及时重新吸纳到权力本身的轨道中。这意味着把斗争消解在权力的笼罩之中,斗争变得没有意义,而现代人将永远陷入一种万劫不复的境地,除了忍受权力的奴役以外并无其他出路。因此,福柯的局部斗争理论否定了马克思的阶级斗争理论,把人们引向一种无望的斗争之中。

从实质上来看,福柯倡导的生存美学是对个体精神、审美感受的片面拔高,存在忽视现代个体的超越性和更高意义的危险。生存美学之所以面临这种危险,首先是因为生存美学是以个体经验为基础建立的,而个体经验却是纯粹经验的、碎片化的,这使生存美学很容易衍变为一种色情的或堕落的虚无主义的游戏。其次,以纯粹个体的自我意识形成的改变来解决道德问题,这在一定程度上是对社会变革、社会革命的必要性和价值的否定,从而使生态美学容易滑入到保守主义的泥潭。最后,并不是现代社会中的所有个体都具备认识到自身被权力所奴役的事实的能力,更不是所有个体都有实现自由选择和创造的能力,因此,对绝对自由的个人选择和个体创造的强调,实际上只是一种精英主义道德观的体现。

实际上,主体重构的实践不是一个个体选择的问题,而是直接关系到整个

---

① Michel Foucault, *Power/Knowledge：Selected Interviews and Other Writings* 1972—1977, edited by Colin Gordon.New York：Pantheon.New York：Cornell University Press,1980,pp.207—208.

现代社会结构的组织方式问题。因此,要真正彻底地改变现代社会中个体被权力奴役的困境,不能只凭借于个体的精神力量,而应将个体性与社会性结合起来,在现代社会结构总体中寻找切实可行的方案。①

---

① 刘永谋:《福柯的主体解构之旅》,江苏人民出版社 2009 年版,第 173—175 页。

第五章　当代西方社会结构
理论的整合与重构

20世纪80年代中期以来的当代社会结构理论,不仅各种思潮迭起、流派繁多,而且相互之间错综复杂、难以辨识。许多西方社会结构理论研究者认识到当前理论研究的主要任务是促进各个理论传统之间和各个研究领域的相互交流,以实现社会结构理论的比较、综合与发展。这种多元理论综合不再是简单地将两种或多种流派的理论观点糅合在一起,而是在不同理论全面整合的基础上进行重构。吉登斯、布迪厄和哈贝马斯是当代社会结构理论最杰出的代表。

第一节　吉登斯的结构化社会结构理论

安东尼·吉登斯(Anthony Giddens,1938—　)是当代社会结构理论一位极其重要的人物,他与哈贝马斯、布迪厄齐名,是当代欧洲社会结构理论界著名的大师级学者。他对以马克思、涂尔干、韦伯等为代表的经典社会学家的社会结构理论,以及以现代功能主义、结构主义、解释社会学等流派为代表的现代社会结构理论,进行了长期的系统的研究。吉登斯在广泛梳理、吸收和批判以往社会结构理论的基础上,创建了一套比较规范而且抽象的概念体系,用来分析社会结构,提出和阐释了著名的"结构化理论"。

吉登斯的社会结构理论主要集中在《资本主义与现代社会理论》(1971)、《社会学方法新规:对各种解释社会学思想的建设性批判》(1976)、《社会理论的核心问题:社会分析中的行动、结构和矛盾》(1979)、《社会的构成:结构化理论大纲》(1984)等著作中。[1]

一、　行动和行动者：社会结构分析的起点

尽管吉登斯社会结构分析的起点是行动和行动者[2],但是,和其他社会结构理论和社会科学中的行动和行动者不同,他所说的行动和行动者带有明确的能动性意涵。

吉登斯提出,作为一个合格的社会成员,行动者在日常行动当中必须具备相应的技能和资格能力(competence),并对行动过程具有反思性调控的能力。他反对结构主义和语言哲学、解释学中仅强调行动的社会目标的观点。吉登斯认为,结构主义的行动观无视人的主观转化能力,而各种人文主义解释学则片面夸大行动者的理性、动机、意图,不能结合行动的背景框架凸显行动是一个被他称为"流"的循环往复的连续过程。社会科学研究的主要领域既不是个体行动者的经验,也不是任何形式的社会总体的独立存在,而是在时空向度上得到有序安排的各种社会实践。与自然界里所有自我再生和繁衍的物种一样,人类的社会活动也具有自我循环往复的特性。也就是说,人类的社会活动虽然不是由社会行动者一手塑成,但却是由他们持续不断创造出来

---

① 杨善华、谢立中主编:《西方社会学理论》(下),北京大学出版社2006年版,第87、89页。结构化理论的方法纲要在《社会学方法新规》一书中初见端倪。在《社会理论的核心问题》一书中,吉登斯通过全面清理各种结构主义思想,第一次系统地将时间和空间引入社会研究的中心,结构化理论的分析方法和实质内涵已颇具规模。这两本书被吉登斯称为"非功能主义宣言"。《社会的构成》标志着他的结构化理论体系的形成。吉登斯是一位以清理起步、以综合见长的理论家。

② 杨善华、谢立中主编:《西方社会学理论》(下),北京大学出版社2006年版,第94页。

的。正是在这种反复创造社会实践的过程中,社会行动者不仅体现了自身作为行动者的特性,而且也同时创造出了使这些实践活动得以继续发生的前提条件。

行动者是具有认知能力的、能够引发行动的自主个体或群体,具有能知和能动的特点。这是社会成员技能和资格能力的重要体现。由于能动远比意图、目标、结果或其他说法能更好地解释行动者所嵌入的事件,因此,理解人类的能动性特征是理解行动者行动的关键点。①

能知,即认知能力,主要是指行动者根据自己或他人的行动,所知晓或相信的有关行动的背景、环境、结果等方面的知识,除了可以用话语明确表述出来的知识之外,还包括那些不言自明的默契知识。在互动的生产与再生产中,能知也是行动者对行动的意图、理由和动机所做的说明的依据。② 此外,能知还表现为,行动者具有一定的技能和资格能力,并且在行动的过程中始终具备了解行动根据的能力,当被问及时能够比较顺畅地用话语表达出自己行动的理由。

能动,是指行动具有反思性、非确定性和社会性。行动不是互不联系的单个行动的总和,而是一种持续不断的行动流。也就是说,行动不是由一堆或一系列单个分离的意图、理由或动机组成的,而是一个由行动者持续不断加以监控和"理性化"的过程。行动者或多或少总会掌握一定资源,能够介入或干预社会,并且影响事件的特定过程或事态,因而由不断发生的事件所构成的社会并非一定具有一个确定的未来。同时,行动还具有规范与沟通的一面,因为行动不可避免地要涉及规则和规则的遵守,而且既然行动隐含着规则,那么所有的行动必然都是社会的行动。作为能知且能动的行动者,在各种实践活动中能够不断地利用各种规则和资源,并且在实践活动中生产和再生产出规则和

---

① 文军主编:《西方社会学理论:经典传统与当代转向》,上海人民出版社 2006 年版,第243 页。

② 杨善华、谢立中主编:《西方社会学理论》(下),北京大学出版社 2006 年版,第 95 页。

资源,这样,结构既不断融入实践活动之中成为行动的组成部分,同时又在实践活动之中再生产出来,成为行动的结果。①

吉登斯不仅强调行动者实践活动的连续性特征,而且他也非常重视行动者实践活动中所具备的反思性监控能力。就社会实践循环往复的安排过程而言,最深入地卷入其中的因素,就是人类行动者认知能力特有的反思性特征。② 所谓反思性监控(reflexive monitoring of action),指的是在行动者个人和其他行动者的行动流中体现出来的人的行为的目的性或意图性。行动的反思性监控是日常行动的惯有特性,它不仅涉及个体自身的行为,还涉及他人的行为。也就是说,行动者不仅自己始终监控着自己的行动,而且还期望他人也始终监控着他人自己的行动。除了监控行为的目的性或意图性之外,行动者还对自己行动所处情境的社会属性和物理属性始终进行着监控。③ 不仅行动者实践活动的连续性正是以这种反思性监控为前提条件的,而且反过来,行动者实践活动之所以具有反思性监控,也恰恰正是由于行动者实践活动所存在的连续性。行动者实践活动的连续性和反思性监控使行动者实践在时间和空间向度上体现出人类独特的"类同性"。因此,吉登斯把持续发生的社会行动流理解为行动者实践活动受到行动者反思性监控的影响,而不纯粹是行动者自我意识的结果。

在吉登斯看来,承认行动者行动的社会性,就是承认行动者行动的有目的性,并且无论采用什么方法表达,他们的活动都自有其理由,如果被问及,也都能通过话语阐述这些理由。然而,由于哲学、心理学等社会科学在使用"目

---

① 李红专:《当代西方社会历史观的重建——吉登斯结构化理论述评》,《教学与研究》2004年第4期。转引自文军主编:《西方社会学理论:经典传统与当代转向》,上海人民出版社2006年版,第244页。

② [英]安东尼·吉登斯:《社会的构成》,李康、李猛译,生活·读书·新知三联书店1998年版,第62页。

③ [英]安东尼·吉登斯:《社会的构成》,李康、李猛译,生活·读书·新知三联书店1998年版,第65页。

的""动机""意图""理由"等这类术语的时候，一般都渗透着解释学的唯意志论，而将行动者实践活动在时空中的情境关联完全剥离了，因此，人们必须谨慎使用这类术语。但是，行动者的行动作为一种绵延（durée），是一种持续不断的行为流。有目的的行动并不是由一堆或一系列单个分离的意图、理由或动机组成的。正是在这个意义上，反思性监控应该植根于人们所展现并期待他人也如此展现的对行动的持续监控过程。①

吉登斯认为，这种对行动的反思性监控是建立在理性化基础之上的。所谓理性化（rationalization of action），是指行动者对自己实践活动的根据始终具有理论性的认知。② 理性化蕴含在行动者的资格能力之中，不是一个静态的状态，而是始终处于一种动态过程。行动者虽然拥有对自己实践活动的理论性认知，但这并不意味着他们对行动的每一个具体环节都能以话语形式给出理由，更不等于他们具备以话语形式对行动每一个具体环节的理由进行详细阐释的能力。尽管如此，当社会中的其他人在询问行动者时，他们还是期望行动者能够用话语对自己的大部分行动环节做出说明。这一点也是评判一个人是否具备行动的资格能力的一个重要标准。③

吉登斯认为，行动的反思性监控和理性化与行动的动机激发过程是不同的。一般情况下，行动的动机激发过程并不是直接与行动的连续过程联系在一起的，而是一个潜在于行动之中并为行动的具体发生提供动力的过程。只有在一些特殊，尤其是在偏离惯例的情境下，动机才有可能直接发展成为行动。在大多数情况下，动机提供的只是关于行动的计划或方案，即"筹划"，而行动者则根据这种"筹划"逐步进行一系列行为。在日常生活中，行动者的行

---

① ［英］安东尼·吉登斯：《社会的构成》，李康、李猛译，生活·读书·新知三联书店1998年版，第62页。

② ［英］安东尼·吉登斯：《社会的构成》，李康、李猛译，生活·读书·新知三联书店1998年版，第65页。

③ ［英］安东尼·吉登斯：《社会的构成》，李康、李猛译，生活·读书·新知三联书店1998年版，第65页。

动很少是受动机直接激发而产生的。① 由此可以看出,在吉登斯看来,行动包含了动机激发、反思性监控和理性化三个过程。这三个过程相互重叠在一起,共同构成了人的有意图的行动。

行动者的认知能力与意识紧密相关。为了说明它们之间的关系,吉登斯把意识划分为实践意识、话语意识和无意识动机三个层面。其中,实践意识(practical consciousness)是行动者只可意会却不能言传的意识;话语意识(discursive consciousness)是行动者可以言传的意识;无意识动机(unconsciousness motive)则是源自行动者的本体论安全感,即信任他人或消除焦虑,是激发行动动机的原动力。实践意识和话语意识在本质上主要是对于社会规则的意识,它们是构成行动者反思性的基础。吉登斯认为,实践意识、话语意识和无意识动机这三个层面的意识,共同构成并贯穿于行动者全部的行动过程。② 但是,在实践中,就行动者的认知能力所及的层面而言,只有一部分表现为话语意识,而更多的则主要植根于实践意识之中。用话语形式说明自己行动的意图和理由虽然是评判行动者有资格能力的重要标准,但是,在实践中,行动者并不总是能够把自己的动机说明清楚。在一定程度上可以说,在吉登斯看来,只有实践意识在人类行动中才具有根本性的意义,这种人类主体行动者的特性正是结构主义显然视而不见的东西。话语意识和实践意识之间,在本质上并不存在根本的区别,两者最大的不同在于,一种是可以被言说的,而另一种则是只管去做而无须言说的。③ 能否言说是由是否存在以压抑为核心的障碍而导致的。

实践意识虽然不被话语意识所察觉,但仍然不同于认知和动机激发中受

① [英]安东尼·吉登斯:《社会的构成》,李康、李猛译,生活·读书·新知三联书店1998年版,第66页。
② 文军主编:《西方社会学理论:经典传统与当代转向》,上海人民出版社2006年版,第244页。
③ [英]安东尼·吉登斯:《社会的构成》,李康、李猛译,生活·读书·新知三联书店1998年版,第66—67页。

到抑制的无意识的源泉。绝大多数的反思性监控正是发生在实践意识的层面上。更确切地说,反思性监控主要表现为两个不同的方面:一是在缄默状态下对行动进行监控,即"心照不宣";二是直接以话语形式对行动给予认定,即"明说"。而这样的认定,是由行动者或参与互动的多个行动者,通过采用具有相当共通性的意义框架而加以凸显和解释的。在吉登斯看来,反思性监控向话语意识"上升"的"瞬间",基本上是行动者对外界挑战做出的回应,并将其称为紧要关头或紧要情境。

吉登斯指出,在纷繁复杂的日常生活中,除了各种凸显出来的突发性或特殊性事件之外,更多的则是被人们熟视无睹的惯常经验。正是由于日常生活所具有的惯常性,人们总会以一种不言而喻的方式进行着日常行为。即使是在充斥着新鲜气息的现代生活中,人们的日常行为也囿于各种越来越完善的社会制度的束缚,而更加被安排在不为人们所意识的严密秩序之中。现代生活体现着周而复始的特性,是一种典型的例行化生活。对于这种例行化的日常行动,人们是不需要动机刺激的,或者更准确地说,是不需要明确地以话语的形式来思考乃至表述其动机的。这种例行化的状态符合人类的某种原始的生存需要,也就是吉登斯称之为人的本体性安全需要。可以预见的是,常规例行化行为对人的本体性安全具有维护作用,而人们出于维持本体性安全,乐于接受和置身于例行化活动之中的心理需要,这种心理需要一般是无意识的。例行活动的顺利实现,不仅对社会实践的再生产和社会生活的制度化形式的构成至关重要,而且对行动者构成和维持健全的人格机制以及维护自我认同也起着重要作用。由此,在吉登斯看来,例行化行动中的无意识动机也是行动者认知能力的一种体现,同样也是社会结构不可或缺的组成要素。①

二、 结构化：社会结构研究的方法

吉登斯是一位以梳理起步、综合见长的社会结构理论家。他在建构自己

---

① 杨善华、谢立中主编:《西方社会学理论》(下),北京大学出版社 2006 年版,第 96 页。

的社会结构理论之前,首先解决的问题是,在方法上如何处理以往社会结构理论中关于主体与客体、行动与结构、个体与社会等诸多"二元对立"。他在梳理和综合以往社会结构理论的过程中,发现以往的很多社会结构理论都有意或无意地预设存在某种二元对立关系,并强调其中一个方面对于另一个方面具有优先性,从而人为地制造出一条不可逾越的鸿沟,其中最突出的就是人的行动与结构的二元对立。学者们要么强调社会结构整体上对行动者个人及其行动具有决定性的制约作用,要么反过来强调个人是社会的唯一构成要素,在解释社会的构成和变迁时,应该到人的具体行动、理性、动机和信念之中去寻求原因。对此,吉登斯提出,以结构化为方法研究社会结构,其目的就是要代替二元论,清除蕴含在以往社会结构理论中的二元对立。

除此之外,吉登斯认为,在建构结构化的社会结构理论之前还必须解决一个问题,即如何看待以往社会结构理论中类似物理学和生物学的具有普遍性和永恒性的法则。在吉登斯看来,作为行动者,人们凭借其能认知和能行动的资格能力,不仅能够改变社会结构的性质,而且能够消除一切被认为具有普遍性的法则。行动者根据自己的经验改变既有的理论,并且愿意接收新的信息,特别是行动者的反思能力,是一种能够改变情境的能力。[1] 因此,吉登斯强调,社会结构研究应该停止模仿自然科学,而应该致力于发展新的概念,以便解释社会个体如何在结构的指导下生产和再生产社会结构,以及不同的个体之间又是如何进行互动的。具体来说,吉登斯对传统社会结构理论方法的批判主要集中在实证主义、功能主义和进化论等方面。

首先是对实证主义的批判。他在 1974 年编辑《实证主义与社会学》时就反对将社会科学类比为自然科学,在方法预设、目标上作不切实际的设想。吉登斯认为,人是具有反思性监控能力的行动者,因此,在社会科学中,因果法则不可能具有像自然科学一样的解释力。后来,他在《社会学方法的新规则》中

---

① ［美］乔纳森·特纳:《社会学理论的结构》(上),邱泽奇等译,华夏出版社 2001 年版,第170 页。

又再次提出，社会科学中的描述和解释有着本质的相关性，必须引进哲学思考。

其次是对功能主义的批判。吉登斯认为，对社会再生产的解释不能仅仅通过社会再生产现存系统的需要和功能来完成。所有的再生产都具有历史的必然性和或然性，并最终落实到具有能动作用的行动者的具体实践之中。他认为，一方面，社会结构理论应当关注行动者行事的理由；另一方面，由于行动者的认知能力始终是有限的，社会结构研究应充分考虑到行动中未被认识的条件和行动的意外后果。吉登斯希望以此来避免功能主义目的论的解释。

最后是对进化论的批判。吉登斯把批判的矛头指向了所有以历史进化观为预设的理论。他指出，历史进化观存在以下四种危险：一是进化论思想经常将广义的进化压缩为狭义的进化，从而导致简单化，这是一种单线压缩；二是在社会进化的各个阶段与个人人格发展之间想象为一种对应关系，假定社会越复杂，对情感的压抑也就越强，这是一种对应压缩；三是将社会发展某方面的优势力等同于道德上的优势性，强调适应能力，就会具有符合社会规范特征的优势，从而成为赤裸裸的强权的代名词，这是一种规范错觉；四是将"历史"和"历史性"混为一谈，这是时间歪曲。①

在批判社会结构理论传统研究方法的基础上，吉登斯进一步提出，微观与宏观、行动与结构、个人与社会、主观与客观，这些被以往社会结构理论认为是对立的双方，实际上都是相互包含的，彼此都不是脱离对方的独立的客观现实。吉登斯以行动与结构的关系为线索，实现了对以往社会结构理论方法的超越。② 吉登斯的"结构化理论"不是一系列命题，而是一串敏感化的概念，并

---

① ［英］安东尼·吉登斯：《社会的构成》，李康、李猛译，生活·读书·新知三联书店 1998 年版，第 355—359 页。
② ［英］安东尼·吉登斯：《社会学方法的新规则》，田佑中、刘江涛译，社会科学文献出版社 2003 年版，第 23—24 页。

且松散地联系在一起,其中最关键的概念是结构二重性。他提出:"我们必须从概念上把这种二元论重新构建为某种二重性,即结构的二重性,这一假设正是结构化理论的基础。"[①]

所谓结构二重性(duality of structure),是指社会结构对行动者的行动既具有制约作用,同时又是行动者得以行动的前提和中介。从行动者的角度来看,行动者的行动既维持着社会结构,同时又改变着社会结构。简而言之,结构二重性,就是指社会结构既是行动的结果,又是行动的条件,即社会结构是行动的一部分。社会结构中行动与结构之间的这种相互嵌入、互为辩证的关系一于社会实践之中。社会实践必须依靠行动者的创造和再创造而呈现出一定的规律性。由于行动者具有反思性监控能力,在社会实践的过程中,行动者不仅有社会实践的理由和动机,而且还能根据实践情境进行反思性监控并及时调整社会实践活动。但是,行动者的反思性监控并不能反映出社会实践的全部活动,这使社会实践总会遇到一定的未被认知,或者即便被认知却永远无法回避的行动条件,即社会结构,进而产生一系列非预期的行动后果,而这些非预期的行动后果一旦产生之后又会反过来成为社会结构的组成部分。行动者的反思性监控、社会结构和非预期的行动后果等共同构成了吉登斯的"行动的分层模型"。在吉登斯看来,人类的所有行动都可以用这个模型来加以说明。

结构二重性是吉登斯结构化社会结构理论中的标志性和核心概念。在以二重性为基础的结构化方法的观照下,吉登斯社会结构理论的主要任务在于揭示行动者的行动是如何在社会实践中被结构化的,以及行动又是如何将这种结构化的特征不断地再生产出来的。[②]

吉登斯采用"结构"和"系统"这两个概念来分析社会关系结构化过程的特性。吉登斯提出,在对社会关系结构进行考察时,既要考虑到社会关系在横

① [英]安东尼·吉登斯:《社会的构成》,李康、李猛译,生活·读书·新知三联书店1998年版,第40页。

② 杨善华、谢立中主编:《西方社会学理论》(下),北京大学出版社2006年版,第94页。

向上的组合向度,又要考虑到社会关系在纵向上的聚合向度。其中,前者是指社会关系在时空里的模式化,它包含了处于具体情境中的社会实践再生产;而后者则是指体现在这种不断重复的再生产中所虚拟的"结构化"秩序。结构究竟是指在某一固定范围内的一系列可以转换的生成框架,还是指可以决定这一生成框架的转换规则? 结构主义对这个问题的回答总是含糊不清的,而吉登斯把结构明确地看作是可以转换生成框架的规则和资源。因此,在吉登斯看来,人类社会本身并没有实体性的结构,而仅仅具有结构的特性。① 也就是说,结构指的是社会系统中时空"束集"(binding)在一起的那些结构化特性,正是这些特性,使得千差万别的时空跨度中存在着相当类似的社会实践,并赋予它们以"系统性"的形式。由此可以看出,在吉登斯看来,结构在本质上就是一种关于转换性关系的"虚拟秩序",这意味着被再生产出来的社会系统本身并不是一个真实的具体"结构",只不过是体现着一定的"结构性特征"。而作为时空在场的结构则以具体的方式出现在社会实践活动中,并作为记忆痕迹,导引着行动者的行为。这并不妨碍社会结构研究者从结构性特征不断重复组织起来的社会实践活动的时空延伸入手,将结构性特征理解为这方面的等级组织体系。吉登斯把这种蕴含在社会总体再生产中的结构性特征称为结构性原则。②

结构二重性原理在吉登斯结构化社会结构理论中具有十分重要的地位和意义。在吉登斯看来,行动者和结构并不是彼此独立的两个平行的既定现象系列,即不是某种二元论,两者而是体现着一种不可分割的二重性。换而言之,社会系统的结构性特征对于循环反复的社会实践来说,既是后者的中介,又是它的结果。对于个体行动者来说,社会结构也不是完全独立于个体行动者的"外在之物",而是作为一种记忆痕迹,以"内在于"人的方式具体体现在

① 文军主编:《西方社会学理论:经典传统与当代转向》,上海人民出版社2006年版,第243页。

② [英]安东尼·吉登斯:《社会的构成》,李康、李猛译,生活·读书·新知三联书店1998年版,第79—80页。

各种社会实践活动之中。另外,吉登斯强调,结构不能等同于制约,相反,结构具有制约性与使动性的特点。然而,结构的这一特点并不会阻碍社会系统的结构化特征在时空向度上分别延伸开去,超出任何一个社会个体的控制范围。但是,由于社会系统的反复再生产却正是行动者实践活动的结果,结构的这一特点不能排除行动者将社会系统物化的可能性。在这个意义上,吉登斯提出,社会关系物化作为社会生活中意识形态的一个主要特征,实际上就是人的行动中那些具有历史偶然性的环境和产物在话语上的"自然化"。[1]

因此,在吉登斯看来,结构化(structuration),就是指社会关系凭借其自身的结构二重性,在时空向度上不断延伸而循环反复形成结构的过程。社会互动在任何时刻都同时体现着循环和创生的特征。行动者在社会互动中策略性地展现着自己反思性认知能力;而社会系统跨越时空不断地被再生产出来。这样,结构二重性就把这两种过程统一和联系在一起了。[2] 由此可以看出,结构并不是一种实体性的存在,而是社会系统的一种属性,体现为社会系统的虚拟秩序。人类社会虽然是建立在实践活动之上的松散性系统,但是社会结构研究者通过结构化的方法,即依靠结构这种虚拟秩序,使得处在某一时空之中的无数的日常实践活动得以组织起来,并且具有大致相同的特点,从而形成一个可以识别开来的社会系统。

三、 规则和资源: 社会结构的基础特质

在吉登斯结构化社会结构理论中,结构最为基础的特质就是规则和资源。[3] 在吉登斯看来,社会结构实际上就是社会系统再生产过程中可以转换

---

① [英]安东尼·吉登斯:《社会的构成》,李康、李猛译,生活·读书·新知三联书店1998年版,第89—90页。

② 杨善华、谢立中主编:《西方社会学理论》(下),北京大学出版社2006年版,第99页。

③ [美]乔纳森·特纳:《社会学理论的结构》(下),邱泽奇等译,华夏出版社2001年版,第179页。特纳认为,吉登斯将结构最为基础的特质(规则和资源)与行动者最为根本的特征联系起来(无意识动机)。

的规则和资源,即能转化成供行动者在一定的情境下可以使用的规则和资源。根据结构二重性原理,吉登斯把以社会行动的生产和再生产为根基的规则和资源,也看作是社会系统再生产的媒介。① 社会结构并非外在于个人的社会行动,而是由规则和资源构成的。如同乔纳森·特纳对吉登斯结构化社会结构理论所作的分析,"结构可以概念化为行动者在跨越'空间'和'时间'的'互动情境'中利用的规则和资源"。② 这意味着行动者是在使用规则和资源的过程中形成、再生产并维续着社会结构的。社会是由规则和资源"结构起来的"(structured)模式化社会关系形式,规则和资源是社会结构最为基础的特质。

日常生活中的规则不仅是对社会行动规范的概括,而且还对行动者的行动具有导向作用。所谓规则,是指行动者在各种环境下行动时理解和使用的技术或可加以一般化的程序。吉登斯指出,规则常常虽然为行动者了解含糊,但却是为他们行动提供指导的相关程式的方法论或技术。③ 从社会学的视角来看,最重要的规则,是行动者在意义上显著的时间和空间的跨度中用来再生产社会关系的那些规则。而那些规则具有一些共同的特征,比如:它们经常被用于行动者的谈话、互动仪式和日常惯例中;它们被行动者策略性地掌握和理解,并成为合格行动者"库存知识"的一部分;它们是非正式的,没有明确的被表达形式。④ 由此可以看出,吉登斯观点的要点在于规则是行动者"认知能力"的一部分。一些规则规范比较强,容易被行动者所了解和明确用来指导具体的行动。而另一些规则则比较含糊不清,让人费解,一般只被用来指导一

---

① [英]安东尼·吉登斯:《社会的构成》,李康、李猛译,生活·读书·新知三联书店 1998 年版,第 82 页。

② [美]乔纳森·特纳:《社会学理论的结构》(下),邱泽奇等译,华夏出版社 2001 年版,第 170 页。

③ Anthony Giddens, *The Constitution of Society*: *Outline of the Theory of Structuration*, Oxford: Polity, 1984, pp.20-21.

④ Anthony Giddens, *The Constitution of Society*: *Outline of the Theory of Structuration*, Oxford: Polity, 1984, p.22.

些难以名状的行动流。而且,当处于特殊的社会互动情境时,行动者能够很好地运用规则并把规则转换成为一个新的规则综合。①

在吉登斯看来,资源是行动者用来进行行动的工具。行动者即使有规则来指导行动,也不能缺少物资配置、组织等多方面的能力来促进行动的具体实施,而这些能力的发挥又需要有一定的资源。吉登斯认为,虽然权力不是资源,但资源可以产生权力,尤其是对其他资源的配置可以赋予行动者行动的权力。② 从这个意义上来说,资源是权力的基础,权力是行动者改变他人行动的能力。也就是说,权力存在于任何一个结构之中。在社会互动中,当行动者配置资源的时候,他们就会通过权力的运作重新建构别人的行动。

吉登斯将规则和资源看作是“可转化的”和“中介性的”。也就是说,规则和资源能够被转化成不同的模式和集合。规则通过不同的方法论和常规的结合来指导人们的沟通、互动和相互之间的适应;而资源则以不同的形式被配置,并通过不同形式和不同程度的权力的运作来操作行动与实现结果。规则和资源的中介性主要表现为它们不仅都是社会关系的纽带,而且都是行动者跨越时空创造、维持和转化关系的源泉。另外,由于规则和资源具有内在的可转变性(即产生出不同的结合),它们能在时间和空间中使许多不同的社会关系模式联系在一起。

在对规则和资源进行分类时,如图 5-1 所示,吉登斯提出控制、合法性和意义三个概念是“理论的本原”。他认为,资源是控制的要素,因为它们包括了行动所需要的物资和组织配置的动员过程;一部分规则转化为合法性的手段,因为它们使行动看上去恰如其分,而其他的规则用于创造意义或者富有意义的符号系统,因为它们给人们提供了看待和解释行动的思维

---

① [美]乔纳森·特纳:《社会学理论的结构》(下),邱泽奇等译,华夏出版社 2001 年版,第171 页。

② Anthony Giddens, *The Constitution of Society: Outline of the Theory of Structuration*, Oxford: Polity, 1984, pp.14-16.

方式。

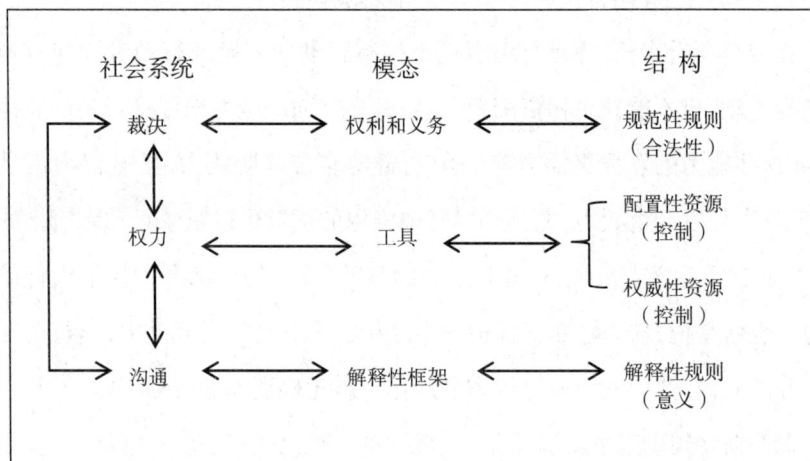

图 5-1　吉登斯关于社会结构、社会系统及关系的模态

　　如图 5-1 右列所示,结构在吉登斯看来是由规则和资源组成的。规则主要可以转化为两类调节过程:一是规范性的,即创造适合一定情境的权利和义务;二是解释性的,即生成在一定情境下正确的知识库和知识构架。资源主要可以转化为两类调节社会关系的工具:一是权威性资源,即在一定情境下控制和引导互动模式的组织能力;二是配置性资源,即在一定情境下控制和引导互动模式中对物资的使用。如图 5-1 第二列所示,吉登斯认为,组成结构的所有规则和资源可以通过权利与义务、工具和解释性框架三种模态调节互动。也就是说,这些模态根据不同的规则和资源,可以产生行动者控制他人的权力;确定规范,并反过来由规范根据行动者是否服从对其作出裁决;创造和使用使行动者能与他人沟通的解释性框架。

　　吉登斯还强调,规则和资源在本质上是相互关联的,只是为了理论论述的方便才将它们拆解分析。在现实社会结构中,规则和资源统一于社会互动的行动流之中。同时,规则和资源还相互依存。一方面,资源影响着行动者对规则的确认;另一方面,资源存在于行动之中,被行动者赋予各种各样的意义,从而影响着规则的建构。

由此可以看出,吉登斯把社会结构看作是一种被行动者所使用的东西,而不是处处制约行动者的外在现实。社会结构可以定义为能转化成供行动者在具体情境下所使用的规则和资源。在吉登斯看来,社会结构充满了转化性和灵活性,它不仅是构成行动者所处情境的一部分,而且还能够被他们用来创造社会关系的模式。而当行动者在社会系统中互动的时候,他们能够通过一定的方式再生产出规则和资源,或者将它们转化为不同的模式和集合。这样,社会互动与社会结构就交互嵌套。因此,结构化是一个双向的过程,组成社会结构的规则和资源既被用来形成互动,同时又在被使用中使自己得到再生产或者转化。①

吉登斯把社会结构中跨越时空的互动系统视作制度。在一个相对较长的时间内和一个特定的地点中,如果规则和资源不断地被再生产出来,那么,这就意味着在这一社会结构中形成了制度。吉登斯根据在社会互动中所隐含的规则和资源的多少和相互之间的关联程度,对制度进行了类型的划分。② 吉登斯认为,如果解释性规则(即意义)在社会互动中占据主导地位,然后依次是配置性资源(即控制)、权威性资源和规范性规则(即合法性),那么,这个社会结构就是一种"符号的秩序",即产生文化的制度化。如果在社会互动中是按权威性资源、解释性规则和规范性规则联合在一起,那么社会结构就会产生政治的制度化。如果顺序是配置性资源、解释性规则和规范性规则,那么在社会结构中将流行经济的制度化。另外,如果是按规范性规则、配置性资源和规范性规则的顺序联合,那么法律的制度化就会顺应而生。

为了避免对制度的机械化理解,吉登斯特别强调了以下三点:(1)现实的

---

① 文军主编:《西方社会学理论:经典传统与当代转向》,上海人民出版社 2006 年版,第242 页。

② Anthony Giddens, *Central Problem in Social Theory*, London:Macmillan, 1979, p.29.

社会结构是一个制度化过程的混合体。政治的、经济的、法律的和符号的秩序不是可以完全分离的，而是都同时存在于任何互动系统之中。（2）制度与行动者紧密联系。由于制度是在实际的社会关系中通过不同规则和资源的应用所形成的，它们并不外在于行动者个体。（3）制度化的过程包含着所有的规则和资源。只是相对显著的规则和资源为社会结构提供了明显的制度化特征。

尽管规则和资源为结构的形成和维续提供了基本的保障，但是，吉登斯还进一步深入分析了规则和资源被使用的深层机制。

吉登斯指出，行动者是根据结构性原则来使用规则和资源的。所谓结构性原则（structural principles），是指社会结构实现整体性组织的最一般和最根本的原则。对吉登斯而言，"结构性原则能够被理解为组织的原则，它是在社会整合确定的机制基础之上合理地允许时空延伸的连续形式"。[①] 吉登斯的这一论述表明，不仅行动者根据结构性原则来使用各种规则和资源，而且这一原则还指导着规则和资源如何被转化成其他的模式以及作用于社会关系的调节。

吉登斯认为，这种隐含的结构性原则形成了三种基本的社会结构类型：（1）"部落社会"。这种社会结构在结构性原则上强调以亲族关系和传统作为社会关系的调节性力量。（2）"阶级分化社会"。这种社会结构是由城市和乡村相分化而组织起来的。城市区域显示了明显的政治性制度，而符号的秩序则在乡村区域更加突出。（3）"阶级社会"。这种社会结构的结构性原则是多元的，包括四个彼此相对独立并且相互交织的制度领域。

结构性原则隐含在"结构"或者"结构框架"的生产与再生产之中。结构框架主要是指规则和资源的合成与集合，一般被用来说明生产和再生产的社会关系的类型和形式。比如，在阶级社会中，结构性原则是按以下方式指导结

---

① Anthony Giddens, *The Constitution of Society: Outline of the Theory of Structuration*, Oxford: Polity, 1984, p.181.

构框架的使用:私人财富—金钱—资本—劳动—合同—利润。吉登斯认为,这种结构框架主要在资本主义社会中得到应用,并作为一种结果被再生产出来。反过来,这种结构框架的再生产又在一定程度上重新体现了资本主义社会中的结构性原则。

当行动者使用这些或者其他结构框架并再生产它们的时候,社会发展了它的结构性特征,即社会系统的制度化特征在时间和空间中得到了延伸。这样,社会关系在典型意义上变得模式化。私人财富—金钱—资本—劳动—合同—利润这类结构框架只能调节关系的某些固定模式,也就是说,如果这些是行动者必不可少的规则和资源束,那么,在经济领域中只有一些关系形式能够被生产和再生产。因此,社会关系在时空中的制度化揭示了一种特殊的形式,即结构特征。

四、 社会实践: 行动与结构的统一

吉登斯认为,以往的社会结构理论将社会结构视作社会关系或社会现象的某种模式化,体现为人的行动的外在之物,从而对人的行动产生制约。与此不同的是,吉登斯通过结构二重性把行动与结构视为人类社会实践活动不同的两个侧面,从而把行动与结构的二元抽象对立转化为人类社会实践活动中的现实统一。[①] 他认为,人类社会系统是建立在人的社会实践活动之上的,包含了无数具体的实践活动,并且具有松散性和可渗透性,因而人类社会不同于具有实体性结构的有机体或其他物质系统,而是跨越一定的空间和时间,由结构组织起来的并体现为模式化的社会关系的网络。人类社会本身不是一个实体性的结构,而仅仅具有结构性的特征。

在吉登斯看来,结构是"是一种各种关系脱离了时空所构成的虚拟秩序。只有在处于具体情境中的人类主体运用各种知识完成的活动中获得了具体体

---

① 文军主编:《西方社会学理论:经典传统与当代转向》,上海人民出版社 2006 年版,第243 页。

现,结构才能得以存在。正是通过这些活动,结构被再生产为根植在时空跨度中的社会系统的结构性特征"①。因此,结构不是实体的存在,而是社会系统的属性,体现为社会系统的虚拟秩序。人类社会是建立在实践活动之上的松散性系统,正是通过结构这种虚拟秩序,将处在某一时空之中的无数的日常实践活动组织起来,并且具有大致相同的特点,从而得以构成一个可以识别开来的社会结构。可以说,人类社会本身是建立在实践活动之上的,社会实践既是人类的存在方式,也是社会结构的基础;行动与结构不是固定不变、截然分离的两种既定现象,而是植根于人类实践活动之中相互渗透的两个层面,并且在人类社会实践中实现了统一。

结构的二重性在一定程度上决定并鲜明地体现了社会实践循环反复的特征。对于构成社会结构的实践活动来说,结构既是社会实践的媒介,又是社会实践不断再生产出来的产物。社会实践每时每刻都同时体现出循环和创生的特征。吉登斯强调,研究社会结构的结构化,就是研究社会结构在社会实践中得以维续、变迁或解体的各种规则和资源的互动状况。同时,在吉登斯看来,社会结构并不是稳定不变的。研究结构化,还要关注对社会再生产的研究,尤其要运用结构二重性分析社会系统在时空中的每一个过程,实际上在社会实践和社会互动的每一个时刻都蕴含着社会结构的变迁。②

五、 与马克思社会结构理论的比较及其评价

西方社会结构理论在帕森斯的大综合之后,仍然面临着诸多的困境。③其首要的难题在于两个方面:其一,社会结构理论内部的张力,尤其是行动与

---

① 〔英〕安东尼·吉登斯:《社会的构成》,李康、李猛译,生活·读书·新知三联书店1998年版,第436页。

② 杨善华、谢立中主编:《西方社会学理论》(下),北京大学出版社2006年版,第99—100页。

③ 刘少杰:《国外社会学理论》,高等教育出版社2006年版,第402页。

结构、个人与社会、微观与宏观、能动与结构等二元对立的概念之间的矛盾如何得以消解？其二，在帕森斯之后，社会结构理论如何面对日新月异的新世界，社会结构理论是否有能力从新经验中提炼出恰当的理论概念与理论观点，从而使得这些理论概念与观点又可以返回到经验世界中，成为日常知识呢？吉登斯在对经典社会结构理论梳理与总结的基础上，建构起了自己的结构化社会结构理论。他对现代社会结构亦有深刻的见解和独到的解决之道。"他的主要贡献在于两大方面，即对西方社会思想界各种学派的批评总结以及对现代社会的创造性论述。"①

有学者批评吉登斯结构化社会结构理论过于抽象玄虚，但不可否认的是吉登斯结构化社会结构理论还是具有一定的原创性。结构二重性在本质上是对社会行动者能动性的肯定。一方面，他把社会的人描述为自觉和自决行动的人，是有知识的行动的人，是有知识的行动者。另一方面，他又不愿陷入到看不见的结构的主观主义意志论。吉登斯用结构化来称他的社会结构理论，是因为此结构是一具体过程而非一个稳定的状态。

吉登斯的结构化社会结构理论在本体论层次上有所诉求，其含义只是在于以社会生活所具有的构成性因素作为考察的焦点，即关注作为总体类属性特征的人类的能力及其根本处境，而正是这些因素以多种不同的方式产生和塑造了社会关系和社会结构的形成与发展。吉登斯通过揭示行动者的能知和能动的特性，在一定程度上突出了行动者在人类社会中的主体地位和作用，从而破除了多数客体主义者对于行动者的狭隘和错误的理解。在这个意义上说，吉登斯的结构化社会结构理论既不是实体社会的"需要"或功能主义式的普遍化的目的论，也没有社会进化论那样的普遍的演进图式。有人称此为"本体可塑性"，并就此提出，吉登斯的方法不是一种系统性的方法，而是综合性的，或者干脆说是折中性的。但是，批评吉登斯缺乏系统的社会结构理论假

---

① ［英］安东尼·吉登斯：《社会的构成》，李康、李猛译，生活·读书·新知三联书店 1998年版，第 3 页。

设或命题是毫无意义的,因为"系统的体系"正是他有意避免的。在他看来,这不是方法论上的谨慎或疏忽,而是对社会实践的强调,特别是对社会实践的或然性、对行动者在社会实践中体现为权宜性的转化能力的重视。

在方法论上,吉登斯确立了社会结构理论的实践分析向度。把人类的社会实践分为社会结构与社会行动两个侧面,这是吉登斯结构化社会结构理论中最具特色、最有创新的地方。吉登斯社会结构理论的这一分析向度不仅标志着当代西方社会结构理论向"社会实践"的根本转向,而且还体现了对马克思社会实践思想的深刻反思与继承。马克思说:"人们自己创造自己的历史,但是他们并不是随心所欲地创造,并不是在他们自己选定的条件下创造,而是在直接碰到的、既定的、从过去承继下来的条件下创造。"①吉登斯吸取了马克思社会实践思想中的一些观点,并在此基础上进一步做出了自己独创性的思考与发挥。但是,他夸大了行动者的能知和能动特性,忽视了物质生产实践在社会结构中的重要地位和作用,因而导致其实践观在根本上并没有摆脱社会行动与社会结构的二元对立,依然存在一定的局限性。

为了使自己的社会结构理论与结构主义、系统理论和唯意志论划清界限,吉登斯强调从制度和个人策略性行动两个方面对社会结构展开分析。所谓制度分析,是指将个体行动者的能力和能动性暂时悬置起来,对作为反复不断地再生产出来的规则与资源所形成的制度进行集中考察。而个人策略性行动分析,则刚好相反,暂时悬置对社会整体层面上的社会制度分析,而集中考察个体行动者如何反思性地监控自身的行为,又是如何利用规则和资源与其他行动者形成互动的。吉登斯的这两种社会结构分析形式各有侧重,不可否认的是,这种分析层次上的两分法只不过是权宜性的方法。

在认识论上,对于现代社会结构理论的发展,吉登斯认为,以帕森斯为代表的所谓"正统共识"假设了功能主义、自然主义、客观主义三种前提,它们都

_____

① 《马克思恩格斯文集》第 2 卷,人民出版社 2009 年版,第 470—471 页。

与一些虚设的二元对立有着密切的关联。吉登斯对此鲜明地提出,结构二重性是其结构化社会结构理论的基础。它综合了人文主义社会结构理论和结构主义社会结构理论,既注重"语言学转向"的意义,也不把社会完全看成是个体主体的创造物。也就是说,在社会结构研究中,吉登斯注重协调考虑人的能动作用与结构的要求。面对折中主义的批评,吉登斯宣称,自己并不想局限于任何一种单一性的思想传统,相反,同时采取多种思考途径更能使他感到轻松自如。在他思想的前后发展中,概念层出不穷且富有变化,论述也在一种螺旋式的反复中递进。吉登斯认为,自己所添加的这些概念不是为了弥补因果逻辑的推演需要,而是为了方便分析的权宜性需要。因此,建构概念的思路是"启发性概念框架",不是企图描述世界的本质或对其进行因果解释,而是为激发思路提供新的研究视角。①

毋庸置疑,吉登斯的结构化社会结构理论所具有的原创性已经在西方学术界,特别是西方社会结构理论界达成共识。吉登斯在阐述他的结构二重性,以及在分析行动者掌握社会规则和资源来落实自己的行动时,表现出很大的独创性。作为当代西方最著名的社会结构理论家,吉登斯创立的结构化社会结构理论对于分析现代社会结构具有重要的启发意义。

第二节　布迪厄的建构主义社会结构理论

皮埃尔·布迪厄(Pierre Bourdieu,1930—2002),法国著名的社会学家。布迪厄将自己的社会结构理论称为"建构主义的结构论"和"结构主义的建构论",其社会结构理论分析往往和人类学实地研究、社会学定量分析以及对具体案例的细致探讨糅合在一起。对此,吉登斯曾说,面对社会学与哲学在研究传统、基本观念等方面的分裂,许多学者都致力于将这两个学科的研究传统、

---

① 杨善华、谢立中主编:《西方社会学理论》(下),北京大学出版社 2006 年版,第 92—93 页。

基本观念融合起来的研究。而在当代学者中,布迪厄的贡献也许比其他任何学者的都大。① 布迪厄一生研究广泛,其中社会结构理论主要蕴含在以下著作:《实践理论大纲》(1972)、《区隔:品味判断的社会批判》(1979)、《实践的逻辑》(1980)、《教育、社会和文化的再生产》(1990)、《语言与符号暴力》(1991)、《实践与反思》(1992)、《经济的社会结构》(2000)等。

一、 关系主义：社会结构研究的方法论

在对社会结构理论中长期存在的根深蒂固的二元对立进行批判的过程中,布迪厄创造性地提出了关系主义,并以此作为自己社会结构研究的方法论基础。

布迪厄认为,以往社会结构理论中的二元对立,主要包括主观主义与客观主义、符号性分析与物质性分析、行动与结构,以及理论研究与经验研究之间的分离与对立。所有的二元对立实际上都在对立的双方中主张选择一方,正如布迪厄所概括的:"所有方法论上的一元论,都声称要确立要么结构要么能动者,要么系统要么行动者,要么集合体要么个体先在性。"②针对以往社会结构理论中的诸多二元对立,布迪厄认为,二元对立的思维方式只适合于对社会结构某一方面状态的描述,而不能从整体上说明社会结构各要素之间的关系和社会结构的发展过程。在对以往社会结构理论中的二元对立进行批判的基础上,布迪厄富有创造性地提出了关系主义,强调关系在社会结构中的首要地位。在布迪厄看来,现实的社会结构与社会行动是不可分割的,社会行动和社会结构相互作用,只有在两者的相互关系中它们彼此才是有意义的。③

布迪厄认为,社会结构理论的主要任务就是要揭示隐藏于纷繁复杂的社

---

① Giddens Antlony,"*The politics of taste*",Partisan Review,1986,Vol.53,No.2,pp.300-305.

② ［法］皮埃尔·布迪厄:《实践与反思:反思社会学导引》,李猛、李康译,中央编译出版社1998年版,第15页。

③ 刘少杰主编:《当代国外社会学理论》,中国人民大学出版社2009年版,第74页。

会现实背后的最深层的结构,并且还要揭示这些结构得以产生和再生产的机制。也就是说,布迪厄社会结构理论的研究对象是"结构"和"机制"。在布迪厄看来,"结构"和"机制"嵌套在各种社会关系之中,并以社会互动的形式呈现出来。布迪厄将黑格尔的公式稍加改动,指出"现实的就是关系的"①。这个关系广泛存在于社会现实,它既不是个人之间纯粹的互动交流本身,也不是个人之间的某种主观意识联系,而是指独立于个人意识之外在社会现实中客观存在的关系。

场域、惯习、资本等,是布迪厄建构社会结构理论所使用的主要概念,而这些概念都体现着社会结构的关系性特征。"惯习是由累积沉淀在个人身体内的一系列历史的关系所构成的,其形式是知觉、评判和行动的各种身心图式;而场域则是由附着在某种权力或资本形式的各种位置之间的一系列客观历史关系所组成。"②布迪厄创造了"场域"这一新概念来替代相对空泛、抽象的"社会"概念,用场域分析社会结构在实质上就是从关系的角度来分析。场域、惯习这两个概念也是关系性的。一方面是制约关系——场域制约和形塑着惯习,当惯习形成之后又会成为某个具体场域所固有的必然属性,并通过场域内所有个人身体上的共有特征体现出来;另一方面是知识建构关系——惯习赋予场域以价值和意义,使场域成为值得社会行动者去投入、去尽力的世界。只有在彼此的关系之中,场域和惯习才能各自充分发挥作用。

在布迪厄看来,一个好的社会结构理论应该是在方法论上既能吸收社会物理学和社会现象学的优势,又能避免二者的不足,从而达成一种双重解读。关系主义方法论吸收了社会物理学和社会现象学、结构主义和建构主义的长处,通过提出特定的概念工具,如处于关系中的"场域""惯习"和有效的建构思路,破除并超越了社会物理学和社会现象学之间的长久对立。布迪厄的关

---

① 〔法〕皮埃尔·布迪厄、〔美〕华康德:《实践与反思:反思社会学导引》,李猛、李康译,中央编译出版社1998年版,第133页。

② 刘少杰主编:《当代国外社会学理论》,中国人民大学出版社2009年版,第74页。

系主义方法论把人们的注意力从以往对"社会事实""行动者"等的过分关注，转移到对关系以及维持和再生产关系的模式的关注。布迪厄的关系主义方法论虽然也招致各种各样的批评，但它无疑为范式林立的社会结构理论提供了一种崭新而独特的视角。①

二、 实践：社会结构分析的起点

在布迪厄看来，社会结构是由行动者在不同场域中进行实践活动的社会空间。社会结构不仅总是具体的，而且它与行动者为了权力斗争和较量所进行的各种不同类型的社会实践紧密相关。社会结构与行动者在各个场域中的实际行动的紧密关系，主要表现为社会结构既为行动者的具体实践提供客观的制约性条件，同时又依赖于行动者的整个实践过程。② 正是在这个意义上，布迪厄认为，实践是社会结构赖以产生和存在的基础，也是社会结构获得不断重建和更新的动力来源。③ 研究社会结构就不得不首先研究行动者的实践。因此，布迪厄正是从各个场域中的实际行动出发来进行社会结构分析的。布迪厄把实践作为社会结构分析的起点，并力图通过场域、惯习和资本等概念，探索人类社会结构的奥秘。④

1. 实践的逻辑

布迪厄是在对理性行动理论进行批判的基础上阐述"实践的逻辑"的，他将这一批判的矛头主要指向客观主义和主观主义的二元对立。在人为地造成社会结构理论派系林立的所有对立之中，在布迪厄看来，主观主义与客观主义之间的对立是最基本也是破坏性最大的二元对立。主观主义认为，社会行动者总是持续不断、循环反复地建构着社会世界，换言之，社会现实就是由这些

---

① 刘少杰主编：《当代国外社会学理论》，中国人民大学出版社2009年版，第75页。
② 高宣扬：《当代社会理论》（下），中国人民大学出版社2005年版，第840—841页。
③ 高宣扬：《当代社会理论》（下），中国人民大学出版社2005年版，第805—806页。
④ 杨善华、谢立中主编：《西方社会学理论》（下），北京大学出版社2006年版，第164页。

行动构成的,像是从这些行动者的认知、决策和行动中涌现出来的产物。而客观主义旨在确定一些不依赖于意识和个人意志的客观规则,把社会结构视为一种客观存在物而主张从外部加以认识。客观主义完全忽视了处于社会结构之中的人的主观因素,而仅仅强调从物质上观察和描绘社会结构。①

实践理论不同于客观主义和主观主义。客观主义把认识对象看成是被动记录的,实践理论刚好相反,认为认识的对象是构成的。主观主义虽然认为认识对象也是构成的,但它认为是由人的行动建构的,而实践理论则认为构成原则是集结构性和建构性于一体的行为倾向系统,也就是惯习,该系统构成于实践活动,并总是趋向实践功能。客观主义是与经验主义相决裂而转向客观关系的理论形态,但是,当它把这些关系作为独立于个人和社会整体之外的客观现实并将其实体化的时候,就必然从主观经验主义的一端走向另一个极端,即导致结构实体论。布迪厄认为,实践理论必须要摆脱客观主义的结构实体论,但又不能重新回到根本不可能说明社会结构得以形成和维续的主观主义。

首先,实践的逻辑是"模糊的逻辑"。把为了解释实践而构建的分析模型作为实践的根据,这是理性行动理论逻辑错误的根源,而实践的逻辑相反,它是一种"模糊的逻辑"。布迪厄因为这种模糊性的逻辑,将实践看作是一种"实践感",或者一种游戏感。为了避免把逻辑的事物(即分析模型)当成事物的逻辑(即实践的根据),布迪厄强调:"必须在理论中包含隐藏在策略背后的真正原则,即实践感,如果你愿意也可以这样说,包含运动员们所谓的对游戏的感觉,即对游戏的逻辑或内在必要性的实践性的把握且这种把握来自游戏的经验(例如以身体的技术的运作方式),在意识控制之外、在话语之外产生作用。诸如惯习或性情倾向系统,实践的意义、策略这样的概念,同我摆脱结构主义的客观主义的努力是联系在一起的,同我免于陷入主观主义的努力也是联系在一起的。"②

---

① 刘少杰主编:《当代国外社会学理论》,中国人民大学出版社 2009 年版,第 69 页。

② P. Bourdieu, *From rules to strategies*, *In Other Words*, Stanford, Stanford University Press, 1990, p.61.

其次,实践的逻辑是"不能逻辑"。这意味着对于实践不能给出的逻辑不能要求它必须给出,只有这样才能"避免强行向实践索取某种不连贯性,或把一种牵强的连贯性强加给它"①。实践理论强烈排斥理性行动理论,认为理性行动理论常常无中生有地强行在意识中寻找经济或非经济行为的根源。这种理性行动理论往往把行动者假定为"经济人"极力追求并获得利益的最大化,而完全忽略行动者行动的场域的丰富性和具体性,无视行动者选择意向的模糊性和多样性。对此,布迪厄认为,"社会行动者不一定是遵循理性的,但总是'合情合理'的"②,这正是社会结构理论得以形成之处。

最后,实践的逻辑是一种"自在逻辑"。这意味着实践既没有明确的意识进行某种反思,也不受任何逻辑的控制。更确切地说,实践的逻辑实际上就是实践感的逻辑。实践感主要是在前对象和自发性的层面上开展运作的。也就是说,在客体对象产生之前,实践感就通过自发性预见已经开始引导行动者的行动了。

2. 实践的原则

布迪厄认为,为了把握实践的逻辑,行动者要重视策略和勾勒策略的辩证法。

1972 年,布迪厄开始着手通过对家乡农民婚姻策略的研究来探索策略在社会结构理论中的重要作用。他指出,农民采用的各种策略往往能够确保他们家族的再生产,保证他们对生产资料,尤其是对土地的所有权,这些现象具有统计上的规律性。但是,布迪厄提出,不能因此就将这种规律性视为遵守固定规则的结果,而是应该摆脱这种始终困扰人类学传统的条文主义(legalism),从实践一体化的生成原则出发来考虑这些现象。③

---

① 刘少杰主编:《当代国外社会学理论》,中国人民大学出版社 2009 年版,第 70 页。
② [法]皮埃尔·布迪厄、[美]华康德:《实践与反思:反思社会学导引》,李猛、李康译,中央编译出版社 2004 年版,第 175 页。
③ P.Bourdieu, *Marriage Strategies as Strategies of Social Reproduction*, in *Annales ed.*Family and Society, 1976, pp.117–144.

　　布迪厄承认,他把策略作为实践的基本原则,就是要与结构主义的思维模式决裂,并把时间的要素引入结构主义的静态模式之中。在《实践理论大纲》和《实践的逻辑》这两部著作中,布迪厄以"礼物"为例分析了时间在实践中的作用。尽管礼物交换在列维-斯特劳斯的结构主义中构成了社会交换的基本模式,但布迪厄认为,列维-斯特劳斯构建的交换模式忽视了礼物交换的时间结构。因为在礼物交换形成的"互惠循环圈"中,时间所导致的不确定性始终是一个重要问题。礼物交换与以物易物的交易相比较,最大的不同之处就在于礼物交换中的两个行为在时间上不是同时的。[①] 在布迪厄看来,正是时间上的不同时为实践的策略提供了条件。

　　根据图 5-2 这个简单的模式,在接到一个礼物之后,行动者可以有多种策略可供选择。这种开放性就是因为时间的不可逆性,一个开启礼物交换的行动有可能会"落空",对方对挑战没有回应,没有回赠礼物。而参与交换的行动者通过对时间的操作而使"不回应"呈现出不同的意义。然而,由于不同社会阶层的行动者期望通过策略性地利用时间来显示或巩固自己的社会地位,而一个资本较少的行动者在交换策略的斗争中处于不利的地位,最终导致丧失荣誉,因此,做出"不回应"的选择并不是随心所欲的。由此可以看出,列维-斯特劳斯构建的交换模型恰恰忽视了礼物和回礼之间的策略原则,从而违背了实践的逻辑。

　　在布迪厄看来,重新引入不确定性意味着将时间要素重新引入社会结构分析,"将时间置于分析社会行动的核心"[②]。通过对社会结构在时间维度的分析,布迪厄实现了策略的辩证法对以往模型的机械力学的代替,同时又成功地避免陷入理性行动理论的虚构人类学。[③]

---

　　① 杨善华、谢立中主编:《西方社会学理论》(下),北京大学出版社 2006 年版,第 165—167 页。

　　② P.Bourdieu,"*Unmapping the gift*:*on the intrest and generosity in social life*",这是布迪厄 1996 年 4 月 8 日在加州大学伯克利分校人类学系进行的讲演,未发表。

　　③ P.Bourdieu,*The Logic of Practice*,Cambridge,1990,p.99.

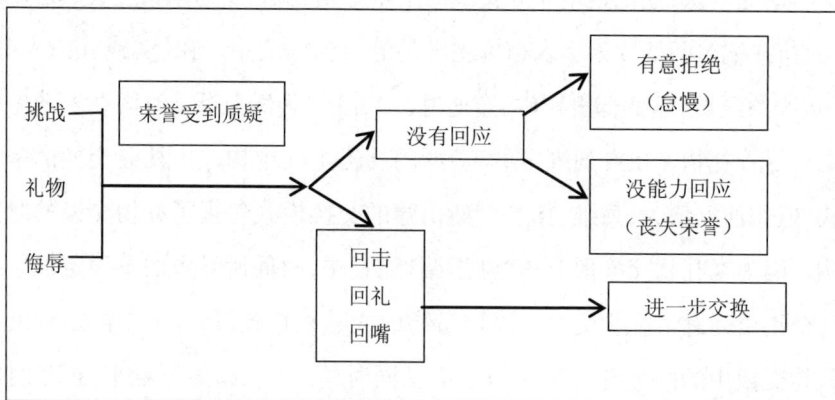

图 5-2　布迪厄关于礼物交换的策略（选自布迪厄《实践的逻辑》第 100 页）

三、 场域、惯习和资本：社会结构分析的核心

与"实践"一样，"惯习"和"资本"也是布迪厄社会结构理论的重要概念。布迪厄认为，实践是惯习、资本和场域相互作用的产物，可以作为惯习、资本和场域之间的互动结果而加以分析。场域是一个冲突和竞争的空间，涉及社会行动者的空间位置，它为实践提供了场所；惯习"是一种结构形塑机制，涉及社会行动者具有的对应于其占据的特定位置的性情倾向"①，它为实践提供了原则与规则；而资本则是一种稀有的资源，涉及行动者争夺的条件和目标，正是存在于场域中的资本才使场域最终具有意义。要对资本的价值进行确定，就要涉及惯习的社会与文化特征。在布迪厄看来，场域、惯习、资本这三者的联系是直接的。资本存在于场域中，又与惯习相整合，而且具有物质的基础。因此，布迪厄提出，要在关系的系统中去理解和界定这三个概念，不能孤立地定义它们。只有准确把握三者的关系，才能理解他所说实践感的模糊逻辑。②

---

① 杨善华、谢立中主编：《西方社会学理论》(下)，北京大学出版社 2006 年版，第 167 页。

② 杨善华、谢立中主编：《西方社会学理论》(下)，北京大学出版社 2006 年版，第 167 页。

在布迪厄看来,社会结构理论中的各种二元对立之所以妨碍人们理解实践活动,主要就在于它们忽视了客观社会结构与行动者身体化结构,也就是场域、惯习和资本三者之间的辩证关系。布迪厄强调,他使用场域、惯习和资本这三个概念,就是为了克服实证主义唯物论和唯智主义唯心论的弊病,同时与各种实体论的倾向进行决裂。场域、惯习和资本从根本上来说都是指一束关系。"场域""资本""资本"是布迪厄进行社会结构分析的核心,这表明他把对社会结构的研究从实体分析转向了关系分析。

1. 场域

"场域"(field)是布迪厄进行社会结构分析的基本单位。一个场域,是指由存在于各种位置之间的所有客观关系所形成的一个网络。布迪厄认为,不仅这些位置的存在是由客观因素所决定的,而且这些位置对占据其中某一特定位置的行动者或制度所产生的影响也是客观的。而决定这些位置的客观因素主要有两个:一是各种位置在权力或资本的分配结构中实际和潜在的处境;二是各种位置相互之间在支配、屈从、结构对应等多方面的客观关系。而这两个因素是紧密联系在一起的。[1] 一般来说,场域有三种不同类型的存在形式:一是现实社会生活中客观存在的场域;二是经人们的感知器官或感知活动所能感受到的场域;三是以人所独有的语言和概念等符号性形式所表达出来的场域。[2]

布迪厄认为,可以从三个方面来理解场域概念:

(1)场域是一个运作空间。只有在一定的空间内,场域的效果才能得以发挥,而这种效果的存在使所有在这个空间内的行动者都必须参照场域中的关系来选择一切行动策略,而不能仅考虑行动者自身。这正是关系主义方法论的反映。

(2)场域是一个争夺的空间。占据各种位置的行动者,往往会不断地展

---

① 杨善华、谢立中主编:《西方社会学理论》(下),北京大学出版社 2006 年版,第 168 页。
② 高宣扬:《当代社会理论》(下),中国人民大学出版社 2005 年版,第 856 页。

开斗争,并利用各种策略来维持或改善他们在场域中的位置。场域中的每个行动者常常因受到场域的各种压力而不得不认同场域内部的游戏规则。当然,每个行动者在一定程度上又会尽可能多地谋取其他行动资本,从而使自己能够占据更具支配性的位置。根据不同行动者所拥有的不同的资本和惯习,布迪厄把行动者的行动策略大体上划分为颠覆、继承和保守三种不同的类型。如果某个场域处于相对稳定或静止状态,行动者一般会选择保守或继承的行动策略,而当某个场域处于相对激烈的变革状态时,行动者则会选择保守或者颠覆的行动策略,而这些行动策略又可能会反过来演化为场域的一般特性。①

(3)场域是一种身心的投入。当一个行动者进入某个场域时,这就意味着他同时处于一套与场域相关联的前提预设。也就是说,场域包含身体和信念两个组成部分。行动者的实践信念并不是一种来自自身的心理状态,更不是机械屈从于外界强加的某种教条,而是一种被各种秩序和压力所影响而体现在行动者身体上的性情倾向。这体现了布迪厄所强调的符号权力运作的核心。

在布迪厄看来,使用场域这一概念可以形象地呈现现代社会的基本特征。社会世界是由若干相对独立的社会小世界构成的,而每一个社会小世界就是一个有着自己独特的逻辑和必要性的客观关系的空间,即场域。正是在这个意义上,场域又被认为是一种人为的社会构建,并且只有经历漫长的自主化过程之后才能逐渐形成。布迪厄始终强调,在考察场域时,要特别注意研究场域生成的历史性。

2. 惯习

布迪厄认为,场域是一种客观的关系系统,但在场域里开展实践活动的行动者都是有意识、有精神属性的人,这使每个场域都有属于自己的"性情倾向系统"——惯习。所谓惯习(habitus),"就是知觉、评价和行动的分类图式构

---

① 文军主编:《西方社会学理论:经典传统与当代转向》,上海人民出版社 2006 年版,第253 页。

成的系统,它具有一定的稳定性,又可以置换,它来自于社会制度,又寄居在身体之中"。① 当人们谈及惯习时,在一定意义上表示他们认同个人的、主观的也是属于社会的、集体的。因此,惯习在本质上其实是一种实现社会化了的个性和主观性。②

在《实践感》一书中,布迪厄指出:"条件制约与特定的一类生存条件相结合,生成惯习。惯习是持久的、可转换的潜在行为倾向系统,是一些有结构的结构,倾向于作为促结构化的结构发挥作用,也就是说作为实践活动和表象的生成和组织原则起作用,而由其生成和组织的实践活动和表象活动能够客观地适应自身的意图,而不用设定有意识的目的和特定的掌握达到这些目的所必需的程序,故这些实践和表象活动是客观地得到'调节'和'合乎规则',而不是服从某些规则的结果,也正因为如此,它们是集体地协调一致,却又不是乐队指挥的组织作用的产物。"③从布迪厄的这段话可以看出,惯习是一种生成性结构。一方面,惯习组织并塑造着行动者的实践,进而生产着历史;但另一方面,惯习本身也属于历史的产物,是行动者后天获得的一种由各种生成性图式所构成的系统。正是基于这一点,布迪厄把惯习称为"体现在人身上的历史",而由于惯习已内化为行动者的"第二天性",融入行动者的心灵并成为一种性情倾向系统,以至于行动者身在其中却完全感受不到它的存在。对于布迪厄而言,惯习的这种"外在性的内在化",体现了惯习作为一种社会化了的个性和主观性的本质。每一个行动者都是在惯习的作用影响下而进行各种"合乎理性"的行动。因此,当行动者在选择行动策略的时候,惯习就成为一种未被行动者所意识的原则。

场域与惯习之间,主要通过制约关系和知识建构关系两种作用方式发生

---

① ［法］皮埃尔·布迪厄、［美］华康德:《实践与反思:反思社会学导引》,李猛、李康译,中央编译出版社 2004 年版,第 171 页。

② 刘少杰主编:《当代国外社会学理论》,中国人民大学出版社 2009 年版,第 71 页。

③ ［法］皮埃尔·布迪厄:《实践感》,蒋梓骅译,译林出版社 2003 年版,第 80—81 页。

关联。在考虑场域与惯习之间的关系时,人们必须同时考虑这两个方面的作用,也就是布迪厄所说的,"实践理论要同时考虑外在性的内在化和内在性的外在化的双重构成"①。在这两种作用中,知识建构关系取决于制约关系,制约关系具有优先性。这表明场域的结构塑造着惯习的结构。布迪厄认为,场域和惯习之间的这种关系蕴含着社会结构的双重存在方式,即社会结构同时存在于"初级的客观性"和"次级的客观性"之中。所谓"初级的客观性",是指各种物质资源的分配和能够左右分配的手段,而"次级的客观性"则是指能够发挥符号样板作用的各种分类体系和心智图式。正是因为社会结构的双重存在方式,实践理论才不得不采取社会物理学和社会现象学的双重解读方式。②

3. 资本

"场域"和"惯习"这两个概念,主要是用来解释社会结构如何通过争斗而得以发展和变迁的历史,对于行动者进行争斗的条件和目标,布迪厄则用"资本"概念来表示。在布迪厄看来,社会结构是一个具有积累性的历史生成结构,因此,在分析社会结构时,有必要引入资本的概念,并且要对资本、资本积累及其各种效应进行考察。在《文化资本与社会炼金术》中,布迪厄说:"资本是积累的(以物质化的形式或"具体化的"、"肉身化的"形式的)劳动,当这种劳动在私人性,即排他的基础上被行动者或行动者小团体占有时,这种劳动就使得他们以物化的或活的劳动的形式占有社会资源。"③由此可以看出,在布迪厄看来,资本体现为一种劳动,而这种劳动主要是通过物质化和身体化两种方式被积累下来的。同时,资本还体现为一种生成性,也就是具有生产利润的潜在能力。④

---

① P.Bourdieu, *The three forms of theoretical knowledge*, Social Science Information, 1973, Vol. 12, No.1, p.53.

② 杨善华、谢立中主编:《西方社会学理论》(下),北京大学出版社 2006 年版,第 169 页。

③ [法]皮埃尔·布迪厄:《文化资本与社会炼金术》,包亚明译,上海人民出版社 1997 年版,第 189 页。

④ 杨善华、谢立中主编:《西方社会学理论》(下),北京大学出版社 2006 年版,第 170 页。

布迪厄所说的资本,主要具有三个方面的特点:

(1)资本是一种超越历史和阶级的资源。布迪厄认为,资本与特定的历史条件、资本主义生产关系之间没有必然联系,也没有榨取劳动利润或驱动资本主义进行原始积累而对其他劳动者实行剥削的含义。

(2)资本的类型繁多。布迪厄强调,在用资本分析社会结构时,人们要避免陷入唯经济主义,避免把行动者之间的互动简单地归于经济利益的交换。布迪厄把资本划分为经济资本、社会资本、文化资本和符号资本四种基本类型。所谓经济资本,就是指经济学意义上的可以直接兑换成货币的资本形式。所谓文化资本,是指借助不同的教育行动传递的文化物品。它主要有体现在行动者性情倾向之中的身体化形态、表现为文化物品之中的客体化形态和表现为规定或规则的制度化形态三种存在形式。由于文化资本在表面上拒斥功利,这决定了它作为资本更具隐蔽性,而它也是布迪厄最为重视的一种资本。[1] 所谓社会资本,是指借助于某种持久性社会关系网络而实际或潜在拥有的资源。[2] 而符号资本则是指礼仪活动、声誉或威信等象征性现象。这类资本由于是符号性的,常常又被称为“不被承认的资本”。但在实际上,正如布迪厄所指出的,它是以“不被承认”的方式而“被承认”的。[3]

(3)资本与权力紧密联系。布迪厄认为,一个行动者所拥有资本的数量和类型决定了他在场域中所占据的位置的优势性或控制性程度,即决定了行动者的权力。布迪厄说:“资本……意味着对于某一(在某种给定契机中)场域的权力,以及,说得更确切一点,对于过去劳动积累的产物的权力(尤其是生产工具的总和),因而,也是对于旨在确保商品特殊范畴的生产手段的权

① 文军主编:《西方社会学理论:经典传统与当代转向》,上海人民出版社 2006 年版,第 255 页。
② 杨善华、谢立中主编:《西方社会学理论》(下),北京大学出版社 2006 年版,第 172 页。布迪厄对社会资本的分析,拓展和深化了韦伯关于有关地位群体和声望的经典理论。
③ 高宣扬:《当代社会理论》(下),中国人民大学出版社 2005 年版,第 823 页。

力,最后,还是对于一系列收益或者利润的权力。"①

布迪厄强调,经济资本、社会资本、文化资本和符号资本四种资本相互之间是可以转换的。这种可转换性一方面是行动者进行某些策略选择的基础,另一方面,这些策略选择的目的正是要通过转换来保证资本和权力的再生产,使各种资本得以延续和发展。在所有的资本中,经济资本是根源,在一定意义上说,其他不同类型的资本最终都可以转化成经济资本。但是,这并不意味着所有资本都能够被还原为经济资本,从而否认其他资本的特殊功效。

四、 语言与符号:社会结构形成的媒介

语言和符号带来的"温和的暴力"始终是布迪厄非常关注的问题。布迪厄认为,无论是对关系的研究,还是对实践,或对场域、惯习和资本的分析,都与语言和符号密切相关。语言与符号是社会结构形成的媒介。布迪厄对社会结构的全部分析,在一定程度上都可以被看作是关注语言和符号是如何发挥作用,并"影响支配结构的再生产及其转换的过程"②。

1. 语言与权力

语言之所以是社会结构形成的媒介,主要在于语言不仅仅是沟通的手段,而更是形成社会结构,尤其是权力关系的一种工具或媒介。

布迪厄认为,语言关系在实质上属于一种符号权力关系。语言关系总是能够通过一种变相的方式体现言说者之间的权力关系。在布迪厄看来,即便是最简单的一次语言交流,也不只是作为一种纯粹的沟通行为,而总是涉及具有某种社会权威的言说者与认同这一权威的听众之间所形成的历史性权力关系网。只有充分考虑在语言交流中实际发挥了重要作用的权力关系结构总体,人们才能真正理解言谈的信息内容本身,甚至包括语言交流的每一个部分

---

① P.Bourdieu, *Language and Symbolic Power* (eds.), Tompson J. B., Cambridge: Polity Press, 1991, p.1230.

② 杨善华、谢立中主编:《西方社会学理论》(下),北京大学出版社 2006 年版,第 172 页。

或具体环节。正是基于这一点,布迪厄主张对纯粹的语言学进行批判:(1)以合法语言取代纯粹语言;(2)以符号权力关系取代构成关系或符号互动,只有这样才能用言语的价值和权力问题实现对言语意义问题的取代;(3)以符号资本取代语言技能,而符号资本又总是与言说者在社会结构中所占据的位置直接相关。①

　　布迪厄认为,现实生活交流中的语言并不是结构主义索绪尔式纯粹技能的语言,而是具有特定的表达和理解方式的话语。语言的生产关系结构取决于两个言说者之间的符号权力关系。语言学家总是把建立沟通的条件看作已经得到保证、无须多加思考的前提,但这在社会现实生活中恰恰是一个根本性的问题。在布迪厄看来,所有的语言交流实际上都会有一个假设前提,也就是预先假定言说者和听众都是合法的,并且彼此之间是相互认可的。当一个人在言说的时候,他不仅期望自己所说的话能够被听者所理解,而且还希望听者能够相信并遵从他所说的一切。现实生活中的语言交流常常带来非常神奇的效果,这主要表现为它可以通过一些微妙的方式来影响事情的发展,并维持社会生活的正常秩序。布迪厄曾经专门以关窗的谈话为例来说明语言交流的神奇效果,他说:"如果我是一个老派的英国贵族,坐在安乐椅上,百无聊赖地读着一份周末版的报纸,对于我来说,也许只要对仆人说句'约翰,你不觉得天有点冷吗?',他就会去关上窗户。"②由此可以看出,在布迪厄看来,现实生活中的语言交流实际上是以权威—信念关系为基础进行编码和解码的,但是,结构主义纯粹的语言分析往往完全忽视了这一点。"听取就意味着相信。"③贵族的一句委婉的话产生关窗的效果,这正是贵族的权威在语言交流中有效发

---

　　① P.Bourdieu,*Language and Symbolic Power*,Part I"*The Economy of Linguistic Exchanges*",Cambridge:Havard,1991,p.646.

　　② [法]皮埃尔·布迪厄、[美]华康德:《实践与反思:反思社会学导引》,李猛、李康译,中央编译出版社 2004 年版,第 195 页。

　　③ P.Bourdieu,*Language and Symbolic Power*,Part I"*The Economy of Linguistic Exchanges*",Cambridge:Havard,1991,p.649.

挥作用的一种表现。在这个意义上，每一次语言交流都包含了成为权力行为的潜在的可能性，当交流所涉及的言说者在相关资本的分配中占据着不对称的位置时，情况就更是如此。

2. 符号暴力

布迪厄认为，"符号暴力"是社会结构形成的另一种工具或媒介。所谓符号暴力，主要是指一种由语言、观念、思想和文化所构成的看不见的、沉默的权力。其中，布迪厄对语言权力尤为关注。语言关系蕴含着符号权力，因此，在布迪厄看来，语言技能并不纯粹是一种技术技能，而更重要的是一种规范技能，只有通过对符号暴力的深入分析，才能从根本上揭示现代社会结构中的文化生产与权力关系是如何交织在一起的。

布迪厄认为，符号暴力包含了两个方面的含义：(1)符号具有一种能够构建现实社会结构秩序的权力。相对于符号暴力来说，包含了语言、观念、思想和文化的符号系统发挥着知识工具的作用，它既是社会结构塑造的产物，同时在它形成之后又被用来进一步塑造社会结构。(2)符号关系不能被简化为沟通关系，当然，仅仅注意到沟通关系在本质上为权力关系是不够的，同时还必须认识到符号系统既是一套知识工具，同时也是一种支配手段。布迪厄试图通过这两个方面的思想观点来把握社会结构支配关系中的"看不见"的机制。

在现实社会中，符号暴力是任何一种权力最终实施并发挥作用的重要手段，正是通过符号暴力的运用，其背后所蕴含的各种权力关系被掩盖了，并使权力及其所依附的社会意义获得了某种合法性。布迪厄认为，在现代社会中，符号暴力的运作过程主要是通过教育行动体现出来的，而教育行动包括传播式教育、家庭教育和制度化教育三种方式。其中，传播式教育是指在社会群体或组织中，一个成员在与另一个曾经受过某种教育的成员交往时，不知不觉地学到许多东西。布迪厄把由明确承担教育任务的机构所直接或间接完成的教育称为制度化教育。这三种教育方式所具备的符号暴力的程度，主要是由它们在符号关系和权力关系结构的不同权重所决定的，而这些权重在现实中又是通过它们涉及的家庭或学校等教育载体,即教育机构形式的不同所决定的。布迪厄之所以要强调对教育过程的符号暴力进行分析,就是要说明受教育者和教育者之间的社会互动和话语协商,是如何在受教育者的认同及其主动参与中实现文化再生产的。布迪厄认为,在所有教育行动中都存在不同程度的教育权威,这是各种文化再生产活动得以开展的必要条件,同时也是符号暴力能够发挥效用的基础。在一定意义上,教育行动是一个灌输的过程,正是通过灌输才形成了受教育的惯习,而这种惯习在本质上则是文化任意性原则通过灌输被内化的产物。这样,布迪厄通过对符号暴力在教育行动中运作的分析,深刻地揭示了教育体制不断促进文化再生产和社会再生产的过程。①

布迪厄认为,在一定程度上,国家其实就是一个为了争夺符号暴力的垄断权力而不断进行斗争的场域。现代社会为了取得维护其支配和统治地位的合法性,不仅需要监狱、法律、军队等这些所谓硬性权力,而且更需要依赖于符号暴力这种文化上的软性权力。如前所述,符号暴力主要是通过教育行动的灌输来实现的,因此,制度化的教育体制实际上就成为符号暴力得以实施和执行的重要组成部分。教育权威通过教育体制把语言、意义和符号系统尽可能灌输到每一个受教育者的身上,这样又会反过来进一步加强教育权威的地位。

总之,在布迪厄看来,现代社会结构及其秩序的形成与维续,必须依靠符号暴力这样一种"看不见的、沉默的权力"。

五、 与马克思社会结构理论的比较及其评价

布迪厄的建构主义社会结构理论,跨越不同学科之间的界限,涉及诸多不同的专业领域,从对语言、文化、教育、艺术、法律、文学、科学的研究,到对亲缘群体、知识分子、政治、宗教以及国家的分析,所有这些都超越了某些导致社会结构理论繁多分裂的根深蒂固的二元对立,如主观主义与客观主义、符号性分

① 文军主编:《西方社会学理论:经典传统与当代转向》,上海人民出版社 2006 年版,第259 页。

析与物质性分析、行动与结构、理论研究与经验研究等之间长时期地分离与对立。在长期的探索过程中，布迪厄逐渐摸索出一套能够消解上述二元对立的概念工具，如策略、场域、惯习、资本等和方法论手段。① 尽管布迪厄"桀骜不驯"地经常强调自己理论的独创性，但是，他在自己的著作中仍然不自觉地大量引用了马克思有关文化相对自主性、国家、意识形态等多方面的思想理论。另外，马克思对"实践"的强调，也对布迪厄产生了持久的影响。而布迪厄的"实践""再生产""资本"等概念术语，更是具有清晰可见的马克思的痕迹。

与其他西方社会结构理论一样，布迪厄的建构主义社会结构理论不是无懈可击的，相反，他的理论也招致了一些批评，特别是同马克思社会结构理论相比较，其局限性主要表现为以下三个方面：

1. 存在本质上的决定论

布迪厄的建构主义社会结构理论在本质上具有浓厚的决定论色彩。这在他的惯习理论和教育理论中体现得尤为明显，他的理论甚至被一些学者直接概括为"结构产生惯习，惯习决定实践，实践再生产结构"。比如，加恩汉和雷蒙·威廉斯认为，布迪厄的再生产理论充满了功能论和决定论的思想，这使布迪厄很少能够揭示社会结构如何通过创新而得以变迁的真实原因和可能性。在雷蒙·威廉斯看来，"再生产"除了包括"复制"之外，也应该包括"变革"。

针对这一批评，布迪厄强调，他提出的惯习并不是某种宿命，而是"一个开放的性情倾向系统，不断地随经验而变，从而在这些经验的影响下不断地强化，或是调整自己的结构"②。不过，他仍然强调，惯习确实深受个人赖以成长

---

① 文军主编：《西方社会学理论：经典传统与当代转向》，上海人民出版社 2006 年版，第261页。

② ［法］皮埃尔·布迪厄、［美］华康德：《实践与反思：反思社会学导引》，李猛、李康译，中央编译出版社 1998 年版，第178页。

的生活环境的影响。对再生产理论的批评,布迪厄认为这只是人们忽视了他完整的思想理论而望文生义的结果。①

一些关注布迪厄的文化研究的学者认为,布迪厄的文化分析只对文化的再生产功能做了强调,而大众文化对现有文化教育体制的反抗意义却被忽视了。因此,布迪厄的建构主义社会结构理论在一定程度上存在文化决定论的倾向。

2. 对马克思实践理论的拓展与背离

布迪厄大力倡导实践理论,强调人类实践的各种特点,把实践视为社会结构产生和存在的基础和社会结构获得不断重建和更新的动力来源。这与马克思强调的要把对象、现实、感性当作实践去理解的观点,特别是与马克思"全部社会生活在本质上是实践的"②观点有一定的相似性。但是,布迪厄所说的实践,与马克思常用的实践存在显著的不同。

(1)布迪厄所说的实践,主要是指人的实际活动。布迪厄在与霍内斯等人的谈话中曾经明确提出:"我要向你们指出,我从来没有用过'实践'(praxis)这个概念,因为这个概念,至少在法语中,多多少少带有一点理论上的夸大性说法,甚至有相当多成分的吊诡性,而且常用这个词去赞赏某些马克思主义、青年马克思、法兰克福学派和南斯拉夫的马克思主义等。我只是说'实际活动'(la pratique)。"③从布迪厄的这段表述可以看出,他所说的实践这个概念,指的是人类的一般性活动,其中包括生产劳动、经济交换、政治、文化和大量的日常生活活动。

(2)在布迪厄的理论中,"实践"是一个特有的基本范畴,同他使用的"策略""场域""惯习"等其他旨在建构新的社会结构理论的基本概念紧密相连。

---

① 杨善华、谢立中主编:《西方社会学理论》(下),北京大学出版社 2006 年版,第 181—182 页。

② 《马克思恩格斯文集》第 1 卷,人民出版社 2009 年版,第 501 页。

③ P.Bourdieu, *Choses Dites*, Paris: Minuit, 1987, p.33.

（3）布迪厄的实践概念与传统行动概念不同。布迪厄所说的实践不是建立在主体与客体相区分的基础之上的，也不是仅仅表示行动者的行动总和。布迪厄通过实践概念主要来表示对人类实际活动特征的强调，而这一特征不仅表现为实际活动与语言沟通运用之间所存在的密切关系，而且还表现为人类所创造的各种文化符号和意义系统贯穿在实际活动的整个过程之中。因此，实践的提出和运用，同行动者精神心态和文化生活本身的符号性特征密切相关，也同社会结构理论研究的符号性特征密切相关。

（4）布迪厄的实践概念充分体现了关系主义基本方法论的特征，可以说，实践就是布迪厄贯彻关系主义方法论的产物。①

3. 对马克思资本理论的拓展与背离

马克思对资本在社会结构中的地位和作用曾做过专门论述，他认为，从总体上来看，资产阶级依靠对资本的拥有，不仅直接控制着社会中的各种产品，而且还控制着教育机制和教育传播过程。在任何一种产品的生产过程中，劳动者都必须首先投资于教育的生产过程，使自己接受资产阶级文化的教育和灌输，并将资产阶级文化内化为自己文化的重要组成部分。只有了解和认同资产阶级文化价值观，劳动者才能获得通向劳动力市场的通行证，并在此基础上获得一定的劳动收入，最终得以维持生活。但是，资产阶级通过对文化资本支配权的掌握，在商品流通中依靠得天独厚的优势，从而又进一步增加了他们的经济资本和资本积累。

然而，布迪厄则将资本研究的重点置于劳动者获得资本与市场之间的关系之上。他对符号暴力和社会再生产在社会结构中的地位和重要性，以及资产阶级通过教育把自己的文化和价值观灌输到劳动者身上的过程进行了详细的论证。布迪厄只是将资产阶级视作一个暗含在社会结构条件之中的潜在力量，而不是作为社会结构分析的必要前提。这样一来，布迪厄对文化资本的分

---

① 高宣扬：《当代社会理论》（下），中国人民大学出版社 2005 年版，第 806—807 页。

析就不再是在宏观结构层面上展开进行的,而是介于微观结构层面与宏观结构层面之间。另外,布迪厄对马克思资本理论的背离,还表现为他对文化资本与资本积累之间的一致性并没有进行完整的论述。比如,在现实社会中,有些人虽然是金融寡头,但却并不拥有同等的文化资本;而也有一些拥有大量文化资本的人,却并不拥有相应的经济资本。在这个意义上来看,布迪厄的文化资本理论虽然可以被认为是为劳动者找到了一条可能改变和提升自己阶级地位的通道,认为劳动者可以通过教育把资产阶级的文化内化成为自己的文化惯习,然后以此获得居于统治阶级的机会。这意味着劳动者能够依靠自己所掌握的文化资本,在劳动力市场上转化为经济资本和社会资本,从而使自己获得统治阶级的稳固地位。但是,布迪厄既没有分析得这么深远,同时,这条道路在现实社会中也是根本行不通的。①

第三节　哈贝马斯的交往社会结构理论

尤尔根·哈贝马斯(Jürgen Habermas),1929 年出生于德国北莱茵–威斯特法伦州的一个小镇,是西方马克思主义中法兰克福学派第二代的杰出代表,也被公认为是当代最有影响力的思想家,在西方社会结构理论界中占有举足轻重的地位。

在当代各种社会结构理论流派中,哈贝马斯的交往社会结构理论独树一帜。他不仅继承了德国社会结构理论注重思维深刻性的传统风格,而且在许多重大理论观点上同福柯、德里达和布迪厄等人代表的法国社会结构理论存在尖锐对立。但是,不管哈贝马斯的社会结构理论有何种特殊性,它仍然是工业社会走向后工业社会的时代产物,在其许多明确反对后现代主义的理论话语中,蕴涵着对后工业社会结构的深刻理解,潜存着同各种后现代主义思潮的

---

① 文军主编:《西方社会学理论:经典传统与当代转向》,上海人民出版社 2006 年版,第262 页。

一致性。① 哈贝马斯的社会结构理论主要集中蕴含在《公共领域的结构转型》（1962）、《理论与实践》（1963）、《作为"意识形态"的技术与科学》（1968）、《交往与社会进化》（1976）、《交往行动理论》（1981）、《在事实与规范之间》（1994）等著作中。

一、 理论与实践相统一：社会结构研究的原则

在认识论上的创新性反思是使哈贝马斯的交往社会结构理论具有创造性和深刻性的基本前提，而理论与实践相统一的原则又是构成这一前提的重要基础。

哈贝马斯认为，所谓理论与实践相统一，就是指哲学社会科学理论与社会生活实践相统一。根据哈贝马斯在《理论与实践》中的论述，"理论应该是批判的，因此是来自理性的，是超越的；理论同时也应该是科学的，因此又是来自经验的。而实践则主要不是指根据理论进行的技术操作的操作实践，而是指指导人的生活实践、指导人们获得解放、指导走向合理社会的社会实践。因此，理论与实践的关系，实际上便是哲学社会科学与社会生活、政治生活的关系。理论必须根据实践的目的去发展，并且能够指导社会实践。"②由此可以看出，哈贝马斯是以理论与实践相统一为原则来认识和研究社会结构的，并在考察历史上理论与实践关系的基础上，形成了自己的社会结构理论。

1. 理论与实践关系的历史演化

根据哈贝马斯在《与社会哲学相联系的古典政治学说》和《自然法与革命》两篇文章中的阐述，他把社会结构理论和社会实践关系的演变划分为古典时期、近代时期和现代时期三个历史阶段。在哈贝马斯看来，在早期的时候，理论与实践是紧密结合的，并且理论本身也是作为实践的一种表现形式而

---

① 刘少杰主编：《当代国外社会学理论》，中国人民大学出版社 2009 年版，第 182 页。

② Habermas, *Theory and Practice*, Beacon Press, Boston, 1974. 转引自余灵灵：《哈贝马斯传》，河北人民出版社 1998 年版，第 40 页。

存在的。只是到了后来,尤其是 18 世纪以来随着历史哲学的不断发展,理论才因为过分强调对历史规律的概括而逐渐脱离实践,并最终导致抛开不断变化、无限丰富的实践过程,变成自言自语式的"独白的社会哲学"。①

在以亚里士多德的理论为代表的古典时期,社会理论主要是政治学,而政治学是同伦理学,即关于善与正义的生活的理论联系在一起的,所涉及的是人的经验世界的问题,则是人的行为的问题,即生活实践领域的问题。但是这种结合的直接实践性决定了政治学不会成为一门精密的科学,不具备严格的科学理论体系,它只是提出了在大多数情况下或多或少能够通行的规则,而没有提出系统的理论,因此还谈不上理论与实践的真正统一。

到了近代,首先,随着近代政治社会的形成,社会哲学关于政治与社会的观念发生了变化,它不再关心公民的道德实践和求善生活,而转向关心社会行为和社会秩序的问题。于是,马基雅弗利关于人格国家的政治行为的理论和莫尔关于社会秩序的乌托邦理论产生了。其次,随着近代科学的兴起,特别是随着具有完整的逻辑体系、精确陈述的定律的以及具有定性和定量规定的科学理论的建立,社会科学发生了方法论上的变化,社会科学的理论体系开始建立,形成了以社会哲学为代表的近代社会理论。这一历史阶段的理论所关注的是如何进行权力运作和组织社会的实用的方法,而不再是以求善生活为旨向的道德实践知识。这一时期的社会哲学作为一种科学理论,它不直接指导人的行为,不再与经验密切相关,而是根据对历史发展规律的总结和对未来社会的预测,致力于合理安排人类社会结构和社会生活条件。也就是说,社会哲学不再教诲人们怎样行事,而是至多针对人们的合理行为做出指导。于是,它虽然具备科学的理论体系,但它与实践失去了本质的联系,因此也谈不上理论与实践的统一。

哈贝马斯认为,理论的生命力在于关注现实,介入实践,推动社会向进步、

---

① 刘少杰主编:《当代国外社会学理论》,中国人民大学出版社 2009 年版,第 186 页。

合理的方向发展。然而,进入现代时期以来,以实证主义为代表的社会理论使理论与实践的关系完全成为一种技术的应用,也就是有选择性地、有目的地使用由经验科学所提供的技术,来进行社会管理和社会调节,理论与实践的关系实际上就转化成理论对社会行为的操作规程设计。这样不仅使理论失去了对生活的指导意义和对社会的批判功能,而且也使实践受到了更加沉重的压抑,无法做到理论和实践的统一。

在哈贝马斯看来,从社会结构理论直接指向实践,到把实践作为社会结构理论的技术运用,其成功在于把科学的精准性引入社会结构研究,其失误在于把理论与实践的关系理解为根据理论模式进行技术操作,代替了社会结构理论直接进入实践。哈贝马斯认为,当前的任务就是进行方法论的研究,实现理论与实践的结合。他指出,马克思历史唯物主义为社会结构认识和研究开辟了一条理论与实践相统一的道路。[1]

2.重建理论和实践相统一的关系

哈贝马斯认为,历史上社会结构理论发展的三个阶段都没有实现理论与实践的统一,是因为历史上的哲学和科学都是与实践相分离的。由于历史唯物主义既关注自身的运用,又关注自身的起源;既是对人类社会发展规律的客观反映,又试图分析和指导社会生活和社会发展。因此,马克思主义历史唯物主义既是一种以客观的态度研究行动的科学理论,又是研究历史联系并带有主观色彩的哲学理论。也就是说,马克思主义历史唯物主义介于哲学和科学之间,为社会科学开辟了一条理论和实践相统一的道路。[2]

哈贝马斯认为,贯穿在马克思早期著作中的基本观点是马克思的实践观。实践观是历史唯物主义的基础,它要求人们从主体与客体的辩证关系出发,在肯定主体创造选择和价值要求的前提下认识社会实践的发展变化。哈贝马斯认为,马克思的实践观点被恩格斯、第二国际和共产国际的理论家和革命者抛

---

① 余灵灵:《哈贝马斯传》,河北人民出版社 1998 年版,第 41—42 页。
② 余灵灵:《哈贝马斯传》,河北人民出版社 1998 年版,第 42—43 页。

弃了。尤其是恩格斯在《反杜林论》和《自然辩证法》中论述的具有明显实证倾向的理论,不仅从根本上掩盖了马克思所强调的理论与实践之间的辩证关系,而且还彻底否定了主体的创造性和能动性,从而导致了革命意识的弱化和对变化的实践认识的迟钝。①

马克思主义作为一种批判理论,必须指向当代实践。但是,现实中由于当代的马克思主义者把马克思主义的历史唯物主义作为一种纯理论、纯科学加以接受,历史唯物主义已成为一种不能说明实际问题的教条。在当代资本主义社会,作为自由资本主义阶段的国家和社会的"分离"被两者的相互结合所取代;"异化"带给广大民众的经济贫困被精神上的被剥夺所取代;过去雇佣劳动合同中赤裸裸的权力关系被社会技术的间接操纵所取代;被视为未来社会主义革命担当者的无产阶级,由于其阶级意识和革命意识的消失而作为一个独立完整的阶级已经不复存在;资本主义社会依靠自我调节依然呈现出发展的生命力;等等。所有这些社会事实,都是作为现存的纯理论的马克思主义所无法说明的实践中的现实问题。为此,哈贝马斯要求重新审视马克思主义,重新构建历史唯物主义。

在哈贝马斯看来,历史唯物主义不仅要对社会历史的演进和社会群体在历史进程中的作用予以说明,而且还要能够为人们的行动提供指导。从这个意义来看,历史唯物主义与理论和实践有着双重关系,介于理论和实践之间:一方面,从事社会生活实践是为了总结历史经验,获得理论的知识;另一方面,以历史经验和对社会的认识为指导,是为了自觉地认识社会生活和从事政治实践。同时,历史唯物主义由于其对自身的反思,既有别于科学,又有别于哲学,介于科学和哲学之间:一方面,它不同于哲学,而是以客观的科学态度认识社会;另一方面,它又不同于科学,而是以批判的、超越的眼光对待社会实践。②

---

① 刘少杰主编:《当代国外社会学理论》,中国人民大学出版社 2009 年版,第 184 页。
② 余灵灵:《哈贝马斯传》,河北人民出版社 1998 年版,第 45—46 页。

二、 公共领域: 社会结构研究的起点与主线

公共领域(offentlichkeit),不仅是哈贝马斯用批判的辩证方法研究社会结构问题的起点,而且也是贯穿他的社会结构研究的一条主线。可以说,哈贝马斯后期关于交往行为和交往理性等方面的研究也是这一研究的深化和展开。

1.公共领域的历史形式

受德国历史主义传统的影响,哈贝马斯从公共领域的历史考察入手,试图通过对历史发展变化的研究,进一步深刻地揭示出公共领域的结构、功能、实质和意义。哈贝马斯在对不同历史形式的公共领域进行系统考察的基础上,重点阐述了资产阶级公共领域和资本主义社会结构。

(1)广场型公共领域。在哈贝马斯看来,在古希腊时期,公共领域不仅与私人领域之间有着清楚的界限,而且公共领域本身的形式和功能也是非常明确的。他指出:"在高度发达的希腊城邦里,自由民所共有的公共领域和每个人所特有的私人领域之间泾渭分明。公共生活(政治生活)在广场上进行,但并不固定;公共领域既建立在对谈之上——对谈可以分别采取讨论和诉讼的形式,又建立在共同行动(实践)之上——这种实践可能是战争,也可能是竞技活动。"①从这段论述可以看出,古希腊时期的广场型公共领域是与经济活动无关的。

(2)代表型公共领域。哈贝马斯认为,这种公共领域的实质是封建领主为了达到进一步实行专制统治的目的,而以公共的名义制造出来的一种形式或象征,缺乏实际内容。由于封建领主制集经济、政治、文化统治权力于一身,社会中的广大私人因在经济上丧失独立性而失去了私人性,从而导致私人领域随之在现实中被消解。因此,这一时期的公共领域和私人领域都被封建专制控制着。但是,封建专制需要假借普遍性的名义来行使统治权,于是封建领

---

① [德]尤里根·哈贝马斯:《公共领域的结构转型》,曹卫东等译,学林出版社1999年版,第3页。

主就在仪式或象征方面大做文章,不断炮制出各种"代表公众"的仪式。"代表型公共领域的出现和发展与个人的一些特殊标志是密切相关的,如权力象征物(徽章、武器)、生活习性(衣着、发型)、行为举止(问候形式、手势)以及修辞方式(称呼形式、整个正规用语),一言以蔽之,一整套关于'高贵'行为的繁文缛节。"①由此可以看出,代表型公共领域的作用更重要的是显示统治者的特权和社会的等级秩序。

(3)资产阶级公共领域。"资产阶级公共领域首先可以理解为一个由私人集会而成的公众的领域;但私人随即就要求这一受上层控制的公共领域反对公共权力自身,以便就基本上已属于私人,但仍然具有公共性质的商品交换和社会劳动领域中的一般交换规则等问题同公共权力机关展开讨论。"②从哈贝马斯的这段表述可以看出,在现代社会,资产阶级公共领域实际上是私人领域与公共权力领域之间的一个中间地带。这种相对独立的中间地带之所以得以存在,主要在于在公共领域活动的人是具有私有经济地位、从私人领域而来的具有独立自主性的个人,并且这些个人虽然各自都有自己的私人利益和目的,但是他们因与公共权力机关存在共同矛盾,而常常联系起来讨论他们共同关注的公共事务。哈贝马斯认为,私人领域同公共权力之间的矛盾主要集中于商品交换和社会交往的一般规则问题,也就是从公共权力出发还是从私人利益出发来确立和调整交换规则,而话语交流和观点论证则是其矛盾的展开形式。

哈贝马斯用矛盾分析的方法来说明资产阶级公共领域的性质,让人们清楚地看到,资产阶级公共领域是资产阶级统治同资产阶级私人利益的对立统一体,这使公私对立的矛盾同古希腊广场型公共领域和中世纪代表型公共领域并

---

① ［德］尤里根·哈贝马斯:《公共领域的结构转型》,曹卫东等译,学林出版社1999年版,第7页。

② ［德］尤里根·哈贝马斯:《公共领域的结构转型》,曹卫东等译,学林出版社1999年版,第32页。

无根本不同,其区别不过在于:古希腊广场型公共领域因私有经济仅限于家庭内部,尚未实现社会化,私人在经济利益上没有多少共同要求,以致人们进入广场时讨论的话题仅限于政治和竞技等非经济层面;中世纪代表型公共领域以消除私人经济地位而在实质上瓦解了公私对立,但因统治的需要而发展了符号形式层面上的公共领域;资产阶级公共领域仿佛是回到古希腊广场型公共领域,但是它们有根本意义上的变化,即资产阶级以其社会化的私有制为基础,确立了私人利益的坚强地位和普遍联系,资产阶级私人利益同资产阶级公共权力展开尖锐的对立冲突,这种矛盾冲突既是资产阶级从普遍的私人利益出发,要求公共权力服从理性原则和法律标准的根据,也是资产阶级作为统治阶级,不得不加强专政统治,抑制公共领域发展,而导致公众领域结构转型的根源。①

2. 资产阶级公共领域的结构

为了更加清晰地揭示出资产阶级公共领域的性质,哈贝马斯对资产阶级公共领域的结构做了深入的分析。

如图 5-3 所示,通过哈贝马斯所描绘的资产阶级公共领域结构图,可以看出,资本主义社会结构最基本的特征是国家与市民社会相分离。哈贝马斯认为,正是这个分离将私人领域与公共权力领域明确地划分开了,哈贝马斯也因此把国家和市民社会之间的分离称为基本路线,而资产阶级公共领域就是连接这两个领域之间的中间地带。资产阶级公共领域包含着私人领域同公共权力领域的种种矛盾关系,其实质是两者相互作用的产物。哈贝马斯将资产阶级公共领域进一步划分为政治公共领域和文学公共领域,其中,文学公共领域主要通过俱乐部和新闻界表现出来,它的直接实现形式是城市中的文化市场和商品市场。文学公共领域既在私人领域中影响着资产阶级的内心世界,又在公共权力领域影响着宫廷贵族社会。正是基于此,哈贝马斯把资产阶级文学公共领域视作政治公共领域的基础,而这也是他把交往行为看作社会结

---

① 刘少杰主编:《当代国外社会学理论》,中国人民大学出版社 2009 年版,第 194—197 页。

构发展基本动力之一的观点的具体表现。

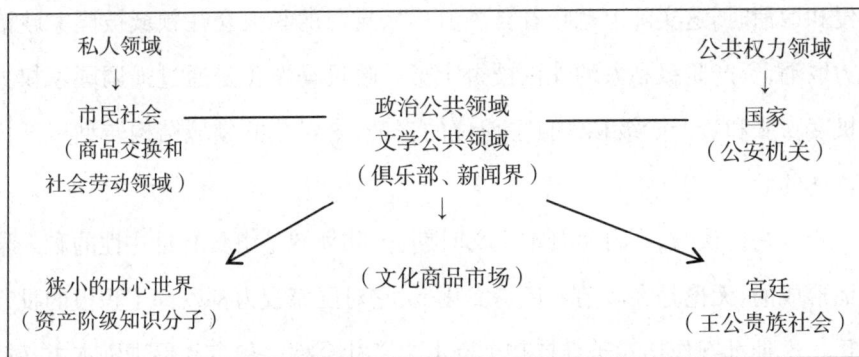

图 5-3　哈贝马斯关于资产阶级公共领域的结构图

3. 资产阶级公共领域的结构转型

哈贝马斯所说的资产阶级公共领域的结构转型,指的是自 1873 年世界经济大萧条以来,随着国家干预主义越来越强化,资本主义社会发展进入到国家与社会彻底分离的新的阶段。从 19 世纪初期开始,资产阶级公共领域的政治功能和文化功能越来越发达,资产阶级为了巩固自己的政权,维持经济、政治和文化各方面的秩序,不得不加强了国家对社会的干预。"长此以往,国家干预社会领域,与此相应,公共权限也向私人组织转移。公共权威覆盖到私人领域之上,与此同时,国家权力为社会权力所取代。社会的国家化与国家的社会化是同步进行的,正是这一辩证关系破坏了资产阶级公共领域的基础,亦即国家和社会的分离。"①国家权力向公共领域的入侵、扩张,不仅导致了国家与社会界限的消解,而且还产生了一个消除公私区别的"重新政治化的社会领域"。这种新社会领域实际上是由国家与社会之间、公共权力领域与私人领域之间相互入侵所形成的。

在哈贝马斯看来,公共领域是由私人聚会而成的,资产阶级公共领域存在

---

① ［德］尤里根·哈贝马斯:《公共领域的结构转型》,曹卫东等译,学林出版社 1999 年版,第 171 页。

的前提和基础是私人的自主、自立、自由。因此，当公共领域被国家政治权力入侵和取消时，这实际上意味着自主、自立、自由的私人交往领域被国家政治权力取消，资产阶级私人的地位被否定了。哈贝马斯正是通过强调国家权力的极度膨胀和资产阶级私人自主地位的丧失，来对公共领域结构转型展开详细论述的。

哈贝马斯认为，在自由资本主义时期，公共领域是由具有自主性的私人聚会而形成的，无论是在政治上还是文化上，它对国家权力都发挥了积极的批判作用。这种批判作用对于维持整个资本主义社会秩序稳定和促进资本主义社会发展是不可或缺的。但是，当资产阶级结构转型之后，公共领域的这种积极作用也随之变得荡然无存。哈贝马斯强调，如果要避免造成更加严重的后果，一方面，现代资本主义社会必须大大减少国家权力对公共领域和私人领域的干预，允许社会与国家在一定程度上保持分离的传统，重新发挥公共领域的政治批判功能和文化批判功能；另一方面，因私人利益聚集起来而形成的公众，也必须同时改变被动的顺从适应的精神状态，而以积极主动的状态面对现代资本主义社会中的种种异化，用辩证思维分析这些异化产生的根源，并且在监督国家权力实施的基础上，进一步揭示国家权力是如何干预社会公共领域的，从而促进国家政治生活日益走向健康化，使现代资本主义社会秩序更加合理化。当然，哈贝马斯认为，要发挥这两方面的作用，必须具备一个共同的基本前提：私人必须首先从狭隘的私人利益境地重新回到公共领域，针对公共事务和公共权力开展有效交往，相互之间通过对话沟通和理解形成一种稳定的社会关系。[①]

三、 语言：社会结构研究的重要议题

语言问题一直是哈贝马斯研究社会结构的重要议题。在研究资本主义公

---

① 刘少杰主编：《当代国外社会学理论》，中国人民大学出版社 2009 年版，第 199—201 页。

共领域的结构转型时,哈贝马斯主要是通过对语言沟通、话语共识等与语言相关的问题的探讨而展开的。在哈贝马斯看来,语言沟通不仅是公共领域具体展开的主要形式,而且也是公共领域发挥政治、文化功能和促进社会发展的重要表现。哈贝马斯认为,语言具有实践性、理性和规范性等几个方面的特征。

1. 语言的实践性

语言成为哈贝马斯研究社会结构的重要议题,与语言的实践性特征密切相关。哈贝马斯是从实践出发,在交往实践中提出、分析和回答语言问题的,实践性是语言最突出的一个特点。

哈贝马斯将自己的语言行为理论称为"普遍语用学",这足以表明他对语言的实践性特征的重视。他说:"普遍语用学的任务是确定并重建关于可能理解的普遍条件,而我更喜欢用'交往行为的一般假设前提'这个说法,因为我把达到理解为目的的行为看作是最基本的东西。"①也就是说,在哈贝马斯看来,帮助人们在公共领域的交往中实现相互理解的一般的前提条件究竟是什么,这是普遍语用学研究的主要目的。其中,"一般"意味着普遍语用学不是只对人们在特定条件下达成理解的前提条件进行研究,而是致力于寻找出人们在所有交往过程中为实现理解而准确运用语言进行沟通、达成共识的前提条件。正是基于此,哈贝马斯对语言的研究涵盖了人类所有的社会行为。他把人类社会行为做了如图 5-4 的划分。

根据行为直接目的的不同,哈贝马斯把人类的社会行为大致分为交往行为和策略行为两大类型。交往行为的直接目的是行为者通过语言沟通,促进与其他行为者之间的相互理解并最终达成某种共识;而策略行为则是以行为者实现自己的某种功利性目标作为行为的直接目的。但需要注意的是,哈贝马斯认为,交往行为与策略行为的这种区别仅仅只是表现在直接目的的意义上,而从间接目的的意义来看,理解在一些特定条件下也是策略行为所追求的

---

① ［德］尤里根·哈贝马斯:《交往与社会进化》,张博树译,重庆出版社 1989 年版,第 1 页。

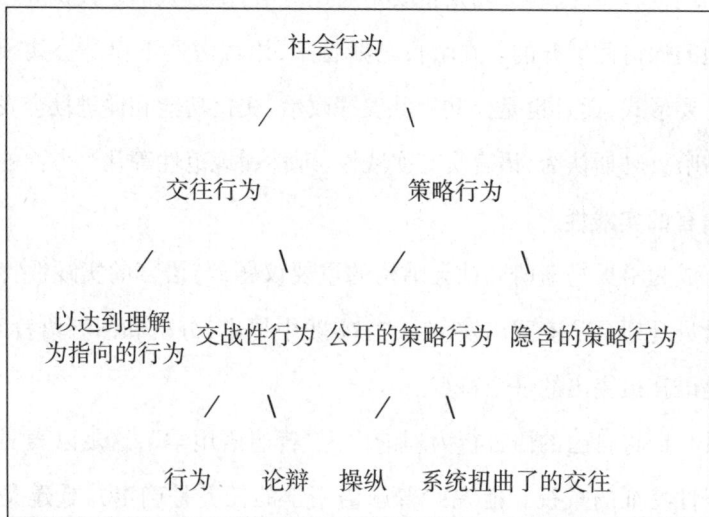

图5-4 哈贝马斯关于人类社会行为的分类图

目标。在哈贝马斯看来,"冲突、竞争、通常意义上的策略行为——统统是以达到理解为目标的行为的衍生物"①。策略行为和交往行为一样,毕竟都是社会行为,所有的社会行为都是发生在人与人之间的相互作用、相互影响的行为,而这种人际间的互动作用实际上就是一个通过语言达成理解、形成共识的过程。因此,普遍语用学研究"可能理解的普遍条件",其实质就一定涉及人类所有的社会行为。

2.语言的理性

语言的理性就是指"可能理解的普遍条件",或"言语的有效性基础",也就是,"任何处于交往活动中的人,在施行任何言语行为时,必须满足若干普遍的有效性要求并假定它们可以被验证"②。在哈贝马斯看来,言语只有具备表达的可领会性、表达的真诚性、陈述的真实性和言说的正当性四个方面的有

---

① [德]尤里根·哈贝马斯:《交往与社会进化》,张博树译,重庆出版社1989年版,第1页。

② [德]尤里根·哈贝马斯:《交往与社会进化》,张博树译,重庆出版社1989年版,第2页。

效性要求,才能保证交往中的人们通过语言交流或话语沟通,最终达成理解和共识。

对此,哈贝马斯强调两点:其一,言语的有效性基础是交往实践中的要求或原则。言语不同于语言。语言具有完整的结构原则,而言语是交往行为,不存在清晰可见的结构规则,但是具有确保有效沟通的基本要求或原则。其二,言语的四个有效性基础不仅是进行言谈沟通的假定前提,而且是确保言谈交流达成理解和共识的重要条件。①

哈贝马斯认为,言语有效性的四条原则是最基本的理性原则,由它们组成的语言理性是其他理性原则的根据,是理性的理性。哈贝马斯之所以得出这个结论,其根据在于,一方面,言语有效性的四条原则是人类生活中基本理性原则的综合。所谓真实性原则,就是要求言语者对客观对象进行如实的说明和描述,这实际上是人类科学认知的客观性原则,也就是真的原则在言谈中的一种体现;所谓正当性原则,就是要求无论是言语者还是听者,在言谈过程中都要公正地评价涉及的所有人和事物,这在实质上是道德评判和伦理准则中善的评价原则在言谈中的具体表现;所谓真诚性原则,就是指是言语者向听者坦诚自己的内心世界,以增进情感共鸣和共同体验的关系原则。这表明,言语有效性原则涵括了人类生活中的真、善、美三种基本原则。但是,沟通性原则是针对言语沟通实践的特点而新增加的。因此,在哈贝马斯看来,言谈有效性原则或语言理性原则,同科学原则、伦理原则和审美原则的关系是总体与部分、普遍与个别的关系。

另一方面,哈贝马斯认为,言语有效性原则是其他理性原则得以形成的基础。因为哈贝马斯所说的言语,主要是指日常生活中的言语交流,而日常生活是社会结构其他领域里社会活动的前提和基础,人们总是从日常生活出发进入科学、生产、政治、文艺等领域。换而言之,日常生活是原初领域,而其他领

---

① 刘少杰主编:《当代国外社会学理论》,中国人民大学出版社2009年版,第202—203页。

域则是从日常生活之中分化出来的。因此，日常生活领域中的理性原则也就是其他领域中理性原则的母体或基础。人们不仅只有在言语行为理性同其他理性原则的原生和派生关系之中，才能理解人类社会生活各种理性原则的来龙去脉，而且也只有在这种关系中才能真实地把握社会结构各种理性原则的根基和适用度。

3. 语言的规范性

哈贝马斯揭示了语言在言语沟通行为中的真实、真诚、正当、可领会四种理性原则，事实上也是对语言提出的规范性要求。正是在这个意义上，哈贝马斯后来提出用"规范语用学"来重新概括自己的言语行为理论。语言的规范性是以言语的三种功能分析为基础的。哈贝马斯认为，言语既发挥着显示客观世界的某种事物和表达主观世界某种意愿的功能和作用，同时又具有调节或联系人际关系的功能和作用。其中，第三种功能是哈贝马斯最重视的功能，正是这种调节或联系人际关系的功能蕴含了语言具有一定的社会规范性。

哈贝马斯认为，语言的规范性突出地表现在"角色的交往"关系之中。由于在社会世界中开展言语行为的人们都是在特殊条件的限制中存在的，各种矛盾关系或具体条件限制着言说者只能以特定的角色表现自己，并且由于每个言说者都有自己的主观意愿，都会对交往关系或交往对象提出自己的主张和要求。这些主张或要求只有符合具有一般性的、人们共同接受的规范才能得到对方的认可，言语行为才可能是有效的。另外，人们在其中进行交往的社会世界本身也存在特定的种种规范，这些作为社会制度、群体纪律或文化传统的规范对言说者来说都是预先设定的，言说者是无可选择地进入其中并不得不遵守的。所以，无论就言说者的角色还是言语过程和言语的社会环境来看，规范性都是客观存在的。

四、 交往行动：社会结构发展的动力

对于哈贝马斯来说，无论是对公共领域的研究，还是对语言的研究，都离

不开对交往行动的研究。因为公共领域的实际展开形式是社会交往,而语言则是交往行动的具体内容,尤其是语言的理性更是交往行动的关键或根本。因此,在哈贝马斯看来,交往行动是社会结构发展的内在动力。在其代表作《交往行动理论》中,他系统地论述了交往行动。

1. 交往行动的地位与意义

哈贝马斯在《走向历史唯物主义的重建》一文中指出,交往是社会结构发展的基本动力和基本形式。对交往在社会结构发展中的地位和作用的研究,其实马克思早在《德意志意识形态》等著作中就已经开始了,他根据生产力的发展阶段和社会交往形式的成熟性来判断社会结构发展的阶段。但是,令人遗憾的是,马克思本人因为后来专注于对资本主义生产方式的批判,未能对社会交往进一步做深入研究,而马克思的继承者们则更为轻视甚至完全忽视了对社会交往的研究,以至于最终导致马克思及其继承者简单、片面地理解社会结构发展的动力、形式和途径。基于此,哈贝马斯认为,随着社会交往日益频繁及其在现代社会发展中发挥越来越重要作用的新形势下,只有重新回到马克思早期研究的社会交往观点,继续深化对社会交往的认识和理解,才能进一步补充和完善马克思社会结构理论,或重新构建历史唯物主义。

在哈贝马斯看来,在对社会结构发展的研究中仅仅强调生产力的决定作用,而忽视社会交往的影响,这实际上是一种机械决定论的表现,也就是说,只对社会现象进行了物理学的分析。哈贝马斯认为,应该借鉴生物学的进化论模式,将社会结构视作一个有机系统,重新认识社会结构在发展动力上的复杂性,认为无论在社会生产中还是在社会交往中,学习都是具有基础性意义的活动。在社会生产中,人们只有不断学习关于认识自然和控制劳动对象的科技知识,才能不断推进生产的发展;而在社会交往中,人们只有不断学习道德伦理知识,才能知道如何协调人际关系、稳定社会秩序和提高实践中的道德水准。马克思认为科学技术能够带来生产工具革命,而生产工具革命又能够引发生产方式的改变,进而使生产关系和整个社会结构发生根本性变化。哈贝马斯虽然赞同马克思的这一观点,但是,他认为科技知识在社会结构发展过程中的作用和地位是有限的,人们不能无限度地抽象和夸大科技知识的作用和地位。在哈贝马斯看来,科技知识通过推进生产力发展,仅仅可能在生产关系和上层建筑领域引发一定程度的变化,但是,这并不意味着科技知识能使整个社会结构发生根本性变化。

2. 道德—实践学习

哈贝马斯认为,在社会这个一体化的有机系统中,作为社会的重要因素的人,既要以生产的形式面对自然界或外界客观事物,又要以交往的形式人面对其他人所构成的内在主观世界,这是社会不可分割、始终联系在一起的两个方面。当然,社会生产和社会交往的进步和提升都是社会结构发展变化不可或缺的,但是,从最终实现的意义来看,社会生产中的道德—实践学习比社会交往的发展更为重要。因为只有首先通过道德—实践学习实现社会交往形式的变革,人与人、人与文化、社会制度和社会秩序等各个方面才能得以改变,进而使社会结构发生总体性变化。据此,哈贝马斯指出:"新的社会一体化形式的引入要求某种道德—实践类型的知识,而不是那种可以在工具行为和战略行为规则中加以实施的技术性可用知识。新的社会一体化形式不要求我们对外在自然控制的扩展,而要求这样一种知识,它可以体现于相互作用的结构之中,即体现了与我们自己的内在自然相联系的社会自律的扩展。"①

在哈贝马斯看来,"与我们自己的内在自然相联系的社会自律的扩展",实质上就是主张通过道德—实践知识的学习提升人们的自我意识,进而实现个人内在本性的发展和社会普遍性发展的统一。这种统一不能仅仅通过外在性的压力来实现,而且需要在道德—实践学习中把健康的社会规范内化到自我意识结构之中,促使个体自觉地同社会的普遍发展保持一致。而要切实实现个体自我意识与社会一般规范统一,哈贝马斯认为必须建立合理的规范结

---

① [德]尤里根·哈贝马斯:《交往与社会进化》,张博树译,重庆出版社1989年版,第150页。

构。规范结构不是简单地遵循再生产过程的发展道路,也不是简单地对系统问题做出反应。它自身有某种内在的历史。为了避免把生产和交往这两种决定社会进化的理性化过程混为一谈,哈贝马斯主张以交往行为和有目的的理性行为两个概念为基础,来理解更具整体性的生产和实践两个概念。在哈贝马斯看来,理性化的交往行为不仅能够促进生产力的提高,而且对规范结构也独立地发挥效用。由此可见,哈贝马斯不仅强调规范结构的重要作用,而且坚持在实践过程或社会行动中分析规范结构。①

3. 交往行动理性化

哈贝马斯提出,交往行动中的规范结构是在主观之间,即人与人之间展开的。"交往性行为是定向于主观际地遵循与相互期望相互联系的有效性规范。在交往行为中,言语的有效性基础是预先设定的,参与者之间所提出的并且相互认可的普遍有效性要求使一般负载着行为的交感成为可能。"②由此可以看出,在主观际性、普遍性和先验性三个方面,交往行动中的规范结构与言语行为的理性基础是一致的。在一定意义上说,哈贝马斯所强调的交往行动的规范结构,就是要求人们遵循言语行为的理性原则,即按照真、诚、正、通四条原则进行交往活动。

由于现实生活中的交往行动存在诸多不合理现象,哈贝马斯非常重视交往行动的理性化问题。哈贝马斯认为,导致现实生活中的交往过程不合理化的原因主要有两个:一是人们在交往行动中因受各种因素的影响,而违背交往行动的规范原则,导致交往产生重重障碍,交往言路断裂,从而使人们的交往关系被扭曲;二是交往行动的空间范围不断缩小,随着社会结构中生产、政治和科学等领域的主题性越来越突出,各个领域越来越成为具有明确功利目标的专业化世界,从而不断加速吞噬着交往行动领域,使人们交往行动的生活世

---

① ［德］尤里根·哈贝马斯:《交往与社会进化》,张博树译,重庆出版社1989年版,第120页。
② ［德］尤里根·哈贝马斯:《交往与社会进化》,张博树译,重庆出版社1989年版,第121页。

界空间不断缩小。未主题化的、原初的日常生活世界是人类生存的根基，而当其被吞噬或殖民化时，人类社会便产生了严重的异化。因此，哈贝马斯强调，只有建立理想的交往行动理性模式，才能改变不合理的交往现实。

4. 社会世界的结构与异化

根据社会行动的领域和目标的不同，哈贝马斯把人的社会行动划分为目的性行动、规范性行动和戏剧性行动三种不同类型。所谓目的性行动，是以行动者与客观世界间的关系为活动领域，呈现出一个客观世界。所谓规范性行动，是以行动者相互之间的交往关系为活动领域，呈现一个社会世界；而戏剧性行动则是行动者与自己的主观世界发生关系，以自我表现为中心、以自我意识为内容，呈现一个主观世界。简而言之，如图 5-5 所示，哈贝马斯根据对社会行动不同类型的分析，把现存世界划分为面向外物、面向他人和面向自我三种不同的世界。

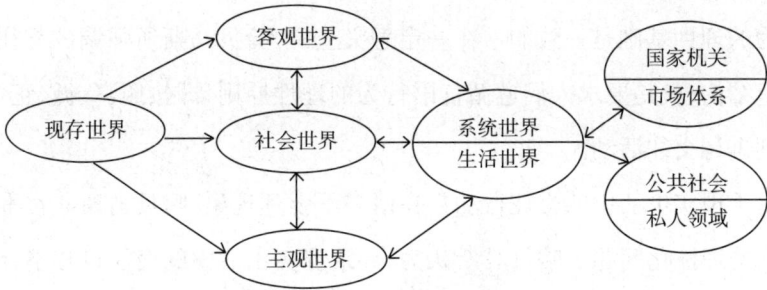

图 5-5　哈贝马斯关于三个世界的划分

哈贝马斯将目光聚集在社会世界上，将社会世界进一步划分成系统世界和生活世界两个组成部分。在哈贝马斯看来，系统世界是指体制化、组织化和制度化的世界，主要包括国家机关和经济系统。其中，国家机关是依据政治制度和法律制度建立起来的，而经济系统则是根据经济制度建立起来的，也可称之为市场体系。相比较而言，系统世界是一种占有各种社会控制权力资源的领域，生活世界则是由人们交往行动所形成的领域。生活世界既包括开展语言交流、追求理解共识和发挥监督批判作用的公共领域,也包括追求个人自由、民主和维持私人经济利益的私人领域。

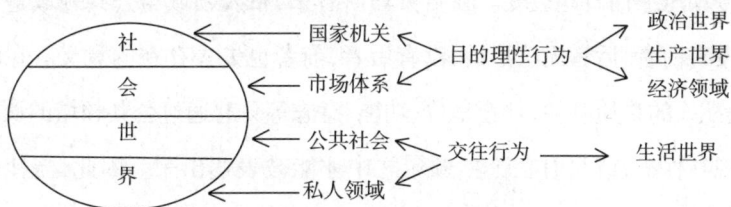

图 5-6 哈贝马斯关于社会世界的构成

图 5-6 可以更加具体地显示社会世界的构成。在哈贝马斯看来,社会世界主要是由人的目的理性行为和交往行为构成的。其中,目的理性行为的组织形式或制度化形式主要有两种:一是国家权力机关和政治团体,它们构成了政治世界;二是市场体系和经济体制,它们构成了生产世界或经济领域。交往行为一般是行动者从私人领域进入公共领域时所开展的活动,在这个活动过程中,行动者的角色会发生转换。当行动者从自己的家庭生活或私人领域走出来,到一些公共场合进行交往时,行动者就从私人变成了公众;反过来,当行动者从公共领域返回家庭或私人领域时,则实现了从公众向私人的转换。同时,哈贝马斯还指出,资本主义社会公众和私人是不可分的,即公众必须是由具有私人自立、自主地位的人们转换而来的,并且两者处于不断的角色转换过程之中。在这个意义来看,由交往行为展开的生活世界在本质上是私人领域与公共领域、私人与公众之间直接联系并不断实现转换的领域,两者在现实社会中并没有严格明晰的界限。①

哈贝马斯认为,发轫于 19 世纪的资本主义社会中的公共领域结构转型使社会结构发生了一场深刻的异化。资产阶级通过政党、经济团体的形式大举入侵社会公共领域,并凭借其强权和各种政治、经济技术手段扭曲了公共领域,极

① 刘少杰主编:《当代国外社会学理论》,中国人民大学出版社 2009 年版,第 209—210 页。

大地压抑甚至消解了公共领域的交流沟通、监督批判等功能,这不仅导致资产阶级国家政治权力和经济权力加速膨胀,而且使私人领域也随着公共领域的被不断入侵和压缩而日趋裂变。在哈贝马斯看来,私人领域与公共领域是相互共生的。没有前者,后者无法形成;没有后者,前者也失去存在的意义。在哈贝马斯看来,私人的物质利益、社会地位、功能、意志等只有通过公共领域的认同才能得到实现与保护,或只有在公共领域之中才能被表达出来。因此,当社会的公共领域被资产阶级政治、经济等领域的强权所侵吞时,私人的物质利益和社会地位、功能、意志等都不能得到实现和认可,直到私人领域最终被消解。

当私人走向公共领域成为公众的途径被堵塞不畅通时,私人不仅无法发挥自己的社会作用,而且因为语言沟通中断,交往受到严重阻碍,进而导致私人与私人之间出现信任危机,使私人之间的情感交流开始发生畸变,相互之间难以达成共识和理解。这样一来,私人领域逐渐向非情感化、工具化、商品化和物化转变,这在根本上动摇了作为人们现实生活的各种根基,使人们普遍感到精神家园在失落、人性在扭曲、日常生活在异变、整个社会在碎裂,于是对现代性开始产生越来越多的怨恨,转而追求某种能够规避和超越现代社会这些弊端的后现代社会。

但是,哈贝马斯反对后现代主义的主张,认为现代性和现代社会并没有过时,也不可能终结,应当积极地诊治现代社会表现出来的病症,采取可行的方案,使现代社会走上健康发展之路。哈贝马斯认为,要使现代社会真正走上健康的发展道路,必须首先抑制资本主义社会中的国家政治权力和经济权力,确保人们的日常生活世界具有充分的运行空间,然后以此为基础,重新建构交往行动的理性,使人们按照交往理性的规范要求有效开展交往行动,保证日常生活世界能够处于合理化状态,同时也保证公共领域和私人领域维持和谐关系,使它们都能够充分发挥自己的积极功能。①

----

① 刘少杰主编:《当代国外社会学理论》,中国人民大学出版社 2009 年版,第 211 页。

五、 与马克思社会结构理论的比较及其评价

哈贝马斯的交往社会结构理论因涉及的广度和深度罕有比拟而成为当代西方社会结构理论界的显学。哈贝马斯同马尔库塞等其他法兰克福学派一样,始终认为自己关于社会结构的分析是从马克思的观点出发的,但是,哈贝马斯又在许多方面对马克思社会结构理论进行了批判和发展。

1.关于科学技术在社会生产中的作用

哈贝马斯是在研究资本主义社会特征的基础上,对当代资本主义展开批判的。他将"科学技术是第一位生产力"视作当代资本主义社会最重要的特征。在哈贝马斯看来,这一特征不仅对当代资本主义社会的经济发挥重要作用,而且还通过渗入上层建筑在当代资本主义社会中取得了合法的统治地位。哈贝马斯对于科学技术在生产发展中的作用的论述,无疑受到了马克思的影响。在20世纪50年代后期,哈贝马斯阅读过包括《经济学手稿》在内的马克思的很多经济学著作。在《经济学手稿》一书中,马克思对科学技术与生产发展之间的关系进行了详细论述。在马克思看来,尽管科学技术与生产过程是相联系的,然而,在资本主义机器大工业的生产方式形成以前,科学技术只是以有限的知识和经验的形式出现的。也就是说,科学技术主要是通过与生产劳动直接联系在一起的方式,具体表现为个体生产者的劳动技能。只有到了近代资本主义大工业生产时期,"第一次产生了只有用科学方法才能解决的实际问题,……第一次达到使科学的应用成为可能和必要的那样一种规模,……第一次使自然科学为直接的生产过程服务"[1],"第一次把物质生产过程变成科学在生产中的应用"[2]。由此可以看出,马克思是从生产力内部结构和要素的角度来论述科学技术的,而哈贝马斯与此不同,他主要是从国家权力和上层建筑对经济领域的干预、渗透的角度来谈论科学技术的。哈贝马斯认

---

① 《马克思恩格斯全集》第47卷,人民出版社1979年版,第570页。
② 《马克思恩格斯全集》第47卷,人民出版社1979年版,第576页。

为,国防和军事建设的需要使科学技术首先得以发展,然后军事工业的技术发展到一定阶段之后逐渐向民用工业转化,并最终使科学技术成为第一位促进生产发展的生产力。①

从理论上来看,哈贝马斯关于科学技术是第一位生产力的观点完全背离了马克思的劳动价值理论。哈贝马斯的这个结论是错误的。马克思认为,劳动力具有价值和使用价值,劳动力成为商品,是因为劳动力的使用价值创造的价值多于其本身的价值,这多出的价值便是剩余价值,也是资本家剥削劳动者的秘密所在。马克思把生产过程中劳动者的劳动称为活劳动,认为只有活劳动才能创造价值,是剩余价值的唯一来源。而哈贝马斯却认为,科学技术已经成为独立的剩余价值的来源,而直接从事生产的劳动者的劳动力却变得越来越可有可无了。在这里,哈贝马斯显然将科学技术的来源和科学技术如何促进生产发展的问题完全忽略了。实际上,所有的科学技术都是人的劳动,尤其是人的脑力劳动的一种产物,如果没有人的劳动,根本就不可能产生任何科学技术。在这个意义上,哈贝马斯关于科学技术是第一位生产力的论述是不符合实际的,马克思的劳动价值论依然没有过时。

2. 关于社会发展阶段的划分

马克思根据生产力的发展水平、生产资料所有制、人的解放等多种标准,把社会发展分别划分成不同的阶段。哈贝马斯认为,以技术水平,如以劳动加工材料或能源划分历史阶段,或者以共同活动的形式,如家庭手工业到工场手工业再到机器手工业等来划分历史阶段,都不能真正界定社会形态。而通过生产关系决定生产方式并根据生产方式来分析社会的复杂变化,进而划分社会历史阶段,显然有其意义。②

哈贝马斯赞同马克思社会进化是社会结构进化的观点,但是,他认为,社会结构进化的主体并不是作为马克思所说的大规模群体的客观主体,而是具

---

① 余灵灵:《哈贝马斯传》,河北人民出版社 1998 年版,第 74—76 页。
② 余灵灵:《哈贝马斯传》,河北人民出版社 1998 年版,第 120 页。

有不同身份的个体,正是随着社会中这些具有不同身份的个体的交往能力的提高,作为交往行动之网的整个社会结构才得以向前发展。然而,社会学习能力和水平的提高是个体交往能力提高的基本前提。在一定意义上来说,社会结构的发展与进步,依赖于社会中个体的学习积累。但是,个体的这种学习积累并不是一般意义上的工具性行动能力的提高,而是意味着一种道德实践意识的提高。由此可以看出,哈贝马斯将社会结构进步主要归结为社会主体的道德实践的进步。

哈贝马斯还认为社会进化是一体化的进化。他指出,社会一体化包括三个方面:一是行为的一般结构,二是世界观结构,三是法的结构和道德结构。其中,在哈贝马斯看来,世界观结构也就是观念结构,法的结构和道德结构是制度结构,属于社会规范结构。哈贝马斯根据这三个因素把社会的发展大致划分为新石器社会、早期文明、发展了的文明和现代文明四个阶段。哈贝马斯这种以社会中人的行为结构、观念结构和社会规范结构的发展水平为根据,来对社会发展阶段进行划分的方法,虽然在一定程度上体现了一定的创新性和合理性,但是,哈贝马斯仍然是有所侧重的。他的侧重点在于观念层面和制度层面,即在于世界观和社会道德规范结构。哈贝马斯实际上主要是以上层建筑为依据来对社会发展阶段进行划分的。而马克思对于社会发展阶段的划分,则有着多种不同的划分标准,既包括了以经济基础为根据,又涵盖了以上层建筑为根据。因此,相比哈贝马斯对社会发展阶段的划分,马克思的划分更加全面、更加准确。

3. 关于社会结构发展的动力

马克思历史唯物主义认为,社会结构发展的内在动力是生产力与生产关系、经济基础与上层建筑这两对基本矛盾之间的运动。在阶级社会中,社会基本矛盾主要表现为不同阶级之间不同利益诉求的博弈,阶级斗争是阶级社会发展的直接动力。但是,哈贝马斯以公共领域为基础,强调主体间具有规范结构的交往行动是社会结构发展的动力。哈贝马斯的这一重建历史唯物主义是值得质疑的。因为人类得以生存是人类历史的第一个前提，也就是说，人们为了能够创造历史，必须能够维持生存，而为了维持生存，人们首先应满足吃穿住行等基本的生活需要，因此人类的第一个历史活动就是物质生产，即生产满足这些需要的物质生活本身。由此可以看出，人类要想能够维持生存，社会要实现发展，第一个要解决的问题人与自然之间的关系，而不是人与人之间的关系，并且主体间的关系无法涵盖人与自然的关系。同时，人类社会发展第一个需要的是物质生产的发展，仅仅依靠协调好生产关系并不能从根本上解决人类社会发展的问题。哈贝马斯以主体间的真诚沟通代替阶级斗争，认为人与人之间的交流沟通是促进社会结构发展的动力，这种观点既不能够科学说明人类历史发展的根本动因，也不能够正确说明现代社会所存在的阶级压迫、民族压迫、种族压迫等客观现象。

如何在当代科技高度发展和复杂的社会里实现哈贝马斯真诚沟通的理想呢？现代社会虽然在一定程度上具有促进人与人之间达成理解和共识的可能性，但是，在现实社会中，不仅科技理性带给人的影响是极其深远的，而且市场和商品的价值观越来越广泛地侵蚀着人类的活动领域，所有这些因素都在一定程度上妨碍着人与人之间的真诚沟通。同时，哈贝马斯完全抛弃了马克思阶级和阶级斗争的观点，主张培养一批具有社会批判能力的知识分子，来担当建立合理社会的重任。他并没有找到实现社会变革的阶级和阶层力量，因此寄希望于具有社会批判能力的知识分子。然而，法兰克福学派的兴衰历史表明，社会批判理论和社会革命理论如果不掌握自己所代表的阶级的群众，而试图凌驾于社会之上，充当一种类似绝对真理式的指导者，则只能是昙花一现。因此，哈贝马斯所倡导的真诚沟通，最终只能作为一种理想，仅仅停留在理论分析的层次上，根本不可能成为一种现实。

结　　语

　　无论马克思之后的西方理论家运用何种方法从何种视角去理解社会结构，我们都可以从中找到马克思社会结构理论的影子。可以说，马克思对社会结构理论的科学论述或明或隐为其后的各个流派的理论家们所运用。尽管他们可能只是抓住了马克思社会结构理论中的某一部分加以个人的阐述和解释，在一定意义上说，这的确促进了社会结构理论的丰富和发展，但从另一方面来看也无形中遮蔽了马克思社会结构理论的光芒。在前面的各章节中，笔者在梳理西方各种流派代表人物社会结构理论的基础上阐述了其局限性，并且从社会结构研究的出发点、主题、核心、中心线索、出路等多方面将西方社会结构理论与马克思社会结构理论进行了具体比较。然而，笔者仍然觉得有必要专门对西方社会结构理论与马克思社会结构理论的比较做进一步的概括和总结，以便我们能够更加深入地认识马克思社会结构理论的科学性及其影响力。

表 6-1　马克思社会结构理论与西方社会结构理论的比较

	本体论	认识论	方法论	总体特征
社会有机体论	社会或社会结是多元成分的有机组合体	强调社会整体对其构成元素的强制及协调作用	具备最简单的结构分析意识，从整体上把握社会结构	提示了一种"形构"的趋向

续表

	本体论	认识论	方法论	总体特征
结构功能主义	社会是由不同结构要素所组成的实体	通过事物或现象功能可以发现其内在的结构	系统分析;功能分析与结构分析并存	任何事物都存在结构,不同的结构承担不同的功能
结构主义理论	社会结构具有外在性、约束性和决定性	从社会关系中寻找对社会结构的解释;结构是功能的体现	总体系统分析;共时性分析	事物的关系结构是一切事物存在和发展的方式
后结构主义理论	社会结构消解,并不存在实体的结构	人与结构是相冲突的;社会结构的存在和维持必然导致"人的消亡"	话语、符号等抽象逻辑分析	社会结构由"型构"到"解构"
结构化理论	社会结构不是具体的实在体,而是互动空间或规则资源	强调个体的社会互动及社会交往与社会结构的相互作用	微观与宏观并存;行动与结构统一于实践	侧重互动对型构结构的作用
建构主义社会结构理论	社会结构不是抽象的,而是行动者实践活动的一种社会空间	通过内在性的外在化(场域)和外在性的内在化(惯习)来认识社会世界的结构	关系主义方法论,将主观与客观、结构与建构统一于关系之中	侧重关系对型构结构的作用
交往社会结构理论	社会结构是人们在公共领域交往形成的	"兴趣"是认识的基础,强调人际间的对话沟通和理解	以交往行为来整合主观主义与客观主义,把理论与实践相统一	侧重交往对型构结构的作用,属于一种语言理性范式
马克思社会结构理论	是各种社会关系的总和;是人们交互活动的产物	强调个体与社会的互动关系;人的社会实践	整体性与个体性、系统性与层次性、稳定性与动态性、批判性与建构性相结合	上层建筑、社会意识和经济结构共同构成了社会结构

在此,本书从社会结构的本体论、认识论、方法论以及总体特征等不同层面来比较马克思社会结构理论与不同时期西方社会结构理论诸流派的差异(参见表6-1)。这种比较将不仅有助于我们了解西方社会结构理论的演变历程,而且有助于我们深刻理解马克思社会结构理论的科学性。马克思作为一位历史唯物主义者和社会主义者,首先重视社会的经济结构层面,并因而着

力于对经济结构及其中的动力关系的运作方式和社会功能进行研究。① 从表6-1 的简短比较中可以看到,马克思对社会结构的深刻把握对当代社会结构研究具有相当广泛的影响力。他不仅看到了微观和宏观层面的社会结构,而且也分析到了社会结构的稳定性和动态性特征,并从不同层面的社会结构中寻找到了具有决定性影响力的结构要素。总之,马克思之后,不论是哪一个理论流派,在其讨论社会结构时,都或多或少、或明或隐地吸收了马克思的社会结构思想。可以说,今天,无论我们怎样分析社会结构,都无法越过马克思社会结构理论而片面地去讨论社会结构的问题。马克思社会结构理论一直是西方各种流派的社会结构思想的重要参照系和理论元素。

---

① 高宣扬:《当代社会理论》(上),中国人民大学出版社 2005 年版,第 120 页。

参 考 文 献

一、 著作类

[1]《马克思恩格斯文集》第 1—10 卷,人民出版社 2009 年版。

[2]《马克思恩格斯选集》第 1—4 卷,人民出版社 1995 年版。

[3]《马克思恩格斯选集》第 1—4 卷,人民出版社 2012 年版。

[4]《马克思恩格斯全集》第 1 卷,人民出版社 1995 年版。

[5]《马克思恩格斯全集》第 13 卷,人民出版社 1962 年版。

[6]《马克思恩格斯全集》第 31 卷,人民出版社 1972 年版。

[7]《马克思恩格斯全集》第 35 卷,人民出版社 1971 年版。

[8]《马克思恩格斯全集》第 47 卷,人民出版社 1979 年版。

[9]《列宁选集》第 1—4 卷,人民出版社 2012 年版。

[10][波兰]亚当·沙夫:《结构主义与马克思主义》,袁晖、李绍明译,山东大学出版社 2009 年版。

[11][德]马克斯·韦伯:《经济与社会》,王迪译,上海人民出版社 2010 年版。

[12][德]马克斯·韦伯:《社会科学方法论》,韩水法、莫茜译,中国人民大学出版社 2013 年版。

[13][德]马克斯·韦伯:《社会学的基本概念》,顾忠华译,广西师范大学出版社 2005 年版。

[14][德]尤里根·哈贝马斯:《在事实与规范之间》,童世骏译,生活·读书·新知三联书店 2011 年版。

[15][德]尤里根·哈贝马斯:《公共领域的结构转型》,曹卫东等译,学林出版社

1999 年版。

[16][德]尤里根·哈贝马斯:《交往与社会进化》,张博树译,重庆出版社 1989 年版。

[17][法]阿尔都塞:《保卫马克思》,顾良译,商务印书馆 2006 年版。

[18][法]埃米尔·涂尔干:《社会分工论》,渠东译,生活·读书·新知三联书店 2008 年版。

[19][法]埃米尔·涂尔干:《社会学方法的准则》,狄玉明译,商务印书馆 1995 年版。

[20][法]埃米尔·涂尔干:《社会学研究方法论》,胡伟译,华夏出版社 1988 年版。

[21][法]埃米尔·涂尔干:《宗教生活的基本形式》,渠东、汲喆译,上海人民出版社 2006 年版。

[22][法]弗朗索瓦·多斯:《解构主义史》,季广茂译,金城出版社 2011 年版。

[23][法]弗朗索瓦·多斯:《结构主义史》,季广茂译,金城出版社 2012 年版。

[24][法]克洛德·列维-斯特劳斯:《结构人类学》,张祖建译,中国人民大学出版社 2006 年版。

[25][法]雷蒙·阿隆:《社会学主要思潮》,葛智强等译,上海译文出版社 1988 年版。

[26][法]路易·阿尔都塞、埃蒂安·巴里巴尔:《读〈资本论〉》,李其庆、冯文光译,中央编译出版社 2008 年版。

[27][法]米歇尔·福柯:《必须保卫社会》,钱翰译,上海人民出版社 1999 年版。

[28][法]米歇尔·福柯:《词与物》,莫伟民译,上海三联书店 2001 年版。

[29][法]米歇尔·福柯:《规训与惩罚》,刘北成、杨元婴译,生活·读书·新知三联书店 2003 年版。

[30][法]米歇尔·福柯:《权力的眼睛》,严锋译,上海人民出版社 1997 年版。

[31][法]米歇尔·福柯:《知识考古学》,谢强、马月译,生活·读书·新知三联书店 1998 年版。

[32][法]皮埃尔·布迪厄:《实践感》,蒋梓骅译,译林出版社 2003 年版。

[33][法]皮埃尔·布迪厄:《实践与反思:反思社会学导引》,李猛、李康译,中央编译出版社 1998 年版。

[34][法]皮埃尔·布迪厄:《文化资本与社会炼金术》,包亚明译,上海人民出版社 1997 年版。

[35][法]雅克·德里达：《多重立场》，佘碧平译，生活·读书·新知三联书店2004年版。

[36][法]雅克·德里达：《马克思的幽灵》，何一译，人民大学出版社1999年版。

[37][法]朱迪特·勒薇尔：《福柯思想辞典》，潘培庆译，重庆大学出版社2015年版。

[38][美]D.约翰逊：《社会学理论》，南开大学社会学系译，国际文化出版公司1988年版。

[39][美]罗伯特·K.默顿：《社会理论和社会结构》，唐少杰等译，译林出版社2006年版。

[40][美]丹尼尔·贝尔：《后工业社会的来临》，高铦、王宏周、魏章玲译，新华出版社1997年版。

[41][美]德赖弗斯、保罗·拉比诺：《超越结构主义与解释学》，张建超、张静译，光明日报出版社1992年版。

[42][美]海登·怀特：《话语的回归线：文化批判文集》，巴尔的摩1978年版。

[43][美]刘易斯·科瑟：《社会学思想名家》，石人译，中国社会科学出版社1990年版。

[44][美]鲁思·华莱士、[英]艾莉森·沃尔夫：《当代社会学理论》，刘少杰等译，中国人民大学出版社2008年版。

[45][美]乔纳森·特纳：《社会学理论的结构》（上、下），邱泽奇等译，华夏出版社2001年版。

[46][美]塔尔科特·帕森斯：《现代社会的结构与过程》，梁向阳译，光明日报出版社1988年版。

[47][苏]H.C.科恩主编：《十九世纪至二十世纪初资产阶级社会学史》，梁逸译，上海译文出版社1982年版。

[48][日]富永健一：《社会结构与社会变迁》，董兴华译，云南人民出版社1988年版。

[49][瑞士]索绪尔：《普通语言学教程》，高名凯译，商务印书馆1980年版。

[50][英]艾伦·斯温杰伍德：《社会学思想简史》，陈玮、冯克利译，社会科学文献出版社1988年版。

[51][英]安东尼·吉登斯：《社会的构成》，李康、李猛译，生活·读书·新知三联书店1998年版。

[52][英]安东尼·吉登斯：《社会理论的核心问题：社会分析中的行动、结构与矛

盾》,郭忠华、徐法寅译,上海译文出版社 2015 年版。

[53][英]安东尼·吉登斯:《现代性的后果》,田禾译,译林出版社 2000 年版。

[54][英]安东尼·吉登斯:《社会学方法的新规则》,田佑中译,社会科学文献出版社 2003 年版。

[55][英]安东尼·吉登斯:《资本主义与现代社会理论:对马克思、涂尔干和韦伯著作的分析》,郭忠华、潘华凌译,上海译文出版社 2013 年版。

[56][英]戴维·麦克莱伦:《马克思以后的马克思主义》,李智译,中国人民大学出版社 2004 年版。

[57][英]杰西·洛佩慈、约翰·斯科特:《社会结构》,允春喜译,吉林大学出版社 2007 年版。

[58][英]卡尔·波普尔:《开放社会及其敌人》,陆衡译,中国社会科学出版社 1999 年版。

[59][英]莱姆克等:《马克思与福柯》,陈元等译,华东师范大学出版社 2007 年版。

[60][英]罗素:《辩证唯物主义》,张文杰译,载《历史的话语:现代西方历史哲学译文集》,广西师范大学出版社 2002 年版。

[61][英]提姆·梅伊、詹森·L.鲍威尔:《社会理论的定位》,姚伟、王璐雅等译,中国人民大学出版社 2013 年版。

[62]杜小真编选:《福柯集》,上海远东出版社 2002 年版。

[63]杜玉华:《马克思社会结构理论与当代中国社会建设》,学林出版社 2012 年版。

[64]高宣扬:《当代社会理论》(上、下),中国人民大学出版社 2005 年版。

[65]黄瑞祺主编:《当代欧洲社会理论》,浙江大学出版社 2008 年版。

[66]李华钰、严强、步惜渔主编:《社会历史理论》,南京大学出版社 1994 年版。

[67]李路路、王奋宇:《当代中国现代化进程中的社会结构及其变革》,浙江人民出版社 1992 年版。

[68]李幼蒸:《结构与意义》,中国社会科学出版社 1996 年版。

[69]林荣远:《社会是如何可能的》,广西师范大学出版社 2002 年版。

[70]刘金初、陈成文主编:《新编社会学教程》,湖南出版社 1997 年版。

[71]刘少杰主编:《当代国外社会学理论》,中国人民大学出版社 2009 年版。

[72]刘永谋:《福柯的主体解构之旅》,江苏人民出版社 2009 年版。

[73]卢汉龙:《补课集:中国社会学新探》,上海人民出版社 2016 年版。

[74]陆学艺主编:《社会学》,知识出版社 1991 年版。

[75]陆扬:《德里达的幽灵》,武汉大学出版社 2008 年版。

[76]阮新邦、林端主编:《解读〈沟通行动论〉》,上海人民出版社 2003 年版。

[77]宋林飞:《当代西方社会学》,辽宁教育出版社 1990 年版。

[78]苏国勋:《理性化及其限制——韦伯思想引论》,上海人民出版社 1988 年版。

[79]童世骏:《批判与实践——论哈贝马斯的批判理论》,生活·读书·新知三联书店 2007 年版。

[80]王莲芬、许树柏:《层次分析法引论》,中国人民大学出版社 1990 年版。

[81]王养冲:《西方近代社会学思想的演进》,华东师范大学出版社 1996 年版。

[82]文军:《西方社会学理论:当代转向》,北京大学出版社 2017 年版。

[83]文军主编:《西方社会学理论:经典传统与当代转向》,上海人民出版社 2006 年版。

[84]文军编:《当代社会学理论:跨学科视野》,中国人民大学出版社 2016 年版。

[85]吴彤:《多维融贯:系统分析与哲学思维方法》,云南人民出版社 2005 年版。

[86]吴元樑:《社会系统论》,上海人民出版社 1993 年版。

[87]夏光:《后结构主义思潮与后现代社会理论》,社会科学文献出版社 2003 年版。

[88]肖锦龙:《德里达的解构理论思想性质论》,中国社会科学出版社 2004 年版。

[89]谢平仄等:《社会结构论》,湖北人民出版社 1993 年版。

[90]徐崇温:《结构主义与后结构主义》,辽宁人民出版社 1986 年版。

[91]杨善华、谢立中主编:《西方社会学理论》(上),北京大学出版社 2005 年版。

[92]杨善华、谢立中主编:《西方社会学理论》(下),北京大学出版社 2006 年版。

[93]于海:《西方社会思想史》,复旦大学出版社 1993 年版。

[94]余灵灵:《哈贝马斯传》,河北人民出版社 1998 年版。

[95]袁贵仁主编:《对人的哲学理解》,东方出版社 2008 年版。

[96]赵民、岳海云:《马克思与法兰克福学派的资本主义批判比较研究》,甘肃人民出版社 2012 年版。

[97]赵旭东:《结构与再生产:吉登斯的社会理论》,中国人民大学出版社 2017 年版。

[98]郑杭生、刘少杰主编:《马克思主义社会学史》,高等教育出版社 2006 年版。

[99]郑杭生主编:《社会学概论新修》第三版,中国人民大学出版社 2003 年版。

[100]郑忆石:《阿尔都塞哲学研究》,广西师范大学出版社 2017 年版。

［101］郑熙原、李方惠:《通向未来之路:与吉登斯对话》,四川人民出版社 2002 年版。

［102］钟金洪主编:《马克思主义社会学思想》,中国审计出版社 2001 年版。

［103］周沛、孙霞:《马克思主义社会思想史论》,南京大学出版社 1993 年版。

［104］周琪:《当代西方社会结构——理论与现实》,中国社会科学出版社 1995 年版。

［105］周穗明、王玫等:《西方左翼论当代西方社会结构的演变》,江苏人民出版社 2008 年版。

［106］周晓虹:《西方社会学历史与体系》第一卷,上海人民出版社 2002 年版。

［107］周怡、朱静、王平、李沛:《社会分层的理论逻辑》,中国人民大学出版社 2016 年版。

［108］周志山:《马克思社会关系理论及其当代意义》,齐鲁书社 2004 年版。

［109］Alexander,J.,*Action and Its Environments*,Columbia University Press,1988.

［110］Anthony Giddens,*Central Problem in Social Theory*,London Macmillan,1979.

［111］Anthony Giddens,*The Constitution of Society:Outline of the Theory of Structuration*,Oxford:Polity,1984.

［112］Bernstein,*The New Constellation:The Ethical-Political Horizons of Modernity/Postmodernity*.Cambridge,MA:The MIT Press,1992.

［113］C. Wright Mills,*The Sociolgical Imigination*,Lodon:Oxford University Press,1959.

［114］Collins,R.,"*Weber's Last Theory of Capitalism:A Systematization*",American Sociological Review,1980.

［115］Durkheim,E.,*The Division of Labor in Society*,New York:Free Press,1933.

［116］Foucault,Ethics:*Subjectivity and Truth,volume one of The Essential Works of Michel Foucault 1954-1984*,edited by Paul Rabinow.New York:The New Press,1997.

［117］Freidheim,Elizabeth,A.,*Sociological Theory in Research Practice*,Cambridge,Mass.:Schenkman Publishing Company,1976.

［118］George Ritzer,*Sociological Theory*,McGraw Inc.,1992.

［119］Giddens,A.&Turner.J.,*Social Theory Today*,Stanford,CA:Stanford University Press,1987.

［120］Giddens,Anthony,*Sociology,A Brief but Critical Introduction*,Second Edition,New York:Harcourt Brace Jovanovich,Inc.,1987.

[121] Giddens' A Contemporary Critique of Historical Materialism: Power, Property and the State, Lodon: Macmillan, 1981.

[122] Gouldner, A. W., The Coming Crisis of Western Sociology, New York: Basic Books, 1970.

[123] Jacques Derrida, Of Grammatology, Baltimore, MD: John Hopkins University Press, 1976.

[124] Kearney, "Derrida's Ethical Turn", in Working through Derrida, edited by Gary B. Madison. Evanston, Illions: Northwestern University Press, 1993.

[125] Lévi – Strauss, C.: Structural Anthropology, Vol. I, trans, from Anthropologie structural I, by Jacobson C.& Schoepf B.G., New York: Penguin, 1967.

[126] Martin, Matrix and Line: Derrida and the Possibilities of Postmodern Social Theory. Albany: State University of New York Press, 1992.

[127] Michel Foucault, "The Subject and Power", afterword to Michel Foucault: Beyond Structuralism and Hermeneutics, 2ndedn, edited by H. Dreyfus and P. Rabinow, London: Harvester, 1983.

[128] Michel Foucault, Power/Knowledge: Selected Interviews and Other Writings 1972– 1977, edited by Colin Gordon. New York: Pantheon. New York: Cornell University Press, 1980.

[129] Michell, G., D., A Hundred Years of Sociology, Chicago: Aldine Publishing Company, 1968.

[130] P. Bourdieu, Choses Dites, Paris: Minuit, 1987.

[131] P. Bourdieu, From rules to strategies, In Other Words, Stanford, Stanford University Press, 1990.

[132] P. Bourdieu, Language and Symbolic Power (eds.), Tompson J. B., Cambridge: Polity Press, 1991.

[133] P. Bourdieu, Marriage Strategies as Strategies of Social Reproduction, in Annales ed. Family and Society, 1976.

[134] Parsons, T., "Value–Freedom and Objectivity", in Stammer, O., ed., Max Weber and Sociology Today, New York: Harber & Row, Publishs, 1971.

[135] Paul Rabinowled, The Foucault Reader, Harmondsworth: Penguin, 1984.

[136] Rajchman, Truth and Eros: Foucault, Lyotard, and the Question of Ethics. New York & London: Routlege, 1991.

[137]Ritzer,G.(ed.),*Frontiers of Social theory：the New Syntheses*,Columbia University Press,1990.

[138]Ritzer,George,*Sociological Theory*,Fourth Edition,New York：The McGraw-Hill Companies,Inc.,1996.

[139]S.Best,D.Kellner,*Postmodern Theory：Critical Interrogation*,The Guilford,1991.

[140]Stones,Rob(ed.),*Key Sociological Thinker*,New York：New York University Press,1998.

[141]Talcott Parsons,*Societies：Evolutionary and Comparative Perspectives and The System of Modern Societies*,edited by Alex Inkeles.Englewood Cliffs,NJ：Prentice-Hall,1966.

[142]Talcott Parsons,The Theory of Action in Social System and Evolution,New York：Harber & Row,Publishs,1977.

[143]Thompson,K.,*Emile Durkkheim*,New York：Routledge,1982.

[144]Weber,M.,*The Rational and Social Foundations of Music*,Carbondale：Southern Illinois University Press,1958.

[145]West,*An Introduction to Continental Philosophy*.Cambridge：Polity,1996.

二、 论文类

[1]蔡曙山：《论技术行为、科学理性与人文精神——哈贝马斯的意识形态理论批判》,《中国社会科学》2002 年第 2 期。

[2]操学诚：《对韦伯"理想类型"、帕森斯"模式变量"的比较研究》,《青年研究》1999 年第 3 期。

[3]成伯清：《时间、叙事与想象：将历史维度带回社会学》,《中国社会科学文摘》2016 年第 3 期。

[4]成伯清：《乌托邦现实主义：何以可能与可取？兼论吉登斯社会理论的特性》,《社会学研究》2008 年第 6 期。

[5]邓伟志、尹中琪：《对涂尔干"社会事实"特性的深层认识》,《探索与争鸣》2010 年第 5 期。

[6]窦金波：《帕森斯的"结构：功能主义"之探析》,《济宁学院学报》2010 年第 4 期。

[7]杜玉华：《超越"二元困境"——马克思的社会结构分析及其方法论特征》,《华东师范大学学报(哲学社会科学版)》2013 年第 4 期。

[8]杜玉华：《论马克思社会结构理论的基本涵义及其特征》，《湖南师范大学社会科学学报》2012年第2期。

[9]杜玉华：《论马克思社会结构理论对西方结构主义思想的影响》，《江海学刊》2012年第3期。

[10]杜玉华：《社会转型的结构性特征及其在当代中国的表现》，《华东师范大学学报(哲学社会科学版)》2012年第5期。

[11]范会芳：《舒茨与帕森斯社会学思想的分歧——两种不同范式的比较》，《郑州大学学报(哲学社会科学版)》2007年第1期。

[12]冯钢：《科层制与领袖民主——论M.韦伯的自由民主思想》，《社会学研究》1998年第4期。

[13]丰子义：《马克思本体论思想的方法论》，《天津社会科学》2002年第6期。

[14]丰子义、郗戈：《法兰克福学派社会批判理论与当代中国现代性建构》，《学习与探索》2009年第2期。

[15]宫留记：《场域、惯习和资本：布迪厄与马克思在实践观上的不同视域》，《河南大学学报(社会科学版)》2007年第3期。

[16]郭忠华：《劳动分工与个人自由——对马克思、涂尔干、韦伯思想的比较》，《中山大学学报(社会科学版)》2012年第5期。

[17]郭忠华：《转换与支配：吉登斯权力思想的诠释》，《学海》2004年第3期。

[18]韩庆祥：《现实的个人·实践活动·社会生活条件——马克思学说中的三个本质因素》，《学海》1994年第4期。

[19]韩庆祥、郭立新：《马克思的人的理论及其当代价值》，《中国人民大学学报》2002年第4期。

[20]何健：《帕森斯社会理论的时间维度》，《社会学研究》2015年第2期。

[21]李红专：《当代西方社会理论的实践论转向——吉登斯结构化理论的深度审视》，《哲学动态》2004年第11期。

[22]李鸿：《吉登斯结构化社会观评析》，《社会科学战线》2013年第8期。

[23]李路路：《论社会分层研究》，《社会学研究》1999年第1期。

[24]理查德·伯恩斯坦、江洋：《现代性后现代性的比喻：哈贝马斯与德里达》，《马克思主义与现实》2005年第6期。

[25]林聚任：《社会建构论的兴起与社会理论重建》，《天津社会科学》2015年第5期。

[26]林聚任、王兰：《时空研究的社会学理论意蕴——社会建构论视角》，《人文杂

志》2015 年第 7 期。

[27]林聚任、向维:《涂尔干的社会空间观及其影响》,《西北师大学报(社会科学版)》2018 年第 2 期。

[28]刘博:《韦伯、帕森斯、吉登斯社会行动理论之比较》,《社科纵横(新理论版)》2010 年第 4 期。

[29]刘光斌、童建军:《权力与自由——福柯微观权力理论探究》,《福建论坛(人文社会科学版)》2010 年第 5 期。

[30]刘润忠:《试析结构功能主义及其社会理论》,《天津社会科学》2005 年第 5 期。

[31]刘少杰:《个人行动的社会制约——评迪尔凯姆关于个人行动、集体表象和社会制度的论述》,《黑龙江社会科学》2009 年第 5 期。

[32]刘拥华:《从二元论到二重性:布迪厄社会观理论研究》,《社会》2009 年第 3 期。

[33]刘玉能、杨维灵:《帕森斯的组织分析策略》,《浙江社会科学》2001 年第 2 期。

[34]刘中起、风笑天:《整体的"社会事实"与个体的"社会行动"——关于迪尔凯姆与韦伯社会学方法论的逻辑基点比较》,《社会科学辑刊》2002 年第 2 期。

[35]龙书芹:《冲突与变迁思想在布劳理论中的嬗变——从交换理论到宏观结构理论》,《社会科学家》2009 年第 8 期。

[36]吕付华:《失范与秩序:重思涂尔干的社会团结理论》,《云南大学学报(社会科学版)》2013 年第 2 期。

[37]孟祥远、邓智平:《如何超越二元对立? ——对布迪厄与吉登斯比较性评析》,《南京社会科学》2009 年第 9 期。

[38]庞立生:《布迪厄与马克思:社会实践理论的契合与分野》,《东北师大学报(哲学社会科学版)》2010 年第 4 期。

[39]彭国胜:《马克思、帕森斯与吉登斯社会结构理论之比较》,《理论导刊》2012 年第 9 期。

[40]彭赟:《阿尔都塞的马克思论:方法论渊源和理论性质辨正》,《哲学研究》1998 年第 1 期。

[41]钱民辉:《涂尔干的社会学方法论与教育研究》,《西北民族大学学报(哲学社会科学版)》2005 年第 3 期。

[42]秦宣:《对马克思主义多种诘难的回应》,《马克思主义理论与实践研究》2011 年第 2 期。

[43]秦宣：《分化与整合：谈当代中国人的文化认同》，《教学与研究》2012年第2期。

[44]全燕黎：《马克思社会结构理论与中国特色社会主义事业总体布局》，《社会主义研究》2008年第6期。

[45]佘碧平：《"结构"迷思：从列维－斯特劳斯、梅洛－庞蒂到布尔迪厄》，《同济大学学报(社会科学版)》2009年第1期。

[46]舒晓兵、凤笑天：《结构与秩序的解构——斯宾塞、帕森斯、达伦多夫的社会变迁思想评析》，《浙江学刊》2000年第1期。

[47]宋一夫：《历史结构与现实结构的二重论——马克思社会结构论新探》，《马克思主义与现实》2001年第3期。

[48]孙帅：《神圣社会下的现代人——论涂尔干思想中个体与社会的关系》，《社会学研究》2008年第4期。

[49]谭融：《马克斯·韦伯"官僚制"理论探析》，《武汉大学学报(哲学社会科学版)》2013年第5期。

[50]唐果：《论列维－斯特劳斯的结构主义神话学》，《广西民族大学学报(哲学社会科学版)》2009年第1期。

[51]佟庆才：《帕森斯及其社会行动理论》，《国外社会科学》1980年第10期。

[52]童世骏：《没有"主体间性"就没有"规则"——论哈贝马斯的规则观》，《复旦学报(社会科学版)》2002年第5期。

[53]汪和建：《社会系统分析模型：马克思与帕森斯的比较》，《社会学研究》1992年第1期。

[54]王俊敏：《韦伯的理性"进步"及其意义问题》，《社会学研究》2011年第2期。

[55]王立志：《人的科学如何可能——从方法论视角看列维－斯特劳斯的"结构"》，《自然辩证法研究》2009年第12期。

[56]王敏、章辉美：《帕森斯社会组织思想的几个问题》，《求索》2005年第6期。

[57]王威海：《涂尔干"社会团结"理论评述——兼谈其与"和谐社会"的异同》，《理论导刊》2007年第2期。

[58]王向峰：《从结构主义到德里达的解构主义》，《辽宁大学学报(哲学社会科学版)》2018年第1期。

[59]王小章：《从韦伯的"价值中立"到哈贝马斯的"交往理性"》，《哲学研究》2008年第6期。

[60]王晓升：《评拉克劳和墨菲对马克思社会结构理论的批判》，《马克思主义研

究》2011 年第 11 期。

[61]王毅:《"社会—个体互构"的社会整合机制探析——从马克思到吉登斯》,《求索》2014 年第 8 期。

[62]王远:《论吉登斯结构化理论建构的创新综合模式——对传统社会学理论二元对立的超越》,《社会科学战线》2012 年第 5 期。

[63]文军:《论当代西方社会学理论的基本特征及其发展趋势》,《社会科学研究》2007 年第 1 期。

[64]文军:《无意识结构与共时性研究——列维-斯特劳斯的结构人类学精要》,《理论学刊》2002 年第 1 期。

[65]文军:《批判、维护与超越:从后现代、全球化与现代性的关系看社会理论的新发展》,《社会科学研究》2004 年第 4 期。

[66]文军、王谦:《在反思中前行:西方发展社会学理论的新进展》,《江海学刊》2016 年第 1 期。

[67]肖小芳、曾特清:《马克思社会整合理论的新诠释——从帕森斯、洛克伍德到哈贝马斯》,《伦理学研究》2015 年第 2 期。

[68]谢立中:《哈贝马斯的"沟通有效性理论":前提或限制》,《复印报刊资料(社会学)》2014 年第 12 期。

[69]谢立中:《简析马克思主义与实证主义社会研究范式的区别》,《天津社会科学》2014 年第 6 期。

[70]谢立中:《帕森斯"分析的实在论":反实证主义,还是另类的实证主义?》,《江苏社会科学》2010 年第 6 期。

[71]谢立中:《现代性的问题及处方:涂尔干主义的历史效果》,《社会学研究》2003 年第 5 期。

[72]徐超、殷正坤:《试论涂尔干对功能主义和结构主义的影响》,《华中理工大学学报(社会科学版)》1999 年第 1 期。

[73]徐崇温:《阿尔都塞的反经验主义认识论和马克思主义》,《中国社会科学》1997 年第 3 期。

[74]杨成波:《韦伯社会行动的理想类型及当代启示》,《山西师大学报(社会科学版)》2011 年第 1 期。

[75]杨大春:《别一种主体——论福柯晚期思想的旨意》,《浙江社会科学》2002 年第 3 期。

[76]杨方:《论帕森斯的结构功能主义》,《经济与社会发展》2010 年第 10 期。

[77]杨淑静：《马克思与哈贝马斯：社会结构范式的转换》，《北师大学报（哲学社会科学版）》2011年第5期。

[78]叶克林：《社会结构的基本特征——马克思主义社会结构理论再探》，《学海》1992年第2期。

[79]俞吾金：《阿尔都塞意识形态理论新探》，《江西社会科学》2004年第3期。

[80]俞吾金：《论马克思的研究方法和叙述方法之间的关系》，《马克思主义与现实》2000年第6期。

[81]俞吾金：《马克思时空观新论》，《哲学研究》1996年第3期。

[82]张广利、王登峰：《社会行动：韦伯和吉登斯行动理论之比较》，《学术交流》2010年第7期。

[83]张乃和：《社会结构论纲》，《社会科学战线》2004年第1期。

[84]张云昊：《规则、权力与行动：韦伯经典科层制模型的三大假设及其内在张力》，《上海行政学院学报》2011年第12期。

[85]张云鹏：《试论吉登斯结构化理论》，《社会科学展现》2005年第4期。

[86]张兆曙、蔡志海：《结构范式和行动范式的对立与贯通——对经典社会学理论的回顾与再思考》，《学术论坛》2004年第5期。

[87]张子礼、邓晓臻：《马克思的社会结构思想及其当代价值》，《齐鲁学刊》2012年第3期。

[88]赵超、赵万里：《知识社会学中的范式转换及其动力机制研究》，《人文杂志》2015年第6期。

[89]赵万里、赵超：《公共社会学与和谐社会建设》，《探求》2008年第5期。

[90]赵万里、蔡萍：《建构论视角下的环境与社会：西方环境社会学的发展走向》，《国外社会科学》2009年第2期。

[91]郑莉：《比较社会交换理论与理性选择理论的异同——以布劳、科尔曼为例》，《学术交流》2004年第1期。

[92]郑忆石：《"过程"辩证法与"无主体"的社会结构——兼评阿尔都塞理解的黑格尔辩证法》，《中国青年政治学院学报》2005年第6期。

[93]钟明华、范碧鸿：《吉登斯结构化理论对马克思社会历史观的"解构"与误解》，《马克思主义研究》2008年第1期。

[94]周和军：《空间与权力——福柯空间观解析》，《江西社会科学》2007年第4期。

[95]周宏：《阿尔都塞意识形态概念的方法论思考》，《南京社会科学》2002年第

4 期。

　　［96］周晓虹:《理想类型与经典社会学的分析范式》,《江海学刊》2002 年第 2 期。

　　［97］周晓虹:《经典社会学的历史贡献与局限》,《江苏行政学院学报》2002 年第
4 期。

　　［98］周晓虹:《社会学经验研究传统的形成与确立》,《南京大学学报(哲学·人文
科学·社会科学版)》2001 年第 1 期。

　　［99］周晓虹:《社会学理论的基本范式及整合的可能性》,《社会学研究》2002 年第
5 期。

　　［100］周晓虹:《现代社会的批判与重建——社会学的诞生与西方社会建设理论的
缘起》,《南京社会科学》2009 年第 1 期。

　　［101］周怡:《社会结构:由"型构"到"解构"——结构功能主义、结构主义和后结
构主义理论之走向》,《社会学研究》2000 年第 3 期。

　　［102］朱国华:《社会空间与社会阶级:布迪厄阶级理论评析》,《江海学刊》2004 年
第 2 期。

　　［103］朱伟珏:《超越主客观二元对立——布迪厄的社会学认识论与他的"惯习"
概念》,《浙江学刊》2005 年第 3 期。

　　［104］朱伟珏:《社会学方法新规则——试论布迪厄对涂尔干社会学方法论的继承
与超越》,《浙江社会科学》2006 年第 5 期。

　　［105］杜玉华:《马克思社会结构理论及其对和谐社会建设的启示》,华东师范大
学 2011 年博士学位论文。

　　［106］蔡青竹:《马克思社会结构理论研究》,中共中央党校 2015 年博士学位论文。

　　［107］Lévi-Strauss,Claude.La vie familiale et sociale des Indiens Nambikwara,*Journal
de la Société des Américanistes*,1948(37).

　　［108］Ritzer,G.,Professionalization,Bureaucratization and Rationalization:the View of
Max Weber,*Social Forces*,1975(53).

后　记

　　社会结构是从总体上理解和分析社会状况,把握社会变动趋势的重要理论视角。在现代社会,社会结构具有复杂性、多样性、变动性等特征,长期以来学术界对社会结构及其构成要素运行规律的探索形成了大量不同的理论形态,成为人文社会科学研究领域经久不衰的理论源泉。在马克思主义理论中,社会结构理论也是马克思解开"历史之谜"、创立唯物史观的一个极为重要的理论建构。在把资本主义作为典型社会形态进行解剖时,马克思发现了人类社会的基本结构及其变迁规律,并将社会的发展和变革看成是一个源于社会结构变化而促使社会形态不断更替的过程,进而要求人们从社会结构的建构、重组和解构的冲突与融合中来推进社会发展,由此,不仅彻底宣告了社会历史领域中唯心主义的破产,也为寻找人类社会发展的客观规律提供了一把成功的"钥匙"。

　　多年以前,我就对马克思社会结构理论产生了浓厚的兴趣,并为此做了大量长期而艰苦的理论梳理工作。2012 年我撰写的《马克思社会结构理论与当代中国社会建设》一书正式出版,该书是对我前期专注于马克思社会结构理论研究的一个系统总结。2013 年起,我又开始进一步拓展对社会结构理论的研究视野,一方面将马克思社会结构理论研究拓展到马克思主义中国化理论研究,希望以马克思社会结构理论为工具,加强对马克思主义中国化理论成果,特别是对习近平新时代中国特色社会主义思想的理论解读和理论分析;另一方面将整个西方社会结构理论纳入到自己的学术研究范畴,希望立足于马克思主义理论本身,在浩如烟海的西方社会结构理论思潮中,对各种社会结构理论流派进行深入的比较和分析。这两个方面的研究深化和拓展,其共同特征就是立足于我自己长期从事的马克思主义理论研究的专业立场,即站在马克思主义理论的角度和高度来比较分析西方社会结构理论。幸运的是,后来我以"回到马克思:西方社会结构理论的比较与反思"为题获得了国家社科基金的资助,使得我这一学术研究得以能够持续下去;让我更受鼓舞的是,该课题结项评审时还获得了"优秀"等级。因此,本书既可以看作是我完成这个国家社科基金项目的一个成果汇报,也可以看作是我此前一本专著《马克思社会结构理论与当代中国社会建设》的姊妹篇。

从西方社会结构理论的发展脉络来看,我们可以发现西方社会思想家对"社会结构"的理解越来越趋于多样化,从早期可见的表层结构到后来隐藏的深层结构,从不断型构的宏大结构到逐渐解构的微观结构,从物质层面到精神文化甚至心灵意识层面,我们都能够看到或感受到社会结构的无处不在,无所不为。但无论马克思之后的西方社会理论家从何种意义上去理解社会结构,我们都可以找到马克思主义理论的影子。本书最大的一个特点就是立足马克思主义理论的学术视野,以理论人物为线索,基于历时性的叙述方式,从本体论、认识论和方法论的角度,系统梳理了涂尔干、韦伯、帕森斯、列维-斯特劳斯、阿尔都塞、德里达、福柯、吉登斯、布迪厄和哈贝马斯等 10 位社会理论家的社会结构理论,并进行了深入比较与深刻反思,提出了回到马克思,从马克思主义的基本立场、观点和方法来认识和理解社会结构要素及其运行,其研究范围涵盖了西方古典、现代和当代三个不同时期社会结构理论的主要流派,对全面、理性认识和系统把握西方社会结构理论思潮及其代表性人物的核心观点具有重要的学术意义和实践价值。

在本书的写作过程中,我参阅了大量国内外哲学、社会学、政治学等领域的研究著作，从某种意义上来说，本书也是一项跨学科的研究成果。在此，虽无法一一对为我这项十余年的持续研究做出各种不同贡献的学界同行、师长、朋友和家人表示最诚挚的感谢，但我深深懂得，任何一项理论研究都是永无止境的，都需要站在前人的肩膀上，在知识的海洋里不断探寻和遨游，不断寻求理论创新和学术发展。显然，这不是一个人甚至一代人就可以完成的事业，就像有关社会结构的相关理论研究，从古典到现代再到当代，不同时期，无数不同领域的学者都在为它的不断完善做出着各种不同的理论贡献。因此，特别希望本书的出版，能够为社会结构理论研究的持久开展可以尽自己绵薄之力，也期待有更多的学界同行能够加入到这一领域的研究来，在波澜壮阔而又充满变数的社会发展实践中，为不断寻找社会结构的稳定与优化做出人文学者应有的贡献！

杜玉华

2020 年 7 月 28 日

于上海金沙江寓所

丛书策划:蒋茂凝

责任编辑:赵圣涛

责任校对:吕　飞

封面设计:石笑梦

版式设计:胡欣欣

图书在版编目(CIP)数据

回到马克思:西方社会结构理论的比较与反思/杜玉华 著. —
　北京:人民出版社,2020.5
ISBN 978－7－01－022338－4

Ⅰ.①回…　Ⅱ.①杜…　Ⅲ.①社会结构-研究-西方国家　Ⅳ.①D56

中国版本图书馆 CIP 数据核字(2020)第 128392 号

回到马克思:西方社会结构理论的比较与反思

HUIDAO MAKESI XIFANG SHEHUI JIEGOU LILUN DE BIJIAO YU FANSI

杜玉华　著

人 民 出 版 社 出版发行

(100706　北京市东城区隆福寺街 99 号)

中煤(北京)印务有限公司印刷　新华书店经销

2020 年 5 月第 1 版　2020 年 5 月北京第 1 次印刷

开本:710 毫米×1000 毫米 1/16　印张:18.5

字数:320 千字

ISBN 978－7－01－022338－4　定价:59.00 元

邮购地址 100706　北京市东城区隆福寺街 99 号

人民东方图书销售中心　电话 (010)65250042　65289539